Meet the Expert: Wissen aus erster Hand

Reihe herausgegeben von

Birgit Spinath, Psychologisches Institut, Universität Heidelberg
Heidelberg, Baden-Württemberg, Deutschland

Die Reihe „Meet the Expert: Wissen aus erster Hand" widmet sich aktuellen, angewandten Themen aus Psychologie und angrenzenden Wissenschaften, die für eine breite Leserschaft von Interesse sind. Das Besondere der Reihe ist das Format, in dem das Wissen vermittelt wird. Es handelt sich um Interviews mit führenden Expertinnen und Experten, die Auskunft über den Stand der Erkenntnisse in ihrem Gebiet geben. Die Interviews sind sowohl als Text als auch als Video verfügbar. Auf diese Weise vermittelt die Reihe nicht nur Wissen über interessante Inhalte, sondern stellt auch die Wissenschaftlerinnen und Wissenschaftler vor, die sich mit diesen Themen befassen. Die Reihe adressiert eine breite Leserschaft. Durch den Interview-Stil sind die Bücher angenehm zu lesen und daher auch als Freizeitlektüre geeignet. Die Bücher können auch als Grundlage für Lehrveranstaltungen in Schulen und Hochschulen dienen.

Weitere Bände in der Reihe https://link.springer.com/bookseries/13499

Prof. Dr. Birgit Spinath
Hrsg.

Empirische Bildungsforschung

Aktuelle Themen der Bildungspraxis und Bildungsforschung

2. Auflage

Hrsg.
Prof. Dr. Birgit Spinath
Pädagogische Psychologie
Psychologisches Institut, Universität Heidelberg
Baden-Württemberg, Deutschland

Die Online-Version des Buches enthält digitales Zusatzmaterial, das berechtigten Nutzern durch Anklicken der mit einem „Playbutton" versehenen Abbildungen zur Verfügung steht. Alternativ kann dieses Zusatzmaterial von Lesern des gedruckten Buches mittels der kostenlosen Springer Nature „More Media" App angesehen werden. Die App ist in den relevanten App-Stores erhältlich und ermöglicht es, das entsprechend gekennzeichnete Zusatzmaterial mit einem mobilen Endgerät zu öffnen.

ISSN 2569-9660   ISSN 2569-9679 (electronic)
Meet the Expert: Wissen aus erster Hand
ISBN 978-3-662-65630-3   ISBN 978-3-662-65631-0 (eBook)
https://doi.org/10.1007/978-3-662-65631-0

Die Deutsche Nationalbibliothek verzeichnet diese Publikation in der Deutschen Nationalbibliografie; detaillierte bibliografische Daten sind im Internet über http://dnb.d-nb.de abrufbar.

© Der/die Herausgeber bzw. der/die Autor(en), exklusiv lizenziert an Springer-Verlag GmbH, DE, ein Teil von Springer Nature 2014, 2023
Das Werk einschließlich aller seiner Teile ist urheberrechtlich geschützt. Jede Verwertung, die nicht ausdrücklich vom Urheberrechtsgesetz zugelassen ist, bedarf der vorherigen Zustimmung des Verlags. Das gilt insbesondere für Vervielfältigungen, Bearbeitungen, Übersetzungen, Mikroverfilmungen und die Einspeicherung und Verarbeitung in elektronischen Systemen.
Die Wiedergabe von allgemein beschreibenden Bezeichnungen, Marken, Unternehmensnamen etc. in diesem Werk bedeutet nicht, dass diese frei durch jedermann benutzt werden dürfen. Die Berechtigung zur Benutzung unterliegt, auch ohne gesonderten Hinweis hierzu, den Regeln des Markenrechts. Die Rechte des jeweiligen Zeicheninhabers sind zu beachten.
Der Verlag, die Autoren und die Herausgeber gehen davon aus, dass die Angaben und Informationen in diesem Werk zum Zeitpunkt der Veröffentlichung vollständig und korrekt sind. Weder der Verlag, noch die Autoren oder die Herausgeber übernehmen, ausdrücklich oder implizit, Gewähr für den Inhalt des Werkes, etwaige Fehler oder Äußerungen. Der Verlag bleibt im Hinblick auf geografische Zuordnungen und Gebietsbezeichnungen in veröffentlichten Karten und Institutionsadressen neutral.

Zeichnungen: Dr. Martin Lay

Einbandentwurf: deblik, Berlin, Einbandabbildung: Portrait of female teacher in classroom / © Pixel-Shot

Springer ist ein Imprint der eingetragenen Gesellschaft Springer-Verlag GmbH, DE und ist ein Teil von Springer Nature.
Die Anschrift der Gesellschaft ist: Heidelberger Platz 3, 14197 Berlin, Germany

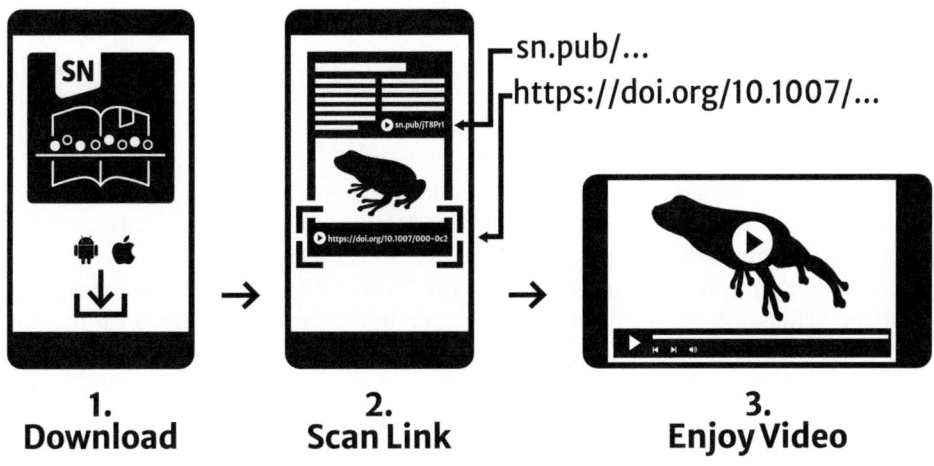

Vorwort zur 2. Auflage: Aktuelle Fragen der Bildungspraxis und Bildungsforschung

Fast 10 Jahre ist es her, dass die erste Auflage dieses Buches entstand ist. Häufig habe ich in dieser Zeit gedacht, dass es nicht klug war, im Buchtitel die Aktualität der behandelten Fragen hervorzuheben. Wie aktuell kann ein Buchinhalt nach einigen Jahren noch sein? Besser hätte ich die hohe gesellschaftliche Relevanz der behandelten Themen betont. Ja, alle Fragen, mit denen die 10 Kapitel überschrieben sind, haben bis heute hohe Relevanz für Bildungsforschung und Bildungspraxis. Die Forschung hat in der Zwischenzeit neue Erkenntnisse hervorgebracht, aber alle Themenbereiche werden weiterhin intensiv beforscht und sind damit national wie international hoch aktuell. Es dauert eben einige Jahrzehnte, bis große sozialwissenschaftliche Fragen so gut untersucht sind, dass sich daraus für die Weiterentwicklung der Bildungssysteme solide Schlussfolgerungen ziehen lassen. Die Bildungspraxis ändert man nicht auf der Basis einer einzigen Studie, sondern es bedarf vielfältiger Evidenz aus unterschiedlichen Studien, die zu gleichen Schlüssen Anlass geben. Erst dann hat Bildungsforschung die Chance Einfluss auf die Bildungspraxis zu nehmen. Ob die Erkenntnisse dann auch in die Praxis umgesetzt werden, hängt wiederum von zahlreichen Faktoren ab, die außerhalb des Einflussbereichs der Wissenschaft liegen.

Das Buch wirft 10 Fragen auf, die sich in die drei großen Bereiche Bildungsqualität von Schule, Soziale Ungleichheit und Qualität hochschulischer Bildung inklusive Lehrerbildung gliedern. Die Fragen wurden von Studierenden ausgearbeitet und in Form von Interviews führenden Bildungsexpertinnen und –experten gestellt. Die Beiträge sind sowohl als Buchkapitel als auch als Videos verfügbar. Mich haben seit Erscheinen des Buches zahlreiche Rückmeldungen von Kolleginnen und Kollegen erreicht, die das Buch in ihrer Lehre einsetzen, und dabei vor allem das Zusatzmaterial in Form der Videos schätzen. Auch ist nach diesem ersten Band die Reihe „Meet the Expert: Wissen aus erster Hand" ins Leben gerufen worden, in der bis heute 6 Bände nach diesem Muster entstanden sind. Alle Bände behandeln Themenbereiche aus den Anwendungsgebieten der Psychologie.

Nun wünsche ich allen Leserinnen und Lesern viel Spaß beim Lesen! Ich freue mich weiterhin, wenn Sie mir bei Gelegenheit Rückmeldung geben, wie Ihnen das Buch gefallen hat und wie Sie es nutzen.

Birgit Spinath
Heidelberg
März 2022

Vorwort zur 1. Auflage: Aktuelle Fragen der Bildungspraxis und Bildungsforschung

Sind Jungen die neuen Bildungsverlierer? Hat PISA die Schulen besser gemacht? Werden die Deutschen immer dümmer? Entscheiden sich die Richtigen für ein Lehramtsstudium? Diese Fragen und die entsprechenden Antworten sind gesellschaftlich hoch relevant und prägen die öffentliche Debatte über Bildung und Bildungspolitik. Täglich berichten Medien über Bildungsthemen – mal mehr, mal weniger fundiert. Oft wird dabei ein überpointiertes, verzerrtes Bild gezeichnet, sodass es schwer ist, sich eine eigene Meinung zu bilden. Das vorliegende Buch richtet sich an alle, die der Sache auf den Grund gehen wollen, indem sie sich anhand von Bildungsexpertinnen und -experten aus verschiedenen Disziplinen über den Stand der Forschung informieren.

Sie finden im Folgenden zehn aktuelle Themen aus Bildungsforschung und -praxis. Den Ausgangspunkt bildet jeweils eine provokante Frage, wie wir sie häufig in populären Medien finden. Sie lernen nicht nur die Faktengrundlage zur Beantwortung der Fragen kennen, sondern auch die Personen, die sich diesen Fragen in Forschung und Praxis widmen. Zu diesem Zweck wurden Interviews mit Expertinnen und Experten geführt, die in diesem Buch nachzulesen sind und in Form von Zusatzmaterial angeschaut werden können. Zu Wort kommen führende Bildungsforscherinnen und -forscher aus Psychologie, Erziehungswissenschaft, Soziologie und Bildungsökonomie. Die interdisziplinäre Zusammensetzung der Interviewten macht Akzentsetzungen der unterschiedlichen Disziplinen deutlich. Durch das Interview-Format lernen die Leserinnen und Leser auch die einzelnen Forschungspersönlichkeiten kennen, ihren spezifischen Zugang zu dem Thema und ihre spezifische Sichtweise auf die aktuellen gesellschaftlichen Herausforderungen, denen sie sich mit ihrer Forschung stellen. Aufschlussreich ist beispielsweise, wie die Einzelnen zu ihren Forschungsschwerpunkten gekommen sind, welche persönlichen Erfahrungen sie damit verbinden und was sie sich für die Zukunft in ihrem Feld wünschen.

Das Buch gliedert sich in zehn Interviews. Jedem Interview ist eine kurze Einleitung vorangestellt, die die Bedeutung des Themas für die aktuelle Bildungsforschung und -praxis aufzeigt und verdeutlicht, warum die jeweiligen Expertinnen und Experten für dieses Thema ausgewählt wurden. Für einzelne in den Interviews angesprochene Sachverhalte wurden veranschaulichende Abbildungen und Tabellen hinzugefügt. Zusätzlich enthält jedes Kapitel Literaturangaben zu den angesprochenen Quellen sowie Angaben zu weiterführender Literatur. Durch Querverweise wird darauf hingewiesen, wo Bezüge zwischen den einzelnen Interviews bestehen.

- **Zur Entstehung dieses Buches**

Das Material für dieses Buch ist im Rahmen von zwei Lehrveranstaltungen entstanden. Im Sommersemester 2012 sowie im Wintersemester 2012/13 haben die Teilnehmerinnen und Teilnehmer des Seminars „Aktuelle Fragen der Bildungsforschung und -praxis" unter meiner Leitung an der Universität Heidelberg die Interviews vorbereitet, durchgeführt und die Transkripte erstellt. Für die Studierenden war es ein großer Anreiz, selbst zu den Bildungsexpertinnen und -experten fahren zu können und diese so persönlich kennenzulernen. Die Eindrücke, die sie von diesen Besuchen berichteten, waren geprägt von großer Begeisterung für die Kompetenz und Zugewandtheit der Interviewten. Gleichzeitig haben die Studierenden erfahren, wie schwierig es ist, einen guten Interviewleitfaden zu entwickeln und ein Interview kompetent zu führen. Beides geht nur auf der Grundlage fundierter Sachkenntnisse. Die Leistung von Interviewerinnen und Interviewern sahen alle anschließend mit anderen Augen. Darüber hinaus haben sich die Studierenden in die Technik des Videografierens und des Videoschnitts eingearbeitet. Auch dies stellte eine große Herausforderung dar. Nicht immer waren die räumlichen Verhältnisse vor Ort (z. B. das Licht, der Hintergrund) ideal für eine Videoaufnahme. Den entstandenen Aufnahmen sieht man an, dass sie nicht von Profis gemacht wurden. Gerade deshalb sind sie authentisch und spiegeln die Arbeit der Studierenden und ihre Interaktion mit den Interviewten sehr gut wider.

Am Ende der Kapitel finden Sie jeweils einen QR-Code, mit dem Sie zu dem Video des Interviews gelangen.

Auch für mich war dies ein herausforderndes Projekt. Ich bedanke mich bei allen, die zur Entstehung dieses Buches beigetragen haben. Bei den interviewten Bildungsexpertinnen und -experten bedanke ich mich für die unkomplizierte und zuverlässige Zusammenarbeit sowie für das mit hoher Kompetenz zur Verfügung gestellte Fachwissen. Bei den Studierenden bedanke ich mich für die Bereitschaft, sich auf dieses ungewöhnliche Seminarkonzept einzulassen, und die Begeisterung, mit der sie sich den Themen und Interviewten gewidmet haben. Auch ich war am Anfang unsicher, ob das Konzept zu den gewünschten Ergebnissen führen würde. Die hier dokumentierten Arbeiten haben mir ein weiteres Mal gezeigt, wie außergewöhnlich leistungsfähig und zuverlässig unsere Studierenden sind, wenn sie vor anspruchsvolle Aufgaben gestellt werden.

Zwei Personen möchte ich besonders danken, weil sie über die Interviewerstellung hinaus Aufgaben wahrgenommen haben. Das ist zum einen Frau B.Sc. Katharina Kriegbaum, die für den zweiten Durchgang des Seminars die Organisation und Einführung in die Audio- und Videotechnik übernommen hat. Zum anderen danke ich Frau Andrea Kramer, die als Bachelorstudentin am ersten Seminar teilgenommen und anschließend die formale Überarbeitung der Interviews übernommen hat. Ohne diese gewissenhafte und kontinuierliche Unterstützung wäre das Buch nicht entstanden. Danke!

Nun wünsche ich allen Leserinnen und Lesern viel Spaß beim Lesen! Vielleicht möchten Sie mir bei Gelegenheit Rückmeldung geben, wie es Ihnen gefallen hat und wie Sie das Buch nutzen. Ich würde mich freuen!

Birgit Spinath
Heidelberg
August 2013

Inhaltsverzeichnis

I Bildungsqualität von Schule

1 Sind Jungen die neuen Bildungsverlierer? 3
   Ursula Kessels

2 Hat PISA die Schulen besser gemacht? 21
   Petra Stanat und Hans Anand Pant

3 Sind Lehrerinnen für die „Bildungskrise"
   der Jungen verantwortlich? 39
   Martin Neugebauer

4 Brauchen wir eine neue Unterrichtskultur? 51
   Mareike Kunter

II Soziale Ungleichheit

5 Wie können wir die Ursachen sozialer Ungleichheit verstehen? 71
   Martin Diewald und Rainer Riemann

6 Werden die Deutschen immer dümmer? 87
   Elsbeth Stern

7 Wie stark trägt das gegliederte Schulsystem zur sozialen
   Ungleichheit bei? 105
   Ulrich Trautwein

8 Was sind die Kosten versäumter Bildungschancen? 119
   C. Katharina Spieß

III Qualität hochschulischer Bildung inklusive Lehrerbildung

9 Nach der Bologna-Reform: Was bedeuten die neuen
   Studiengänge für die Qualität der Hochschullehre? 137
   Ulrich Teichler

10 Entscheiden sich die Richtigen für
    ein Lehramtsstudium – und wer sind die Richtigen? 157
    Ewald Terhart

Autorenverzeichnis

Prof. Dr. Martin Diewald Fakultät für Soziologie, Universität Bielefeld, Bielefeld, Deutschland
martin.diewald@uni-bielefeld.de

Prof. Dr. Ursula Kessels Fachbereich Erziehungswissenschaft und Psychologie, Bildungsforschung/Heterogenität und Bildung, Freie Universität Berlin, Berlin, Deutschland
ursula.kessels@fu-berlin.de

Prof. Dr. Mareike Kunter Leibniz-Institut für Bildungsforschung und Bildungsinformation (DIPF), Frankfurt am Main, Deutschland
kunter@dipf.de

Prof. Dr. Martin Neugebauer Empirische Bildungs- und Hochschulforschung, Fachbereich Erziehungswissenschaft und Psychologie, Freie Universität Berlin, Berlin, Deutschland
martin.neugebauer@fu-berlin.de

Prof. Dr. Hans Anand Pant Institut für Erziehungswissenschaften, Humboldt-Universität zu Berlin, Berlin, Deutschland
hansanand.pan@hu-berlin.de

Prof. Dr. Rainer Riemann Fakultät für Psychologie und Sportwissenschaft, Abteilung für Psychologie, Universität Bielefeld, Bielefeld, Deutschland
rainer.riemann@uni-bielefeld.de

Prof. Dr. C. Katharina Spieß DIW Berlin, Berlin, Deutschland
kspiess@diw.de

Prof. Dr. Petra Stanat Institut zur Qualitätsentwicklung im Bildungswesen, Berlin, Deutschland
iqboffce@iqb.hu-berlin.de

Prof. Dr. Elsbeth Stern Institut für Verhaltenswissenschaften, ETH Zürich, Zürich, Schweiz
elsbeth.stern@ifv.gess.ethz.ch

Prof. Dr. Ulrich Teichler International Centre for Higher Education Research (INCHER-Kassel), Universität Kassel, Kassel, Deutschland
teichler@incher.uni-kassel.de

Prof. Dr. Ewald Terhart Institut für Erziehungswissenschaft, Schulpädagogik/Schul- und Unterrichtsforschung, Westfälische Wilhelms-Universität Münster, Münster, Deutschland
ewald.terhart@uni-muenster.de

Prof. Dr. Ulrich Trautwein Wirtschafts- und sozialwissenschaftliche, Fakultät, Institut für Erziehungswissenschaft, Eberhard Karls Universität Tübingen, Tübingen, Deutschland
ulrich.trautwein@uni-tuebingen.de

Bildungsqualität von Schule

Inhaltsverzeichnis

Kapitel 1   Sind Jungen die neuen Bildungsverlierer? – 3
             Ursula Kessels

Kapitel 2   Hat PISA die Schulen besser gemacht? – 21
             Petra Stanat und Hans Anand Pant

Kapitel 3   Sind Lehrerinnen für die „Bildungskrise"
             der Jungen verantwortlich? – 39
             Martin Neugebauer

Kapitel 4   Brauchen wir eine neue Unterrichtskultur? – 51
             Mareike Kunter

Sind Jungen die neuen Bildungsverlierer?

Ursula Kessels

Inhaltsverzeichnis

1.1 Einleitung – 4

1.2 Interview mit Prof. Ursula Kessels, Professorin für Bildungsforschung an der Freien Universität Berlin – 4

Referenzen – 20

Ergänzende Information Die elektronische Version dieses Kapitels enthält Zusatzmaterial, auf das über folgenden Link zugegriffen werden kann [https://doi.org/10.1007/978-3-662-65631-0_1]. Die Videos lassen sich durch Anklicken des DOI Links in der Legende einer entsprechenden Abbildung abspielen, oder indem Sie diesen Link mit der SN More Media App scannen.

© Der/die Autor(en), exklusiv lizenziert an Springer-Verlag GmbH, DE, ein Teil von Springer Nature 2023
B. Spinath (Hrsg.), *Empirische Bildungsforschung*, Meet the Expert: Wissen aus erster Hand,
https://doi.org/10.1007/978-3-662-65631-0_1

1.1 Einleitung

Birgit Spinath

Die Frage, ob Jungen die neuen Bildungsverlierer sind, stellt sich, seit sich ab den 1990er-Jahren die Befunde verdichteten, dass Mädchen die besseren Schulnoten und höherwertigen Schulabschlüsse aufweisen. Dies gilt jedoch nur für Länder, die nach Gleichberechtigung der Geschlechter streben, während in stark patriarchalischen Gesellschaften typischerweise Jungen die besseren schulischen Leistungen aufweisen. Unterschiedliche Bildungserfolge von bestimmten Teilpopulationen gelten stets als Warnsignal für mögliche Bildungsungerechtigkeit. Daher sind Geschlechtsunterschiede im schulischen Erfolg Gegenstand intensiver Forschungsbemühungen. Bislang sind die Ursachen für diese Unterschiede ungeklärt. Es gibt jedoch verschiedene Erklärungsansätze, für die zum Teil mehr, zum Teil weniger empirische Evidenz vorliegt. Bevor diese Erklärungsansätze bewertet werden können, muss zunächst festgestellt werden, worin genau die Unterschiede zwischen Jungen und Mädchen hinsichtlich schulischer Ergebnisse bestehen. Hier sind verschiedene Indikatoren von Schulerfolg zu unterscheiden. Auf dieses und Weiteres geht das folgende Interview ein.

Prof. Dr. Ursula Kessels ist eine der führenden Expertinnen zum Thema „Geschlecht und Schulerfolg". Ihr fachlicher Hintergrund ist die Psychologie. Gemeinsam mit Prof. Dr. Bettina Hannover hat sie die nationale und internationale Befundlage in einem viel beachteten Überblicksartikel zusammengefasst (Hannover & Kessels, 2011). Der von Prof. Dr. Kessels formulierte und beforschte Ansatz zur Erklärung von Geschlechtsunterschieden in der Schulleistung basiert auf den Annahmen, dass die geschlechtsbezogene Identität für schulische Leistungen relevant ist und dass die typisch männliche oder weibliche Identität je nach Fach und anderen Merkmalen der Schulumwelt eine bessere oder schlechtere Passung ergibt (z. B. Kessels & Hannover, 2008; Taconis & Kessels, 2009). Dieser Ansatz ist theoretisch innovativ und hat eine Reihe von Implikationen für die Verbesserung der Schulpraxis.

1.2 Interview mit Prof. Ursula Kessels, Professorin für Bildungsforschung an der Freien Universität Berlin

Das Interview führten Isabel Brandt und Anna Sophia Pinck im Januar 2013. Zu diesem Zeitpunkt war Ursula Kessels Professorin für Pädagogische Psychologie an der Universität zu Köln.

- **Interviewerin:**

Frau Prof. Kessels, wie war das in Ihrer Schulzeit: Haben Sie eigene Erfahrungen zu unterschiedlichen Kompetenzausprägungen von Mädchen und Jungen gemacht? Und wenn ja, wie sahen diese aus?

- **Prof. Ursula Kessels:**

Ich denke, dass mir während meiner eigenen Schulzeit eigentlich keine Kompetenzunterschiede zwischen Jungen und Mädchen aufgefallen sind oder bewusst wurden. Weder war es so, dass die Mädchen im sprachlichen Bereich als die kompetentere

Gruppe aufgefallen wären, noch war es so, dass mir im Mathematikunterricht oder Physikunterricht aufgefallen wäre, dass die Jungen überlegen gewesen wären. Möglicherweise haben die Lehrkräfte das anders gesehen. Aber es war zumindest kein Thema. Im Sportunterricht gab es Einzeldisziplinen, wo das auffällig war. Ich hätte auch schon in der Grundschule sagen können, dass Kugelstoßen etwas ist, was die Jungen besser konnten als die Mädchen.

An Zuschreibungen, dass entweder Jungen oder aber Mädchen in einem Fach grundsätzlich besser seien, kann ich mich nicht entsinnen. Ich habe das nicht bewusst gesehen, und es wurde auch nicht so thematisiert. Ich bin da relativ „unbeschadet" durch meine Schulkarriere gekommen. Na, was heißt unbeschadet. Ich habe trotzdem sicherlich auch ein paar geschlechtsspezifische Schulfachwahlen getroffen, ohne dass mir das selbst so aufgefallen wäre. Ich hätte ja nie, nur „weil ich ein Mädchen bin", Deutschleistungskurs gewählt. Sondern ich habe das deshalb gemacht, weil ich ein so großes Interesse an Literatur hatte. Das war zumindest meine persönliche Wahrnehmung.

- **I:**

Erinnern Sie sich an Ihren Einstieg in das Themengebiet der schulbezogenen Geschlechtsunterschiede? Was hat Sie zu der Forschung an dieser Thematik motiviert?

- **UK:**

Ehrlich gesagt habe ich da, glaube ich, ein ganz typisches Wissenschaftlerschicksal erlitten, in ganz angenehmer Art und Weise, dass man nach dem Studienabschluss, nach dem Diplom, schlicht in ein Forschungsprojekt hineingeraten ist, wo es um diese Frage ging. Das war natürlich etwas, was mich auch persönlich sehr interessiert hat, und so passte dieses Thema auch ganz gut zu mir. Das war ein DFG-Projekt (DFG = Deutsche Forschungsgemeinschaft), das ich mit Bettina Hannover zu Mädchen im Physikunterricht bzw. zu geschlechtsgetrenntem Physikunterricht durchführen konnte. Damit war ich in einem Thema, an dem ich schon immer großes Interesse hatte. Aber ich habe mir das nicht so spezifisch ausgesucht. Ich hätte mit Sicherheit auch, wenn sich die Gelegenheit ergeben hätte, ein anderes Projekt gewählt und würde jetzt vielleicht zu ganz anderen Themen befragt werden.

- **I:**

Inwiefern trifft es zu, dass Jungen die neuen Bildungsverlierer sind? Welche Indikatoren dafür gibt es? *(vgl. hierzu auch das Interview mit Dr. Martin Neugebauer in* ▶ *Kap. 3)*

- **UK:**

Bildungsverlierer heißt eigentlich, dass sie jetzt weniger hätten als vorher. Das trifft natürlich nicht zu. Insgesamt ist es so, dass in den vergangenen Dekaden sowohl Jungen als auch Mädchen immer höherwertige Schulabschlusszertifikate erworben haben und dass die Abiturientenquote kontinuierlich gestiegen ist. Das gilt sowohl für Jungen als auch für Mädchen. Von daher kann man erst einmal nicht sagen, dass heutzutage Jungen Bildungserfolge in geringerem Maße vorweisen als früher. Allerdings ist es so, dass sie im Vergleich zu den Mädchen inzwischen relativ schlechtere Bildungsergebnisse vorweisen, wenn wir uns die erworbenen Zertifikate, die Ab-

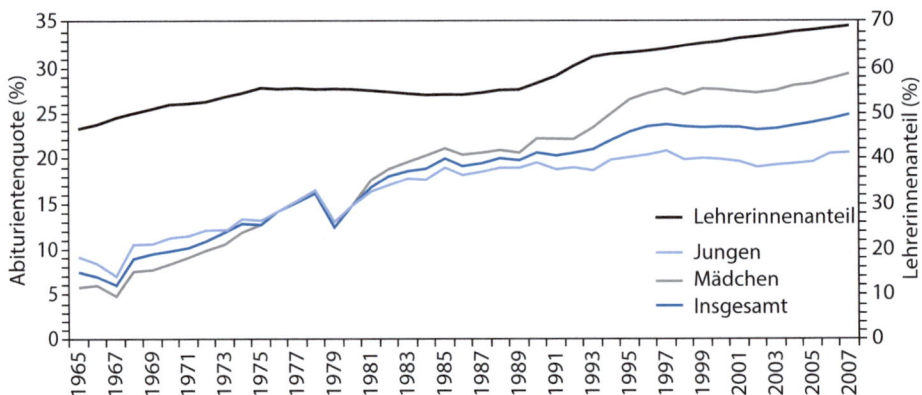

◘ **Abb. 1.1** Entwicklung der geschlechtsspezifischen Abiturquoten und des Lehrerinnenanteils in allgemeinbildenden Schulen von 1965 bis 2007. (Helbig, 2010, S. 95)

schlüsse, anschauen. Und das ist natürlich etwas, was ganz interessant ist. Die Mädchen haben aufgeholt und sogar überholt. Mädchen haben ihren Vorsprung noch ausgebaut, und somit sind Jungen relativ zu den Mädchen inzwischen schlechter in ihren Schulleistungen, wenn man sich die Noten und die Abschlusszertifikate anschaut. Es ist so, dass Jungen in der Gruppe, die die Schule ohne Abschluss verlässt, deutlich überrepräsentiert sind. Weiter sind Jungen deutlich überrepräsentiert in der Gruppe derjenigen, die als höchsten Schulabschluss einen Hauptschulabschluss vorweisen, und weniger Jungen als Mädchen erreichen das Abitur oder die Fachhochschulreife. Das ist natürlich etwas, wo man ein Ungleichgewicht sieht. Helbig (2010) hatte in einem Artikel zusammengefasst, dass es in den 1960er-Jahren noch so war, dass Mädchen eine deutlich geringere Chance hatten, das Abitur zu erlangen, ab 1975 Jungen und Mädchen erstmals gleichauf waren und sich der Vorsprung von Mädchen bezüglich des Abiturs seitdem kontinuierlich ausgebaut hat (◘ Abb. 1.1).

Vielleicht sollte man noch ein bisschen weiter darauf eingehen. Das war jetzt nur auf die Frage bezogen, inwiefern sie Bildungsverlierer sein oder als solche betrachtet werden können. Es ist nicht so, dass sie tatsächlich geringere Kompetenzen in allen Bereichen aufweisen. Es ist nicht so, dass sie schlechter Naturwissenschaften oder Mathematik können. Wo sich ein Leistungsnachteil tatsächlich zeigt, ist die Lesekompetenz. Die internationalen Schulleistungsuntersuchungen haben gezeigt, dass da der Vorsprung von Mädchen sehr groß ist, aber in Mathematik gibt es in Deutschland einen leichten Vorsprung von Jungen. In Naturwissenschaften zeigte sich kein Nachteil von Jungen oder Mädchen bei PISA. Es ist explizit das Erreichen dieser höherwertigen Bildungszertifikate, wo Jungen im Vergleich zu Mädchen schlechter abschneiden. Die Frage ist, was man als gelungene Bildung bezeichnet, einen Kompetenzerwerb oder einen Zertifikatserwerb, und es gibt durchaus einen Unterschied, inwiefern Jungen dabei – und immer nur relativ – als „Verlierer" bezeichnet werden können.

- **I:**

In der IGLU-Studie 2006 konnte gezeigt werden, dass Mädchen im Vergleich zu Jungen eine 1,25-fach höhere Chance auf Gymnasialempfehlung haben, obwohl sich bei standardisierten Leistungstests der Notenvorsprung der Mädchen nicht in den Ergebnissen niederschlägt. Werden Mädchen in der Schule bevorzugt?

- **UK:**

Das ist ein Ergebnis, das ganz unterschiedlich formuliert werden kann und das auch ganz unterschiedlich formuliert wird. Man könnte daraus den Satz machen: „Bei gleichen Leistungen werden Mädchen besser benotet." Das wäre ein Satz, den man etwas verkürzend daraus basteln könnte. Da hätte man eigentlich die Fantasie, Jungen und Mädchen würden genau die gleichen Klassenarbeiten abliefern, und das Mädchen kriegt eine 2 dafür, und der Junge kriegt eine 3 dafür. So ist es aber überhaupt nicht. Das muss klargestellt werden, da solche Sätze häufig durch die Medien gehen: „Bei gleichen Leistungen kriegen Jungen schlechtere Noten als Mädchen."

Es ist folgendermaßen: Mädchen, die in standardisierten Tests die gleichen Leistungsergebnisse zeigen wie Jungen, erreichen in der Schule bessere Noten. Sie sind also offenbar in der Lage, ihre Kompetenzen in bessere Noten umzusetzen. Es ist ein unterschiedlicher Fokus, ob man sagt „Lehrer benoten Jungen und Mädchen unterschiedlich bei gleichen Leistungen" oder ob man sagt „Jungen und Mädchen erreichen bei gleicher Kompetenz unterschiedlich gute Noten". Was Sie jetzt gerade mit Ihrer Frage suggerierten, ob die Mädchen bevorzugt werden, klingt eher nach der ersten Variante, als würden Mädchen und Jungen die gleichen Klassenarbeiten schreiben und auch die gleichen mündlichen Leistungen zeigen, dafür dann aber unterschiedliche Noten bekommen. Es geht aber um etwas ganz anderes. Diese standardisierten Leistungstests, die den zitierten Befunden zugrunde liegen, laufen so ab, dass den Kindern ein Test vorgelegt wird, in dem oft auch nicht Inhalte des eigenen Unterrichts enthalten sind, sondern in dem kompetenzorientiert gemessen wird. Die Kinder sitzen an diesem Test eine halbe Stunde oder eine Stunde, und dann wertet man aus, wie gut sie in dem Kompetenzbereich sind. Es ist also eine recht punktuelle Sicht auf das, was man könnte. Es bildet nicht unbedingt ab, was ein Schüler oder eine Schülerin innerhalb eines ganzen Schuljahres kontinuierlich im Unterricht an Leistungen zeigt. Letzteres ist aber das, was die Lehrkräfte zu benoten haben. Aufgabe der Lehrkräfte ist ja nicht, ihre Note aus einem einmaligen standardisierten Leistungstest abzuleiten, sondern aus der tatsächlich kontinuierlich gezeigten Leistung, die sich einerseits aus den schriftlichen Arbeiten, aber auch aus mündlichen Leistungen sowie Projektarbeitsergebnissen oder Hausaufgaben zusammensetzt. Diese sind zusammenfassend über einen längeren Zeitraum hinweg zu bewerten, und dafür sind Zeugnisnoten zu vergeben. Diese Leistungen hängen nicht nur von den Kompetenzen der Kinder ab, sondern auch von ihrem faktischen Arbeitsverhalten.

Um es nochmals ganz deutlich zu machen, wie die von Ihnen zitierten Befunde zustanden kommen: Es ist nicht so, dass Lehrkräften diese standardisierten Tests vorgelegt werden, einmal steht „Peter" drauf, und einmal steht „Kathrin" drauf, und Kathrin erhält von den Lehrkräften eine bessere Note als Peter. Das wird in den Medien in Bezug auf die angeblich ungerechte Benotung oder „Bevorzugung" von Mädchen ein bisschen irreführend diskutiert. Das, was Schulnoten abbilden, ist etwas recht Umfassendes, was über das hinausgehen *muss*, was ein standardisierter Test erfassen kann. Überspitzt formuliert: Man könnte ja sonst dazu übergehen, die zahlreichen Einzelleistungen, die in der Schule zu erbringen sind, überhaupt nicht zu überprüfen und zu bewerten, sondern schlicht einmal im Jahr einen Intelligenztest mit den Kindern zu machen und einzig diesen Wert dann im Zeugnis zu berichten. Dann würden wir aber doch wohl das Gefühl haben, dass dies dem, was in der Schule gelernt und geleistet werden soll, keinesfalls gerecht wird. *(vgl. hierzu auch das Interview mit Prof. Hans Anand Pant und Prof. Petra Stanat in* ▶ *Kap. 2)*

- **I:**

Lehrkräfte schreiben Mädchen bessere überfachliche Kompetenzen wie Selbstdisziplin, selbstorganisiertes Lernen, soziale Fähigkeiten sowie Motivation und Lerntugenden zu. Woran liegt das? Lassen sich durch diese Eigenschaften die besseren Schulnoten der Mädchen erklären?

- **UK:**

Das ist eine ganz wichtige Frage, die sich an die vorigen Ausführungen anschließt, weil das natürlich erklärt, auf welche Art und Weise diese besseren Schulnoten der Mädchen zustande kommen. Wie ich schon sagte, ist das nicht einfach nur ein Abbild von einem standardisierten Test, was benotet wird, sondern es wird auch sehr viel an kontinuierlicher Mitarbeit benotet. Es ist nicht nur so, dass Lehrkräfte den Mädchen diese Eigenschaften in stärkerem Maße zuschreiben als Jungen, sondern Mädchen schreiben sie sich selbst auch in stärkerem Maße zu, als es Jungen tun. Und auch Eltern schreiben Mädchen im Mittel eine höhere Lernbereitschaft zu als Jungen. Man kann fragen, inwieweit in diesen Antworten schlicht Geschlechterstereotypen reproduziert werden. Allerdings könnte man auch sagen, dass das, was im Selbstbericht und Fremdbericht erhoben wird, durchaus valide ist und sich also tatsächlich Geschlechtsunterschiede in der Fähigkeit zum selbstregulierten Lernen, zur Selbstdisziplin und zur Mitarbeit finden.

Studien zeigen: Mädchen verbringen mehr Zeit damit, sich mit schulischen Belangen zu beschäftigen, und berichten auch positivere Einstellungen zur Schule. All das sind Dinge, die durchaus plausibel machen, dass Mädchen in der Schule mehr mitarbeiten, was sich letztendlich natürlich auch in guten Noten niederschlagen wird. Je nachdem, welche Untersuchung man betrachtet, können die besseren Noten der Mädchen durch bestimmte Eigenschaften und Verhaltensweisen, die etwas mit schulkompatiblem Verhalten zu tun haben, wie beispielsweise Selbstdisziplin, erklärt werden. Da gibt es beispielsweise eine Studie von Duckworth und Seligman (2006), die gezeigt haben, dass sich Jungen und Mädchen in ihren Noten nicht unterscheiden, sofern sie das gleiche Maß an Selbstdisziplin zeigen. Insgesamt war es in der Stichprobe so, dass Mädchen bei gleichen, standardisiert gemessenen Leistungen bessere Noten hatten als Jungen. Gleichzeitig waren Mädchen im Mittel auch selbstdisziplinierter als Jungen. Und wenn die berichtete Selbstdisziplin in der Analyse berücksichtigt wurde, verschwand der Unterschied in den Noten der Mädchen und Jungen. Das bedeutet: Weil die Mädchen im Mittel selbstdisziplinierter waren, erreichten sie bei gleichem Leistungsniveau die besseren Noten.

Es gibt weitere Studien, die versucht haben, den Geschlechtsunterschied in den Zeugnisnoten, der sich nicht ausschließlich durch die in den standardisierten Leistungstests erfassten Kompetenzen erklären ließ, auf Eigenschaften wie Anstrengungsbereitschaft und Gewissenhaftigkeit zurückzuführen. Dabei ist immer eine Frage, was tatsächlich gemessen wird. Eine Studie von Maaz et al. (2011) konnte zeigen, dass unter Berücksichtigung dieser Verhaltensweisen der Zusammenhang von Geschlecht und Noten etwas geringer war, aber dadurch auch nicht vollständig aufgeklärt wurde. Allerdings kann man durch einige wenige Items, die die Eigenschaften Gewissenhaftigkeit und Anstrengungsbereitschaft messen, natürlich nicht das Gesamt an schulnotendienlichen Verhaltensweisen erfassen, welches dazu führt, dass ein Schüler oder eine Schülerin sein oder ihr Kompetenzniveau auch tatsächlich in gute Noten umsetzt. In der Schule reicht es nicht, bestimmte Fähigkeiten nur zu besitzen, sie müssen auch ausreichend und kontinuierlich gezeigt werden.

- **I:**

Welchem Ansatz zur Erklärung der Geschlechtsunterschiede in der Leistung gehen Sie in Ihrer Forschung nach?

- **UK:**

Das ist eine sehr umfassende, schwierige Frage. Zum Erklären von Geschlechtsunterschieden gibt es unterschiedliche Ansätze. Sicherlich bin ich in meiner Ausrichtung eher auf die Einflüsse fokussiert, die etwas mit der unterschiedlichen Sozialisation von Jungen und Mädchen zu tun haben. Aber auch die Betonung starker sozialisatorischer Einflüsse bedeutet keinesfalls, dass existierende Geschlechtsunterschiede ausschließlich darauf zurückgeführt werden, dass Jungen und Mädchen für geschlechtsrollenkonformes Verhalten bestärkt und für geschlechtsrollendiskonformes Verhalten bestraft werden. Es sind nicht ausschließlich diese Mechanismen des operanten Lernens, gleichwohl diese natürlich auch zu beachten sind. Jungen und Mädchen werden aber nicht nur durch äußere Einflüsse in diese Rollen, in typische Rollen von Jungen und Mädchen, „hineingetrimmt" – was sich schließlich auch in bestimmten Fachvorlieben niederschlagen würde. Auch das „Lernen am Modell" spielt eine große Rolle.

Weiterhin gibt es die sogenannten kognitiven Theorien zur Erklärung von Geschlechtsunterschieden. Diese besagen, dass in dem Ausmaß, in dem Kinder wissen, was als typisch für Jungen und Mädchen gilt, sie versuchen, sich selbst in diese Rollen hinein zu sozialisieren, und zwar auch ohne dass sie spezifisch dafür verstärkt oder bestraft werden, wenn sie davon abweichen. Studien, z. B. von Martin et al. (1995) zeigten Folgendes: Wenn Jungen und Mädchen im Kindergartenalter gesagt bekommen, dies ist ein Spielzeug, mit dem gerne Jungen spielen, und dies ist ein Spielzeug, mit dem gerne Mädchen spielen, wollen Kinder lieber mit jenem Spielzeug spielen, das als zu ihrem eigenen Geschlecht gehörig bezeichnet wurde. Dies ist auch dann der Fall, wenn das Spielzeug objektiv betrachtet längst nicht so attraktiv ist wie das Spielzeug, das als eines gelabelt wurde, das zum anderen Geschlecht gehört. Und dies lässt sich nicht damit erklären, dass sie etwa Angst hätten, „gehauen" zu werden, wenn sie etwas falsch machten, sondern dass sie von folgender Logik ausgehen: „Ok, ich selbst bin ein Mädchen, deshalb wird mir wahrscheinlich das Spielzeug gefallen, womit üblicherweise Mädchen spielen."

Und natürlich hat dies auch mit Sozialisation zu tun! Das, was ja keinesfalls vorgegeben ist und was auch die Kinder nicht aus sich selbst heraus generieren, sondern was jeweils kulturell definiert ist, ist ja, was als typisch oder passend für Mädchen bzw. als typisch oder passend für Jungen gilt. Also verorte ich mich in der Diskussion der Erklärung der Geschlechtsunterschiede insgesamt eher in dem Bereich der Theorien, die auf Sozialisation abheben.

- **I:**

Was verstehen Sie unter dem „Inszenieren von Männlichkeit und Weiblichkeit"?

- **UK:**

Unter dem Inszenieren von Männlichkeit und Weiblichkeit verstehen wir in unserer Arbeit das demonstrative Zurschaustellen der eigenen Geschlechtszugehörigkeit und dass Jugendliche auch ein Interesse daran haben, das vor den Gleichaltrigen zu zeigen und sich als eine ganz bestimmte Sorte von Mann oder Frau darzustellen. Inszenieren von Geschlechtsidentität wäre beispielsweise ein machohaftes oder auch ein extrem weibliches Auftreten. Gemeinsam mit Anke Heyder haben wir eine Studie mit Vignetten durchgeführt (Heyder & Kessels, 2012), in denen Jungen dargestellt wurden, die über bestimmte Verhaltensweisen ihre Männlichkeit inszenierten, oder Mädchen, die über bestimmte Verhaltensweisen ihre Weiblichkeit inszenierten, und haben geschaut, inwiefern diesen unterschiedliche Merkmale von den Lehrkräften zugeschrieben wurden – je nachdem, ob Jungen und Mädchen ihre Geschlechtsidentität offensiv zur Schau stellten oder nicht. Bei Jungen war das so etwas wie vom Zehnmeterbrett zu springen, wenn alle zugucken, und, wie man es vom Fußballspielen kennt, erst demonstrativ Schmerz zu ertragen, dann herunterzuspielen, aber auch so etwas wie Freunden Sexvideos auf dem Handy zu zeigen. Bei Mädchen waren die Inszenierungen so etwas wie zu kreischen, wenn Insekten im Biounterricht unter dem Mikroskop angeguckt werden, oder extrem manikürte Fingernägel zu haben. Das sind Verhaltensweisen, die den anderen signalisieren, ich bin ein richtiges Mädchen oder ich bin ein richtig harter Typ. Wir nehmen an, dass diese Inszenierungen von Geschlechtsidentität auch Auswirkungen darauf haben, wie sich Jungen und Mädchen im Unterricht verhalten und wie sie von den Lehrkräften bezüglich ihrer Lernbereitschaft wahrgenommen werden.

- **I:**

Sie sprechen in Ihren Schriften von *laddish behaviour*. Können Sie erläutern, was dies bedeutet und was es mit diesem Erklärungsansatz in Zusammenhang mit der Bewertung von Jungen auf sich hat?

- **UK:**

Laddish behaviour ist ein Begriff, der aus England stammt, wo das Thema des „underachievement von Jungen" schon länger diskutiert wird, weil Jungen auch dort vergleichsweise schlechter abschneiden als Mädchen. Unter diesen *lads* werden solche Jungen verstanden, die eine ganz bestimmte Art von Maskulinität zur Schau stellen: eine „harte" Maskulinität mit bestimmten Merkmalen wie großes Interesse an Fußball, am Alkoholtrinken, die auch Abwertung von Frauen und von Autoritäten beinhaltet, die im schulischen Kontext anzutreffen sind. Schulischer Ehrgeiz wird ebenfalls sehr stark abgewertet. *Laddish behaviour* ist ein Verhaltensmuster, eine Art der Selbstdarstellung, die mit dem fleißigen Anfertigen von Mitschriften in der Schule nicht kompatibel ist. Das heißt, wenn man zur Gruppe der *lads* gehören und so wahrgenommen werden möchte, ist es kontraproduktiv, sich sichtbar für die Schule anzustrengen.

- **I:**

Sie diskutieren weiterhin die Möglichkeit, dass geschlechtsrollenstereotype Unterschiede in den Domänen Mathematik und Lesekompetenz in erster Linie auf geschlechtsspezifisch unterschiedliche außerschulische Lerngelegenheiten zurückzuführen seien. Welche Belege gibt es für diese Erklärung? Ist es wünschenswert, die Lerngelegenheiten von Jungen und Mädchen anzugleichen? Falls ja, wie könnte dies geschehen?

- **UK:**

Das war auch recht umfassend gefragt. Wir (Hannover & Kessels, 2011) beziehen uns bei dieser Interpretation vor allen Dingen darauf, dass sich Geschlechtsunterschiede in den mathematischen Kompetenzen eher in der PISA-Studie zeigten, welche kompetenzorientiert misst. Bei PISA wurden keine curricular validen Tests verwendet, sondern solche, die die mathematische Kompetenz bei 15-Jährigen erfassen können. Bei PISA finden wir in den Analysen, über alle Länder hinweg, größere Geschlechtsunterschiede zugunsten der Jungen als in der TIMSS-Studie, welche den Anspruch hat, curricular valide Tests zu verwenden, also Kenntnisse abzufragen, die tatsächlich Inhalt der Lehrpläne sind und an den Schulen gelehrt werden. Bei diesen „schulnäher" gemessenen mathematischen Kompetenzen aus TIMSS finden wir weniger Geschlechtsunterschiede als in den weniger schulnah erfassten mathematischen Kompetenzen aus PISA. Das bedeutet also, dass die Geschlechtsunterschiede in den Kompetenzen umso größer sind, je weniger schulnah sie gemessen werden.

Außerdem ist es so, dass die Kompetenzunterschiede in der Mathematik derzeit ohnehin geringer sind als die Kompetenzunterschiede im Lesen. Bei PISA wurde sichtbar, dass über alle Länder hinweg die Mädchen sehr viel besser im Lesen abschneiden als Jungen.

Erstens sehen wir also: In der Lesekompetenz finden sich viel größere Geschlechtsunterschiede als in Mathematik. Und die Lesekompetenz wird nicht nur in der Schule, sondern auch stark in außerschulischen Kontexten gepflegt und weiterentwickelt, z. B. durch das selbstständige Lesen von Büchern in der Freizeit. Mathematische Kompetenz wird dagegen tatsächlich so gut wie ausschließlich in der Schule erworben und in der Regel nicht durch nachmittägliche Beschäftigung in der Freizeit noch vertieft oder weiterentwickelt. Und zweitens sehen wir auch, dass in dem Bereich der Mathematik die Geschlechtsunterschiede umso größer sind, je weniger die gemessene Kompetenz an den schulischen Lehrplan gekoppelt ist. Man könnte daher sagen, dass Geschlechtsunterschiede in Kompetenzen, die die Kinder in der Schule erwerben, kleiner sind als in jenen Kompetenzen, die auch durch außerschulische Lerngelegenheiten erworben werden.

In Bezug auf die Lesekompetenz gibt es sehr interessante Befunde dazu, ob die Schule Unterschiede zwischen sozialen Gruppen eher verstärkt oder aber verringert. Hier wurden zwar nicht Geschlechtsunterschiede untersucht, sondern Schüler mit unterschiedlichem sozioökonomischem Status. Das sind die US-amerikanischen Studien zum sogenannten „Sommerloch", dem *summer set back*. Sie zeigen, dass die Kompetenzen von Schülern im Lesen während der Sommerferien (die in den USA sehr viel länger sind als in Deutschland) nur bei Schülern mit einem niedrigen sozioökonomischen Status zurückgehen. Bei Schülern aus Familien mit einem höheren sozioökonomischen Status ist dies nicht der Fall. Man kann davon ausgehen, dass diese Schüler ein familiäres Umfeld haben, in dem auch in der Freizeit gelesen wird, wohingegen in den Familien mit niedrigem sozioökonomischem Status dies weniger praktiziert wird. So vergrößern sich in den Ferien die Leistungsunterschiede zwischen diesen Schülergruppen stärker als während der Schulzeit.

In der Mathematik ist es dagegen so, dass während der Sommerferien die Leistungen bei allen zurückgehen, unabhängig vom sozioökonomischen Status. Mathe ist eben etwas, was kaum jemand in seiner Freizeit macht. Auch diese Befunde belegen, dass das Lesen eine Kompetenz ist, die auch stark in außerschulischen Kontexten erworben und verbessert wird, wohingegen die mathematische Kompetenz sehr stark an schulische Lerngelegenheiten gebunden ist. Deshalb argumentierten wir, dass die *Schule* in dem, was sie den Schülerinnen und Schülern anbietet, Geschlechtsunterschiede nicht verstärkt. Es ist nicht so, dass sich gerade in den Bereichen, in denen das Wissen vor allem in der Schule angeeignet wird, besonders große Geschlechtsunterschiede zeigen, sondern diese Unterschiede größer sind in jenen Kompetenzbereichen, die sich auch aus außerschulischen Lerngelegenheiten speisen.

- **I:**

Gibt es eine Femininisierung der Schule? Falls ja, welche Folgen hat dies? *(vgl. hierzu auch das Interview mit Dr. Martin Neugebauer in* ▶ *Kap. 3)*

- **UK:**

Femininisierung von Schule ist ein Schlagwort, das in vielerlei Hinsicht verwendet wird. Einerseits bezieht sich die Femininisierung von Schule auf den hohen Anteil von weiblichen Lehrkräften an der Schule. Es ist so, dass mehr Frauen als Männer an Schulen unterrichten, und dies ist vor allem in Grundschulen so, in den weiterführenden Schulen ist das Geschlechterverhältnis deutlich ausgeglichener. Die Frage ist, ob das irgendwelche Auswirkungen auf den Schulerfolg von Jungen hat. Alle aktuellen Studien, die sich auf das Geschlecht der Lehrkraft beziehen, zeigen, dass es keine Auswirkungen auf die Leistungen oder die Schulfreude von Jungen und Mädchen gibt. Es ist nicht so, dass Jungen, die von männlichen Lehrkräften unterrichtet wurden, mehr können als Jungen, die von weiblichen Lehrkräften unterrichtet wurden, oder dass sie lieber in die Schule gehen würden als Jungen, die von weiblichen Lehrkräften unterrichtet wurden. Es zeigen sich also einmal keine Zusammenhänge, obwohl die Tatsache, dass es an den Schulen so viele Frauen und so wenige Männer gibt, etwas ist, was durchaus als eine Ursache für das relative Schulversagen der Jungen diskutiert wird, vor allem in den Medien. Die Empirie zeigt aber, dass dies für den Kompetenzerwerb unerheblich ist.

Die Frage ist, was man darüber hinaus unter Feminisierung von Schule verstehen könnte. Man könnte rein logisch argumentieren, dass einfach schon die Tatsache, dass Mädchen aufgrund bestimmter Verhaltensweisen und Eigenschaften, die etwas mit Selbstdisziplin, Gewissenhaftigkeit, Verträglichkeit und so weiter zu tun haben, bessere Noten erreichen können als Jungen, und wenn dieses Verhalten etwas ist, was in der Schule gefragt ist, schon gleichbedeutend mit einer Feminisierung von Schule ist. Wenn in der Schule Eigenschaften zu guten Noten führen, die bei Mädchen typischerweise aufgrund ihrer Sozialisation häufiger auftreten als bei Jungen, ist dies eine Feminisierung von Schule? Oder sollte Schule vielleicht etwas ganz anderes „belohnen" (mit Noten)? Ich würde keine guten Gründe dafür sehen, dass Schule etwas anderes belohnen sollte, dass sie sozusagen undiszipliniertes Verhalten und nicht gewissenhaftes Verhalten und asoziales Verhalten belohnen sollte, aber das ist die Frage, wie man diese „Feminisierung" definiert. Folgendes muss in der Diskussion mitbetrachtet werden: erstens, ob in der Schule Verhaltensweisen stärker belohnt werden, die bei Mädchen häufiger anzutreffen sind als bei Jungen, und zweitens, wie gerechtfertigt das ist. Möglicherweise kommt man zu dem Schluss, dass diese Verhaltensweisen auch essenziell dazu beitragen, in der Schule tatsächlich gute Leistungen zu erbringen.

- **I:**

Welche Erklärungsansätze gibt es dafür, dass Männer trotz der schulleistungsbezogenen Vorteile zugunsten von Mädchen immer noch deutlich mehr Geld als Frauen verdienen und Frauen auf dem Weg nach oben „verloren gehen", Stichwort *leaking pipeline*?

- **UK:**

Es gibt mehrere Erklärungsansätze, würde ich sagen. Das ist auch ein recht intensiv beforschtes Feld, dass Frauen zwar ganz gute Noten in der Schule und auch gute Abschlüsse haben, aber vergleichsweise weniger beruflichen Erfolg. Natürlich gibt es ganz unterschiedliche Stränge an Erklärungen. Das eine ist die Tatsache, dass sich Frauen in der Regel wahrscheinlicher um die Kinder kümmern als Männer, und das bedeutet hierzulande unter gegebenen Betreuungsmöglichkeiten natürlich einen „Karriereknick". Wenn Sie einen Partner haben, der Vollzeit arbeitet, und Sie zu Hause bleiben, ist es wahrscheinlicher, dass Sie beruflich nicht so weit aufsteigen werden wie Ihr Partner.

Eine ganz andere Dimension betrifft all das, was es an Forschung über Stereotypen gibt, wie gut Frauen denn für Führungspositionen geeignet seien. Das ist beispielsweise eine Theorie aus den 1970er-Jahren, das *think-manager-think-male*-Phänomen, dass jemand Typisches in einer Führungsposition, der typische Manager, sehr viel mehr Ähnlichkeiten mit unserem Bild von einem typischen Mann aufweist als mit unserem Bild von einer typischen Frau und dass deshalb gemeinhin angenommen wird, dass eine Frau weniger gut auf diese Posten passen würde. Weiterhin erklärt auch die *role-congruity*-Theorie die besonderen Hindernisse, die Frauen beim Aufstieg in eine Führungsposition zu überwinden haben. Einerseits wird angenommen, wie beim *think-manager-think-male*-Phänomen beschrieben, dass Frauen aufgrund ihrer weiblichen Eigenschaften schlecht auf diese Führungskräftepositionen passen. Andererseits, wenn eine Frau dann aber doch unter Beweis stellt, dass sie aufgrund ihrer faktischen Eigenschaften gut in eine Führungsposition passt, wird diese Frau negativer bewertet, weil ihr aufgrund ihrer Managereigenschaften ihre Weiblichkeit abgesprochen wird. Dies stellt einen kaum lösbaren Konflikt dar.

Es ist aber auch zu überlegen, inwiefern tatsächlich ausschließlich gute Schulleistungen, also gute Noten, etwas abbilden, was auch im Beruf zum Erfolg führt. Einerseits sollte die kontinuierliche Mitarbeit über einen längeren Zeitraum für beruflichen Erfolg durchaus relevant sein; wohingegen ein einmaliges gutes Ergebnis in einem halbstündigen Leistungstest dafür möglicherweise weniger prädiktiv ist (vgl. unsere obige Diskussion, dass Noten und standardisierte Tests etwas Unterschiedliches erfassen). Andererseits gibt es vielleicht aber auch einige Verhaltensweisen, die in der Schule nicht honoriert werden, im Berufsleben dagegen möglicherweise doch, z. B. „bluffen, lügen, betrügen". Es könnte sein, dass Sie dies im Berufsleben durchaus weiterbringt, auch wenn dies im Schulkontext weniger honoriert wird. Es kommt natürlich ein bisschen auf die Branche an. Wenn man seinen Beruf beispielsweise in so einer „ökologischen Nische" wie der Universität ausübt, hat das vergleichsweise viel Ähnlichkeit mit dem braven Schülerdasein, bei dem akribisches Arbeiten am Schreibtisch verlangt ist und jedem Aufsatz der hundertprozentige letzte Schliff verliehen werden muss. Wenn man aber eine Vermögensberatung betreibt oder Immobilienmakler ist, sind sicherlich ganz andere Kompetenzen gefragt, und zwar solche, die in der Schule keinesfalls als erwünscht vermittelt werden. Dies, denke ich, ist jedoch nur ein untergeordneter Punkt, wohingegen die beiden erstgenannten sicherlich zentraler für die Erklärung des derzeit (noch) geringen beruflichen Erfolgs von Frauen sind.

- **I:**

Woran könnte die schwächere Ausprägung der Selbstregulation und Selbstdisziplin bei Jungen liegen? Was kann getan werden, um hier kompensatorisch einzugreifen?

- **UK:**

Dass Geschlechtsunterschiede in Bezug auf Selbstregulation relativ früh auftreten, wurde untersucht. Über die Ursachen ist man sich noch weniger sicher. Es gibt Studien, die zeigen, dass schon im Kindergartenalter Mädchen ein höheres Maß an Selbstregulation aufweisen, also in einem Alter, in dem dies noch nichts mit dem „Erledigen von Schulaufgaben" zu tun hat. Beispielsweise gibt es Tests, bei denen Kinder Anweisungen befolgen müssen, dergestalt, dass sie immer wenn „Schulter" gesagt wird, ihr Knie anfassen müssen, und immer wenn „Kopf" gesagt wird, sie ihre Füße anfassen müssen und andersherum. Das ist eine relativ anspruchsvolle Aufgabe für Kindergartenkinder. Sie müssen sich die Regeln merken, sie müssen ihre Aufmerksamkeit fokussieren, sie müssen auch den spontanen Impuls hemmen, dass sie sich, wenn „Schulter" gesagt wird, an die Schulter fassen, und sie müssen sich fortwährend daran erinnern „Immer, wenn die Kindergärtnerin „Schulter" sagt, soll ich mir ans Knie fassen". Das ist etwas, was Mädchen schon besser beherrschen als Jungen. Man würde sagen, solche basalen Selbstregulationsfähigkeiten sind bei Mädchen früher ausgebildet als bei Jungen.

Das, was allerdings später im schulischen Kontext eine Rolle spielt, hat darüber hinaus auch viel mit motivationalen Prozessen zu tun, z. B. mit der Frage, für wie sinnvoll man schulische Mitarbeit erachtet. Ein zentraler Punkt ist, was bei Jungen in der Peergroup angesehen ist oder nicht, also die Frage, ob und inwiefern gut sichtbares, eifriges Mitarbeiten im Unterricht dazu führt, dass der Status von Jungen in der Peergroup höher oder aber niedriger wird.

Dies werden wir in unserem DFG-Projekt, das ich mit Bettina Hannover zum Thema „Jungen als Bildungsverlierer?" durchführe, auch noch genauer anschauen. Hier wollen wir auf genau diese motivationalen Prozesse abheben. Welchen Nutzen haben Jungen davon, sich in der Schule weniger anzustrengen? Dies ist natürlich noch mal ein ganz anderer Ansatzpunkt als die Studien zu den früh ausgeprägten besseren selbstregulatorischen Fähigkeiten von Mädchen. Auch in Bezug auf die mögliche Förderung sind dies zwei sehr unterschiedliche Ansatzpunkte.

Wenn man darauf abzielt, die selbstregulatorischen Fähigkeiten zu verbessern, lassen sich Trainings durchführen, die sich speziell auf schulisches Lernen beziehen. Diese Trainings sind auch durchaus erfolgreich. Hier lernen Kinder, Aufgaben so zu strukturieren, dass sie sich zuerst ein Ziel setzen, dann die Handlungen planen, dann auch lernen, sich dabei zu überwachen, ob sie die ganze Zeit konzentriert bei der

Sache sind, und auch darüber zu reflektieren, ob sie das gesteckte Ziel erreicht haben. Zu solchen Trainingsprogrammen hat beispielsweise die Arbeitsgruppe um Bernd Schmitz in Darmstadt viele Studien durchgeführt, in denen sie den Erfolg belegen konnten (z. B. Otto et al., 2008). Ich denke, in der Regel hat er sie gar nicht nach Geschlecht getrennt ausgewertet, sondern diese Programme gelten als für Jungen und Mädchen gleichermaßen sinnvoll. Das oben beschriebene selbstdisziplinierte Verhalten im Sinne eines motivationalen Konstrukts ist natürlich eine ganz andere Angelegenheit, da wären im Sinne der Intervention ganz andere Maßnahmen sinnvoll, beispielsweise Möglichkeiten aufzuzeigen, dass es das Ansehen nicht schmälert, wenn man sich in der Schule engagiert, und dass schulische Anstrengung keinesfalls etwas ist, was nur die „fleißigen, aber dummen Mädchen" machen. An solchen Möglichkeiten arbeiten wir in unserem Projektteam.

- **I:**

Brauchen Jungen Bezugspersonen, die ihre Probleme aufgreifen und sie beim Hineinwachsen in eine selbstbewusste und vielfältige Männlichkeit begleiten?

- **UK:**

Natürlich brauchen Jungen Bezugspersonen, die sie insgesamt verständnisvoll begleiten. Das brauchen Jungen wie Mädchen gleichermaßen. Sie heben wohl darauf ab, ob es unproblematisch sein kann, wenn Jungen in ihrer gesamten Kindheit und Jugend eigentlich nie männliche Bezugspersonen haben. Ich hatte die Ergebnisse referiert, dass es bezüglich ihrer Leistungen keinen Unterschied macht, ob Jungen von Lehrkräften männlichen oder weiblichen Geschlechts unterrichtet werden – auch für die Schulfreude nicht. Obwohl das noch nicht einmal stimmt. In einer britischen Studie zeigte sich, dass die Schulfreude sowohl bei Jungen als auch bei Mädchen höher war, wenn sie von *Frauen* unterrichtet wurden. Es war in dieser Studie (Carrington et al., 2008) also nicht so, dass Jungen nur bei Männern und Mädchen nur bei Frauen gerne in die Schule gehen. Es war eher so, dass weibliche Lehrkräfte Jungen und Mädchen dazu brachten, gerne in die Schule zu gehen. Aber natürlich brauchen Jungen Bezugspersonen, mit denen sie über ihre Probleme sprechen können und die sie auch in dem Hineinwachsen „in eine …"

- **I:**

Vielfältige und selbstbewusste Männlichkeit.

- **UK:**

„… vielfältige und selbstbewusste Männlichkeit begleiten" – das klingt wie etwas, was Ihnen niemand verwehren möchte. Ich bin mir ein bisschen unsicher, auf was Sie da abzielen, ob das auch Frauen machen können? Es wäre unvorstellbar zu sagen, nein, Jungen brauchen keine männlichen Bezugspersonen, natürlich brauchen sie die. Das heißt aber nicht, dass das unbedingt immer die Lehrkräfte sein müssen. Vor dem Hintergrund der Jungen als Bildungsverlierer funktioniert dieses Argument, glaube ich, nicht so gut, aber ich kann die Frage auch einfach so mit ja beantworten, natürlich brauchen sie Bezugspersonen, die sie darin unterstützen, in eine „selbstbewusste, vielfältige und reflektierte Männlichkeit" hineinzuwachsen.

- **I:**

Und würden Sie sagen, dass es dann eher im außerschulischen Bereich stattfinden sollte, also durch ein Elternteil oder Jugendleiter, und weniger Bedeutung durch Lehrer hat?

- **UK:**

In Bezug auf ihre Schulleistung hat es, glaube ich, keine große Bedeutung. Wenn Jungen überhaupt keine männlichen Bezugspersonen hätten, was durchaus in Einzelfällen auch der Fall ist, ist es natürlich wichtig für sie, dass sie mit Männern, sei es auch ihren Lehrern, sprechen können. Das muss man ein bisschen auseinanderhalten, was denn jeweils als Ziel dahintersteckt. Das ist natürlich auch schön, wenn sie eine männliche Bezugsperson in der Schule finden, aber es erklärt nicht per se den geringeren Bildungserfolg von Jungen in der Zeit, dafür gibt es keine Evidenz. Aber es kann für sie auch sehr wertvoll und sicherlich hilfreich sein, wenn sie beispielsweise wenig Kontakt zum Vater haben, einen männlichen Lehrer zu haben, mit dem sie ein paar Sachen anders besprechen können als mit einer weiblichen Lehrkraft.

- **I:**

Welchen Beitrag zur Bildungsgerechtigkeit kann nach Geschlechtern getrennter, monoedukativer Unterricht leisten?

- **UK:**

Das haben wir (Kessels & Hannover, 2008) in Bezug auf den Physikunterricht untersucht, und zwar inwiefern dieser das Engagement von Mädchen in diesem „Jungenfach" Physik verbessern würde, und konnten zeigen, dass das durchaus der Fall ist. Mädchen, die ohne Jungen unterrichtet werden, sind im Physikunterricht motivierter, sie wenden sich dem Fach mehr zu. Wir haben hierfür einen, denke ich, ganz originellen Erklärungsansatz verwendet und überprüft: inwiefern dieses größere Engagement der Mädchen im monoedukativen Physikunterricht etwas mit der geringeren Zugänglichkeit von geschlechtsbezogenem Selbstwissen in der Situation selbst zu tun hat. Wir gingen davon aus, dass es Menschen sozusagen weniger „auffällt", welches Geschlecht sie selber haben, wenn sie in einer Gruppe sind, in der alle dasselbe Geschlecht haben. Sie werden auch Eigenschaften, die geschlechtstypisierend sind, weniger zur Selbstbeschreibung nutzen, wenn nur Menschen des eigenen Geschlechts anwesend sind. Wenn also nur Mädchen im Klassenzimmer sind, ist mein eigenes Mädchensein in dieser Situation nichts, was mich von anderen Anwesenden unterscheidet. Von daher ist es auch weniger wahrscheinlich, dass mir das in den Sinn käme, wenn ich darüber nachdenke, wer oder was ich bin. Ich werde dann andere Eigenschaften von mir zur Selbstbeschreibung heranziehen, welche eher verdeutlichen, inwiefern ich mich von den anderen Anwesenden unterscheide.

Unser Erklärungsansatz war also ganz grob, dass Geschlecht im gemischtgeschlechtlichen Kontext „salienter" ist und deshalb auch wahrscheinlicher das Selbstkonzept in der jeweiligen Situation beeinflusst. Das ist also abzugrenzen von „Opfer- oder Beschützungsdiskursen" im Rahmen der Koedukationsdebatte – nach dem Motto „weil die dummen Mädchen noch nie ein Fahrrad repariert haben, sollen sie im Physikunterricht erst einmal unter sich Zutrauen fassen, ohne dabei durch die fortgeschritteneren Jungen verunsichert zu werden". Wir nahmen an, wenn wir die Zugänglichkeit der eigenen Geschlechtsidentität vermindern, wenn Mädchen quasi vergessen, dass sie Mädchen sind, dann sollte sich die Tatsache, dass sie in einem angeblichen Jungenfach sitzen, auch weniger negativ auf ihr Engagement auswirken. In dem gemischtgeschlechtlichen Kontext würde ihnen dagegen eher auffallen, eben weil es dort auch Jungen gibt, dass sie selbst ja ein Mädchen sind. Und dann ist es wahrscheinlicher, dass sie ihre Weiblichkeit auch entsprechend inszenieren, indem sie sich von dem als Jungenfach wahrgenommenen Fach Physik distanzieren. Weiblichkeit inszenieren könnte man hier über Äußerungen wie (plakativ ausgedrückt) „Hach, ich kann das alles nicht und hm Peter, kannst du das machen, mit den Krokodilklemmen?". Dadurch könnte man demonstrieren, dass man ein „richtiges Mädchen" ist. Wenn aber in den Hintergrund rückt, dass man ein Mädchen ist, und stattdessen andere Identitätsaspekte im Vordergrund stehen, dann ist es weniger wahrscheinlich, dass man sich geschlechtstypisiert verhält. Entsprechend würde man sich in dem Fach Physik eher so verhalten wie in einem weniger geschlechtstypisierten, anderen Schulfach – eben ohne die mentale Verknüpfung „Ah, das ist das Jungenfach, und wer da etwas macht, ist dann kein richtiges Mädchen". Wir haben für das Fach Physik zeigen können, dass das gut funktioniert, und von daher würde ich sagen, ja, geschlechtergetrennter Unterricht kann dazu etwas beitragen.

Die Frage ist, wie wir jetzt den Bogen kriegen zu den Jungen, ob das auch etwas wäre, was für Jungen sinnvoll wäre. Da gibt es vergleichsweise weniger Untersuchungen. Es gibt vereinzelte, eher anekdotische Evidenz, würde ich sagen. In Großbritannien hat man sich schon länger Gedanken darüber gemacht, ob es nicht auch positiv für Jungen sein könnte, monoedukative Lerngruppen an eigentlich koedukativen Schulen einzurichten, ob maskulines Gehabe dann weniger stark auftritt. Das hat nach meiner Kenntnis aber nicht funktioniert. Die Jungen waren dann eher noch maskuliner in ihrem Verhalten, das sogenannte *laddish behaviour* kam eigentlich ungebrochen heraus in den monoedukativen Jungengruppen. Es war nicht so, dass es dort so funktionierte wie in unserem Experiment mit den Mädchen und Jungen im getrennten Physikunterricht. Es scheint vielschichtiger zu sein, was da innerhalb der männlichen Peergroup an Dynamiken abläuft. Und das, was in einer Jungengruppe praktiziert wird, ist eben nicht unbedingt schulkompatibles Verhalten.

Trotzdem: Die gleiche Logik wie in unserer Studie zugrunde gelegt, wäre es aber doch plausibel, dass die Geschlechtsidentität der Jungen weniger stark aktiviert sein müsste, wenn Mädchen nicht anwesend sind. Möglicherweise würden sie sich dann einzelnen Schulfächern, die eher weiblich konnotiert sind, stärker zuwenden und nicht mehr denken, sie können es als „echter Junge" nicht bringen, dass sie im Deutschunterricht vor den anderen schön Gedichte interpretieren. Aber das ist etwas, was noch sehr viel weniger beforscht ist als der Nutzen von monoedukativem Unterricht für Mädchen in den MINT-Fächern (MINT = Mathematik, Informatik, Naturwissenschaften und Technik).

- **I:**

Was halten Sie davon, dass Schulen Gender-Mainstreaming als Basis ihres Schulprofils verankert haben?

- **UK:**

Ich denke, das ist auf jeden Fall eine gute Maßnahme, sich darüber Gedanken zu machen, wie man für Geschlechtergerechtigkeit im schulischen Kontext sorgen kann und dass auch alle am schulischen Kontext Beteiligten, sowohl die Schulleitung als auch die Eltern, die Lehrkräfte und die Schüler, einbezogen werden in eine Lernumgebung, die versucht, Geschlechterstereotypen möglichst nicht zum Tragen kommen zu lassen. Beiden Geschlechtern den Zugang zu allen Bereichen zu ermöglichen, die den individuellen Neigungen und nicht Geschlechterstereotypen am stärksten entsprechen, ist auf jeden Fall sinnvoll. Es ist sinnvoll, dass darüber reflektiert wird – auch seitens der Lehrkräfte –, welche Rollenerwartungen eigentlich an Jungen und Mädchen bestehen, dass dies etwas ist, was auch Schule und Schüler reflektieren sollten und was auf jeden Fall eine sinnvolle Maßnahme ist.

- **I:**

Frau Prof. Kessels, wenn Sie zum Abschluss des Interviews den Blick in die Zukunft richten: Welche Zukunftsszenarien resultieren Ihrer Meinung nach aus den Diskussionen um „Jungen als Bildungsverlierer" und den aktuellen Trends? Was kann und muss getan werden, damit beide Geschlechter gleich stark wahrgenommen werden?

- **UK:**

Eine schwierige Frage. Wenn Sie fragen, was aus den derzeit stattfindenden Diskussionen, dass Jungen auf einmal die Bildungsverlierer sein sollen, resultieren *könnte*, kann man sich Verschiedenes vorstellen, z. B. Maßnahmen, die auf eine bestimmte, aus den Untersuchungen zu Geschlechtsunterschieden in der Schule abgeleitete Problematik abzielen, beispielsweise Jungen stärker zu motivieren, sich in der Schule doch mal anzustrengen. Das wäre eine Variante. Es ist auch möglich, dass nun alle Maßnahmen zur Mädchenförderung im schulischen Kontext, die erfolgreich gelaufen sind, abgebaut werden. Das wäre ein sehr negatives Resultat aus der aktuellen Diskussion, wenn jetzt geschlussfolgert würde: „Wir haben jetzt den Fokus stärker auf die Jungen zu richten als auf die Mädchen." Mit diesem „Gegeneinanderausspielen" würde man das zweite von Ihnen genannte Ziel, dass beide Geschlechter als gleich stark wahrgenommen werden, nicht erreichen.

Man sollte vielleicht die Menschen mit ihren Stärken und Schwächen jeweils so wahrnehmen, wie sie sind, unabhängig von ihrer Geschlechtszugehörigkeit. *In the long run* wäre dies sinnvoller. Natürlich beinhalten die Diskurse, die gerade stattfinden, ein ähnliches Dilemma, das auch die Frauenbewegung schon hatte: Dadurch, dass Unterschiede zwischen den Geschlechtern überhaupt benannt wurden, inklusive der strukturellen Ungerechtigkeiten, die dahinterstanden, wurden eben diese Unterschiede auch stark betont und die Geschlechtszugehörigkeit selbst als wichtiges Merkmal von Menschen hervorgehoben. Es ist schwierig, einerseits darauf abzuzielen, dass Geschlechtsunterschiede eben keine Rolle mehr spielen sollen, dass die biologische Geschlechtszugehörigkeit eines Menschen nicht etwas sein soll, was Schulverhalten, Karrierewege, Fachwahlen usw. beeinflusst. Aber andererseits kann nur dadurch, dass die derzeit bestehenden Unterschiede gesehen werden, auch tatsächlich eingegriffen werden, können also Maßnahmen ergriffen werden, um diese Unterschiede zu vermindern. Und genau dadurch werden diese Geschlechtsunterschiede aber auch immer wieder betont und hervorgehoben, die doch eigentlich, als Ziel der Maßnahmen, abgebaut werden sollen.

Wir fanden in einer schon etwas älteren Untersuchung (Hannover & Kessels, 2002), in der wir Schulfächer danach klassifizieren ließen, ob diese eher Jungenfächer, Mädchenfächer oder weder-noch waren, ganz deutlich, dass Physik als Jungenfach gilt und das Fach Deutsch im Vergleich dazu ganz wenig geschlechtstypisiert war. Die Frage ist, ob sich das möglicherweise in einigen Jahren schon wieder anders darstellt durch die aktuelle Diskussion um die schulischen Defizite von Jungen, vor allem in Bezug auf ihre Lesekompetenz. Dass Jungen stärker bewusst wird, dass Jungen generell ein Problem mit dem Fach Deutsch haben, dass sie es in der Folge immer stärker als Mädchenfach wahrnehmen – was zuvor noch gar nicht der Fall war. Das ist aber, wie gesagt, ein kaum lösbares Dilemma. Um Unterschiede abzubauen, müssen wir sie überhaupt erst sichtbar machen und identifizieren, um dann gezielt Maßnahmen zu ergreifen. Aber in dem Zuge, in dem wir das tun, betonen wir auch immer wieder Geschlecht als ein ganz zentrales Merkmal der Person, und dies ist ein Problem, das man ebenfalls nicht aus den Augen verlieren sollte.

Auch der Trend, im schulischen Kontext so geschlechtstypisierend vorzugehen, kann durchaus negative Folgen haben. Es sollten nicht unterschiedliche Unterrichtsmaterialien für Jungen und Mädchen herausgegeben werden, im Sinne einer Jungenpädagogik und einer Mädchenpädagogik in der Schule. Mädchen und Jungen lernen auf ganz ähnliche Art und Weise; das sind nicht so unterschiedliche Welten, als dass Jungen und Mädchen nicht zusammen das Gleiche bearbeiten und lernen könnten. Es ist eine Gefahr, die ich bei aller Sensibilität für das Thema durchaus sehe, dass solche Unterschiede zunehmend betont werden. Wie gesagt müssen wir sie erkennen und benennen, auch wenn wir sie eigentlich abbauen wollen. Die Geschlechtszugehörigkeit von Kindern und Jugendlichen im schulischen Kontext stark zu betonen, ist natürlich auch etwas, was mit dem Gender-Mainstreaming verbunden sein kann. Dadurch rückt die Geschlechtszugehörigkeit stärker in den Vordergrund, obwohl vielleicht beabsichtigt ist, dass sie in den Hintergrund rückt.

- I:

Vielen Dank, Frau Prof. Kessels!

Video des Interviews (siehe ◘ Abb. 1.2):

◘ **Abb. 1.2** Video 1.2
(► https://doi.org/10.1007/000-79n)

Referenzen

Hannover, B., & Kessels, U. (2011). Sind Jungen die neuen Bildungsverlierer? Empirische Evidenz für Geschlechterdisparitäten zuungunsten von Jungen und Erklärungsansätze. *Zeitschrift für Pädagogische Psychologie, 25*, 89–103.

Kessels, U., & Hannover, B. (2008). When being a girl matters less. Accessibility of gender-related self-knowledge in single-sex and coeducational classes. *British Journal of Educational Psychology, 78*, 273–289.

Maaz, K., Trautwein, U., & Baeriswyl, F. (2011). *Herkunft zensiert? Leistungsdiagnostik und soziale Ungleichheit in der Schule*. Vodafone Stiftung Deutschland.

Martin, C. L., Eisenbud, L., & Rose, H. (1995). Children's gender-based reasoning about toys. *Child Development, 66*, 1453–1471.

Otto, B., Perels, F., & Schmitz, B. (2008). Förderung mathematischen Problemlösens anhand eines Selbstregulationstrainings. Evaluation von Projekttagen in der 3. und 4. Grundschulklasse. *Zeitschrift für Pädagogische Psychologie, 22*, 221–232.

Taconis, R., & Kessels, U. (2009). How choosing science depends on students' individual fit to the „science culture". *International Journal of Science Education, 31*, 1115–1132.

Zitierte und weiterführende Literatur

Carrington, B., Tymms, P., & Merrell, C. (2008). Role models, school improvement and the „gender gap" – Do men bring out the best in boys and women the best in girls? *British Educational Research Journal, 34*, 315–327.

Duckworth, A. L., & Seligman, M. E. P. (2006). Self-discipline gives girls the edge: Gender in self-discipline, grades, and achievement test scores. *Journal of Educational Psychology, 98*, 198–208.

Hannover, B., & Kessels, U. (2002). Challenge the science-stereotype! Der Einfluss von Technikfreizeitkursen auf das Naturwissenschaften-Stereotyp von Schülerinnen und Schülern. *Zeitschrift für Pädagogik, 45*, 341–358.

Hannover, B., & Kessels, U. (2011). Sind Jungen die neuen Bildungsverlierer? Empirische Evidenz für Geschlechterdisparitäten zuungunsten von Jungen und Erklärungsansätze. *Zeitschrift für Pädagogische Psychologie, 25*, 89–103.

Helbig, M. (2010). Sind Lehrerinnen für den geringeren Schulerfolg von Jungen verantwortlich? *Kölner Zeitschrift für Soziologie und Sozialpsychologie, 62*, 93–111.

Heyder, A., & Kessels, U. (2012). *Harter Junge = fauler Junge? Eine experimentelle Studie zur Wirkung von Männlichkeitsinszenierungen in der Schule. Vortrag auf dem 48. Kongress der DGPs (Deutsche Gesellschaft für Psychologie)*, Bielefeld, 23–27 Sept. 2012.

Hat PISA die Schulen besser gemacht?

Petra Stanat und Hans Anand Pant

Inhaltsverzeichnis

2.1 Einleitung – 22

2.2 Interview mit Prof. Dr. Hans Anand Pant und Prof. Dr. Petra Stanat, Leitung des Instituts zur Qualitätsentwicklung im Bildungswesen (IQB) an der Humboldt-Universität zu Berlin – 22

Zitierte und weiterführende Literatur – 38

Ergänzende Information Die elektronische Version dieses Kapitels enthält Zusatzmaterial, auf das über folgenden Link zugegriffen werden kann [https://doi.org/10.1007/978-3-662-65631-0_2]. Die Videos lassen sich durch Anklicken des DOI Links in der Legende einer entsprechenden Abbildung abspielen, oder indem Sie diesen Link mit der SN More Media App scannen.

© Der/die Autor(en), exklusiv lizenziert an Springer-Verlag GmbH, DE, ein Teil von Springer Nature 2023
B. Spinath (Hrsg.), *Empirische Bildungsforschung*, Meet the Expert: Wissen aus erster Hand, https://doi.org/10.1007/978-3-662-65631-0_2

2.1 Einleitung

Birgit Spinath

Seit sich Deutschland flächendeckend an den internationalen Schulleistungsuntersuchungen beteiligt, was erst sehr spät, nämlich 1995 der Fall war, werden die Ergebnisse von Studien wie TIMSS und PISA in den Medien berichtet und kommentiert. Da fast jeder ein Interesse daran hat, dass Schulen gute Arbeit leisten, werden die Ergebnisse dieser Studien in der Öffentlichkeit wahrgenommen und diskutiert. Die Bildungspolitik wird an den Ergebnissen gemessen und begründet Entscheidungen über Reformen mit Rückgriff auf diese Studien. Schülerinnen und Schüler, Lehrerinnen und Lehrer sowie Eltern sind ganz unmittelbar mit den Auswirkungen dieser Reformen konfrontiert und haben nicht selten Zweifel an der Sinnhaftigkeit der eingeleiteten Maßnahmen. Manche Kritik wirft den Schulleistungsuntersuchungen vor, sie hätten die Schulen nicht nur nicht besser, sondern sogar schlechter gemacht. Um diese und weitere kritische Sichtweisen auf internationale Schulleistungsuntersuchungen unter die Lupe zu nehmen, werden im Folgenden eine Bildungsforscherin und ein Bildungsforscher befragt, die an solchen -Studien und der damit verbundenen Beratung der Bildungspolitik maßgeblich mitwirken.

Prof. Hans Anand Pant und Prof. Petra Stanat leiten gemeinsam das Institut zur Qualitätsentwicklung im Bildungswesen (IQB) in Berlin. Das Institut wurde in Reaktion auf das schlechte Abschneiden von Schülerinnen und Schüler an deutschen Schulen bei den internationalen Schulleistungsuntersuchungen von der Kultusministerkonferenz (KMK) eingerichtet. Es hat die Aufgabe, die Bundesländer bei der Qualitätsentwicklung und -sicherung im allgemeinbildenden Schulsystem zu unterstützen. Zu diesem Zweck überprüft das IQB das Erreichen der Bildungsstandards, trägt zur Implementierung derselben bei und betreibt entsprechende empirische Bildungsforschung. Sowohl Prof. Pant als auch Prof. Stanat sind seit mehreren Jahren mit internationalen Schulleistungsuntersuchungen befasst und im ständigen Austausch mit politischen Entscheidungsträgern. Obwohl beide einen psychologischen Hintergrund haben, ist ihre jetzige Ausrichtung mit dem Begriff der empirischen Bildungsforschung besser umrissen. Ihre Arbeit am IQB betreffend publizieren die beiden zu Fragen der Qualitätssicherung im Schulsystem (z. B. Pant & Stanat, 2013) sowie zum Stand der Kompetenzen deutscher Schülerinnen und Schüler (z. B. Stanat et al., 2012).

2.2 Interview mit Prof. Dr. Hans Anand Pant und Prof. Dr. Petra Stanat, Leitung des Instituts zur Qualitätsentwicklung im Bildungswesen (IQB) an der Humboldt-Universität zu Berlin

Das Interview führte Katharina Kriegbaum im Juni 2012.

- **Interviewerin:**

Erinnern Sie sich noch an Ihren ersten Kontakt mit PISA und Schulleistungsuntersuchungen?

- **Prof. Petra Stanat:**

Ja, ich erinnere mich noch sehr gut an meinen ersten Kontakt mit PISA und den Schulleistungsuntersuchungen. Nach meiner Promotion in den USA habe ich mich nämlich auf eine wissenschaftliche Mitarbeiterstelle am Max-Planck-Institut für Bildungsforschung beworben, bei der es um die Koordination des internationalen Teils von PISA 2000 in Deutschland ging. Eigentlich habe ich erst durch die Ausschreibung der Stelle von der Existenz der Studie erfahren. Ich habe mich natürlich auf das Bewerbungsgespräch gründlich vorbereitet und nachgelesen, was PISA eigentlich ist, worum es in dem Projekt geht. Das war 1998.

- **Prof. Hans Anand Pant:**

Ja, ich muss gestehen, ich habe PISA 2000 überhaupt nicht wahrgenommen. Ich war damals noch Forscher im sozialepidemiologischen Bereich, also in der Gesundheitssystemforschung, die in mancher Hinsicht sehr ähnliche Strukturen wie die Bildungsforschung aufweist. Aber ich habe erst PISA 2006 wahrgenommen.

- **I:**

Inwiefern prägte das Ihre weitere berufliche Laufbahn?

- **PS:**

Meine Laufbahn hat es sehr stark geprägt, weil ich im Bereich Sozialpsychologie promoviert hatte. Erst über PISA und die Koordinationsstelle am Max-Planck-Institut bin ich in die Bildungsforschung gekommen, und da bin ich auch heute noch.

- **HAP:**

Ja, und mich hat es ab 2006 geprägt, weil ich 2005 beim IQB, dem Institut zur Qualitätsentwicklung im Bildungswesen, zu arbeiten begann und da mitten rein in die PISA-Debatte geworfen wurde.

- **I:**

Bevor wir über Kritik an PISA reden, sollten wir in Erinnerung rufen, warum die Ergebnisse von PISA 2000 so viel öffentliche Aufmerksamkeit erfahren haben. Die Lesekompetenz wurde als Schwerpunktbereich in PISA 2000 erfasst. Wo lag das Kompetenzniveau der 15-Jährigen in Deutschland im internationalen Vergleich?

- **PS:**

Das Kompetenzniveau lag, wenn ich mich richtig erinnere, bei 484 Punkten auf der PISA-Skala, also 16 Punkte unter dem OECD-Mittelwert (▶ Kasten 2.1 und ◘ Tab. 2.1). In den meisten anderen Teilnehmerstaaten mit ähnlichen Lebensbedingungen erzielten die Schüler im Durchschnitt signifikant bessere Ergebnisse. Das war schon ein Schock für Deutschland, der tief saß.

Tab. 2.1 Mittelwerte und Streubreiten der Schülerleistungen in den drei Kompetenzbereichen für die Teilnehmerstaaten in der ersten PISA-Studie im Jahr 2000 (Stanat et al., 2002, S. 8)

Lesen			Mathematik			Naturwissenschaften		
Länder	Mittelwerte (Standardfehler in Klammern)	Spannbreiten*	Länder	Mittelwerte (Standardfehler in Klammern)	Spannbreiten*	Länder	Mittelwerte (Standardfehler in Klammern)	Spannbreiten*
Finnland	546 (2,6)	291	Japan	557 (5,5)	286	Korea	552 (2,7)	263
Kanada	534 (1,6)	310	Korea	547 (2,8)	276	Japan	550 (5,5)	297
Neuseeland	529 (2,8)	355	Neuseeland	537 (3,1)	325	Finnland	538 (2,5)	283
Australien	528 (3,5)	331	Finnland	536 (2,2)	264	Vereinigtes Königreich	532 (2,7)	321
Irland	527 (3,2)	309	Australien	533 (3,5)	299	Kanada	529 (1,6)	290
Korea	525 (2,4)	227	Kanada	533 (1,4)	278	Neuseeland	528 (2,4)	326
Vereinigtes Königreich	523 (2,6)	330	Schweiz	529 (4,4)	329	Australien	528 (3,5)	307
Japan	522 (5,2)	284	Vereinigtes Königreich	529 (2,5)	302	Österreich	519 (2,6)	296
Schweden	516 (2,2)	304	Belgien	520 (3,9)	350	Irland	513 (3,2)	300
Österreich	507 (2,4)	307	Frankreich	517 (2,7)	292	Schweden	512 (2,5)	303
Belgien	507 (3,6)	351	Österreich	515 (2,5)	306	Tschechische Republik	511 (2,4)	308
Island	507 (1,5)	302	Dänemark	514 (2,4)	283	Frankreich	500 (3,2)	334
Norwegen	505 (2,8)	340	Island	514 (2,3)	277	Norwegen	500 (2,8)	311

Hat PISA die Schulen besser gemacht?

Frankreich	505 (2,7)	301	Liechtenstein	514 (7,0)	322	OECD-Durchschnitt	500 (0,7)	325
Vereinigte Staaten	504 (7,0)	349	Schweden	510 (2,5)	309	Vereinigte Staaten	499 (7,3)	328
OECD-Durchschnitt	500 (0,6)	328	Irland	503 (2,7)	273	Ungarn	496 (4,2)	331
Dänemark	497 (2,4)	319	*OECD-Durchschnitt*	500 (0,7)	329	Island	496 (2,2)	284
Schweiz	494 (4,2)	335	Norwegen	499 (2,8)	303	Belgien	496 (4,3)	364
Spanien	493 (2,7)	276	Tschechische Republik	498 (2,8)	320	Schweiz	496 (4,4)	324
Tschechische Republik	492 (2,4)	318	Vereinigte Staaten	493 (7,6)	325	Spanien	491 (3,0)	310
Italien	487 (2,9)	296	*Deutschland*	490 (2,5)	338	*Deutschland*	487 (2,4)	335
Deutschland	484 (2,5)	366	Ungarn	488 (4,0)	321	Polen	483 (5,1)	313
Liechtenstein	483 (4,1)	316	Russische Föderation	478 (5,5)	343	Dänemark	481 (2,8)	335
Ungarn	480 (4,0)	306	Spanien	476 (3,1)	298	Italien	478 (3,1)	318
Polen	479 (4,5)	326	Polen	470 (5,5)	336	Liechtenstein	476 (7,1)	315
Griechenland	474 (5,0)	320	Lettland	463 (4,5)	337	Griechenland	461 (4,9)	316

(Fortsetzung)

◘ Tab. 2.1 (Fortsetzung)

Lesen			Mathematik			Naturwissenschaften		
Länder	Mittelwerte (Standardfehler in Klammern)	Spannbreiten*	Länder	Mittelwerte (Standardfehler in Klammern)	Spannbreiten*	Länder	Mittelwerte (Standardfehler in Klammern)	Spannbreiten*
Portugal	470 (4,5)	320	Italien	457 (2,9)	299	Russische Föderation	460 (4,7)	327
Russische Föderation	462 (4,2)	303	Portugal	454 (4,1)	299	Lettland	460 (5,6)	321
Lettland	458 (5,3)	334	Griechenland	447 (5,6)	357	Portugal	459 (4,0)	287
Luxemburg	441 (1,6)	325	Luxemburg	446 (2,0)	307	Luxemburg	443 (2,3)	315
Mexiko	422 (3,3)	281	Mexiko	387 (3,4)	273	Mexiko	422 (3,2)	251
Brasilien	396 (3,1)	284	Brasilien	334 (3,7)	320	Brasilien	375 (3,3)	301

* Abstand zwischen den Leistungen der 5 % leistungsschwächsten und 5 % leistungsstärksten Schülerinnen und Schüler

Leistungen signifikant über dem OECD-Mittelwert

Leistungen unterscheiden sich nicht signifikant vom OECD-Mittelwert

Leistungen signifikant unter dem OECD-Mittelwert

- **I:**

Welche anderen Befunde wurden durch PISA 2000 erstmals deutlich, (beispielsweise bezüglich der Leistungsstreuung und der herkunftsbedingten Unterschiede sowie bezüglich des Anteils der Schülerinnen und Schüler mit Migrationshintergrund)?

- **PS:**

Die Hauptbefunde waren: 1) Unterdurchschnittliche Leistungen in den Bereichen Lesen, Mathematik und Naturwissenschaften; 2) eine sehr breite Leistungsstreuung, breiter als in allen anderen OECD-Mitgliedstaaten, wobei dies vor allem dadurch zustande kam, dass die Schülerinnen und Schüler im unteren Leistungsbereich in Deutschland sehr schlecht abgeschnitten hatten; 3) eine sehr enge Kopplung zwischen der sozialen Herkunft der Jugendlichen und ihren Leistungen; 4) eine sehr große Leistungsdifferenz zwischen Jugendlichen aus zugewanderten Familien und Jugendlichen ohne Zuwanderungshintergrund. Insgesamt ergab sich das Bild eines Schulsystems, das in Bezug auf die beiden großen Qualitätskriterien der *excellence* und der *equity* unbefriedigende Ergebnisse erzielte.

Kasten 2.1: Welche Ergebnisse erzielte Deutschland bei PISA 2000 im Vergleich zu anderen Teilnehmerstaaten?

Die Mittelwerte und Streubreiten der Schülerleistungen in den drei Kompetenzbereichen für die Teilnehmerstaaten in PISA 2000 sind ◘ Tab. 2.1 zu entnehmen. In der Lesekompetenz lagen die Leistungen der Schülerinnen und Schüler an deutschen Schulen signifikant unter dem OECD-Mittelwert. Nur zwei weitere mitteleuropäische Staaten (Liechtenstein und Luxemburg) wiesen unterdurchschnittliche Ergebnisse auf. Finnland nahm die Spitzenposition ein, gefolgt von Kanada und Neuseeland. Außerdem war der Abstand Deutschlands zur Leistungsspitze mit einer halben Standardabweichung beträchtlich. Auch die Leistungen in den Bereichen Mathematik und Naturwissenschaften in Deutschland waren unterdurchschnittlich. Des Weiteren war im Lesen der Abstand zwischen den 5 % der leistungsstärksten Schülerinnen und Schüler und den 5 % der leistungsschwächsten in Deutschland im internationalen Vergleich am größten (siehe „Spannbreite").

- **I:**

Als Reaktion auf die Veröffentlichung der PISA-Ergebnisse wurde Kritik sowohl in Bezug auf das Vorgehen als auch in Bezug auf die Methodik von PISA geäußert. Kritiker zweifelten an der Richtigkeit der PISA-Ergebnisse und behaupteten, dass PISA auf einer nicht repräsentativen Stichprobe beruhe und die Ergebnisse fehlerhaft ausgewertet worden seien. Ist diese Kritik stichhaltig?

- **HAP:**

Also ich glaube, dass bei der Installation eines weltweiten, empirischen Monitoringsystems an der einen oder anderen Stelle vielleicht auch mal ein Fehler passiert, das ist normal. Aber insgesamt ist das eine Studienanlage, die den Stand der Wissenschaften sowohl statistisch als auch methodisch umfassend berücksichtigt und auch angewendet hat. Und es gilt immer auch zu fragen, wenn man Repräsentativität als Gütekriterium nimmt: Was meint man damit eigentlich? Bildet das z. B. perfekt das Schulsystem eines

Landes ab? Das wird es nie können. Wichtig ist, dass man die Auswahlprozedur nachvollziehbar und regulär gestaltet, also in diesem Fall eine Zufallsauswahl von Schulen zieht, und das ist in den meisten Ländern sehr genau überwacht worden. Von daher kann ich diese Kritik nicht verstehen. Was ich eher interessant finde, ist zu fragen, warum man PISA auf dieser Ebene kritisiert. Auch da kann man ja Interessen vermuten und sich überlegen, ob es vielleicht Leute gibt, die einfach ein Feedback, das vielleicht nicht so positiv ausfällt, auch nicht vertragen und nutzen wollen.

- **I:**

Kritiker behaupten, PISA habe die Schulen nicht besser gemacht, sondern sogar schlechter. Ist diese Aussage Ihrer Meinung nach haltbar?

- **HAP:**

Das ist insofern eine etwas schwierige Frage, weil sie unterstellt, dass PISA in irgendeiner leicht nachvollziehbaren Weise direkt die Qualität der Schulen beeinflussen würde. Das hat erstens PISA niemals gewollt, sondern es ist ein Monitoring und damit ein Feedbackinstrument auf Systemebene und nicht auf der Einzelschulebene. Und zweitens sind die ursächlichen Ketten zwischen einem Messinstrument und dem, was nachher an Schulen tatsächlich passiert an Unterrichts- und Schulentwicklung, viel zu weit voneinander entfernt, als dass man da eine Ursächlichkeit behaupten könnte.

- **I:**

Das Misstrauen der Eltern und der Öffentlichkeit gegen die Schulen ist durch PISA gewachsen. Hat PISA den Schulen also einen Bärendienst erwiesen?

- **PS:**

Ich weiß gar nicht, ob das Misstrauen gewachsen ist, aber die Aufmerksamkeit ist mit Sicherheit gestiegen. Und das ist kein Bärendienst, sondern durchaus ein Ziel der Studie: Transparenz zu schaffen und damit die Aufmerksamkeit auf die Frage zu lenken „Was wird eigentlich in deutschen Schulen erreicht?". Diese Art der Transparenz ist notwendig und in anderen Politikbereichen auch schon lange selbstverständlich. Was aber diskutiert wird, ist, ob der wachsende Anteil von Privatschulen etwas mit PISA zu tun hat. Es gibt inzwischen tatsächlich mehr Privatschulen als früher, aber es ist unklar, woran das liegt. Zu einem großen Teil werden Privatschulen gegründet, weil in bestimmten Gebieten aus demografischen Gründen bestimmte Schulformen nicht mehr angeboten werden und folglich Elterninitiativen ergriffen wurden, um die Lücke mit privaten Schulen zu schließen. Es ist offen, wie diese Entwicklung weitergehen wird. Aber insgesamt glaube ich, dass die verstärkte Aufmerksamkeit, die PISA bewirkt hat, für das Bildungssystem eine gute Sache ist und keineswegs ein Bärendienst.

- **HAP:**

Ich würde auch noch ergänzen, dass ich das für eine absurde Vorstellung halte, dass man, wenn man ein Feedback gibt, auf welcher Ebene auch immer, damit etwas Schlechtes bezwecken würde. Ich finde die Vorstellung völlig abwegig, dass man Hunderte von Millionen Euro in ein gesellschaftliches Teilsystem wie Bildung reinsteckt und dann an keiner Stelle überprüft, ob das, was man eigentlich erwartet, auch wirklich erreicht wird, dass das sozusagen einem gefühlten Nutzen, einer gefühlten

Qualität überlassen wird. Von daher finde ich es geradezu zwingend notwendig, dass „Misstrauen" im Sinne von konstruktivem Misstrauen überhaupt möglich wird.

- **I:**

Es wird auch Kritik dahingehend geäußert, dass die Befunde von PISA wenig ergiebig seien für diejenigen, die vor Ort mit einzelnen Schülern (z. B. mit Migrationshintergrund) zu tun haben. Die Befunde würden nicht beim Umgang mit solchen Schülern helfen. Was halten Sie von diesem Kritikpunkt?

- **PS:**

Diese Kritik ist richtig, aber sie beschreibt eigentlich nur, wie es sein soll, denn PISA ist gar nicht darauf angelegt, „vor Ort" nützlich zu sein. Selbst in Bezug auf die Bildungspolitik ist PISA nie angetreten, um hinterher sagen zu können, was zu tun ist. PISA ist eine Bestandsaufnahme, eine Diagnose, die auf der Systemebene angesiedelt ist und auf dieser Ebene Feedback über Erträge von Bildungsprozessen geben soll. Was dann letztlich zu tun ist, um die identifizierten Schwachstellen zu bearbeiten, muss auf bildungspolitischer Ebene entschieden werden. An die einzelnen Schüler und an die einzelnen Lehrkräfte richtet sich die Studie nur bedingt.

- **I:**

Mit PISA 2009 schließt sich ein Zyklus, da erneut die Lesekompetenz als Schwerpunkt untersucht wurde. Lassen Sie uns über die Veränderungen von PISA 2000 zu PISA 2009 sprechen. In welchem Ausmaß haben sich die Testleistungen der Schülerinnen und Schüler in Deutschland in Bezug auf die Lesekompetenz von PISA 2000 bis PISA 2009 verbessert?

- **HAP:**

Die Leistungen in der Lesekompetenz haben sich von PISA 2000 bis PISA 2009 im Durchschnitt um 13 Punkte verbessert (▶ Kasten 2.2). Das ist auf einem Maßstab, wie er in PISA verwendet wird, auf den ersten Blick keine sehr große Veränderung. Aber wenn man bedenkt, dass damit die Veränderung eines ganzen Systems betrachtet wird, eines, wenn man so will, sehr großen und schwerfälligen Tankers und nicht eines leichten Segelbootes, dann ist es durchaus etwas, was man wertschätzen kann – zumal im internationalen Vergleich Deutschland das einzige Land ist, das eine derart stetige Verbesserung der durchschnittlichen Lesekompetenz aufweist, und das Muster in den anderen Fächern, also in der Mathematik und den Naturwissenschaften, davon ja nicht abweicht.

Kasten 2.2: Entwicklung der Lesekompetenz in Deutschland

Die Entwicklung der Lesekompetenz von Schülerinnen und Schülern an deutschen Schulen im Alter von 15 Jahren zwischen PISA 2000 und PISA 2009 ist in ◘ Abb. 2.1 dargestellt. Per Augenschein ist von Welle zu Welle ein positiver Verlauf festzustellen. Allerdings waren die Veränderungen zwischen den ersten drei Erhebungen (PISA 2000, 2003 und 2006) statistisch nicht signifikant. Die durchschnittliche Lesekompetenzleistung bei PISA 2009 lag mit 497 Punkten erstmals signifikant über dem im Jahr 2000 gemessenen OECD-Mittelwert von 484 Punkten.

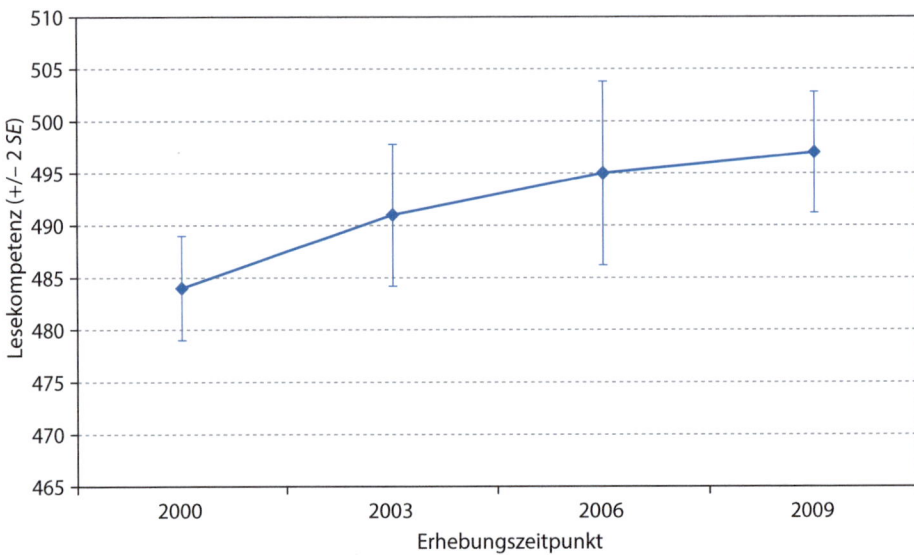

◘ **Abb. 2.1** Entwicklung der Lesekompetenz von PISA 2000 bis 2009 in Deutschland. (Klieme et al., 2010, S. 59)

▪ **I:**

Wie sind diese positiven Entwicklungen Deutschlands im internationalen Vergleich einzuordnen? Haben sich auch andere OECD-Staaten in diesem Ausmaß verbessert?

▪ **HAP:**

Es gibt einzelne Länder, die Verbesserungen zwischen den Jahren aufweisen, z. B. zwischen den Erhebungen von 2006 zu 2009, die auch teilweise größer sind als die Verbesserungen in Deutschland. Aber es geht um den kontinuierlichen Trend in Deutschland, der für die Lesekompetenz so in keinem anderen Land vorkommt. Und wir haben auch zum Teil bei Ländern, die nach den ersten PISA-Erhebungen in den Himmel gehoben wurden, starke Rückgänge in der Kompetenz festzustellen; z. B. ist hier Schweden zu nennen, das einen deutlichen Rückgang zu verzeichnen hatte.

▪ **I:**

Inwiefern haben sich Kompetenzunterschiede zwischen sozialen Gruppen und Kompetenzunterschiede zwischen Mädchen und Jungen in diesem Jahrzehnt (PISA 2000 bis PISA 2009) verändert? *(vgl. hierzu auch die Interviews mit Prof. Ursula Kessels und Dr. Martin Neugebauer in* ► Kap. 1 *und* ► Kap. 3*)*

▪ **PS:**

Für die Geschlechtsunterschiede haben sich keine großen Verschiebungen ergeben – wir haben immer noch die Situation, dass Jungen im Bereich Lesen deutlich schwächer abschneiden als Mädchen (► Kasten 2.3). Das war im Jahr 2000 so, und das ist im Jahr 2009 immer noch so. In Mathematik gibt es kleine Unterschiede zugunsten der Jungen, in den Naturwissenschaften sind die Leistungsdifferenzen im Grunde zu vernachlässigen. Wenn man jedoch nach den drei naturwissenschaftlichen Fächern, also Biologie, Chemie und Physik, differenziert, würde man sehen, dass die Jungen in

Hat PISA die Schulen besser gemacht?

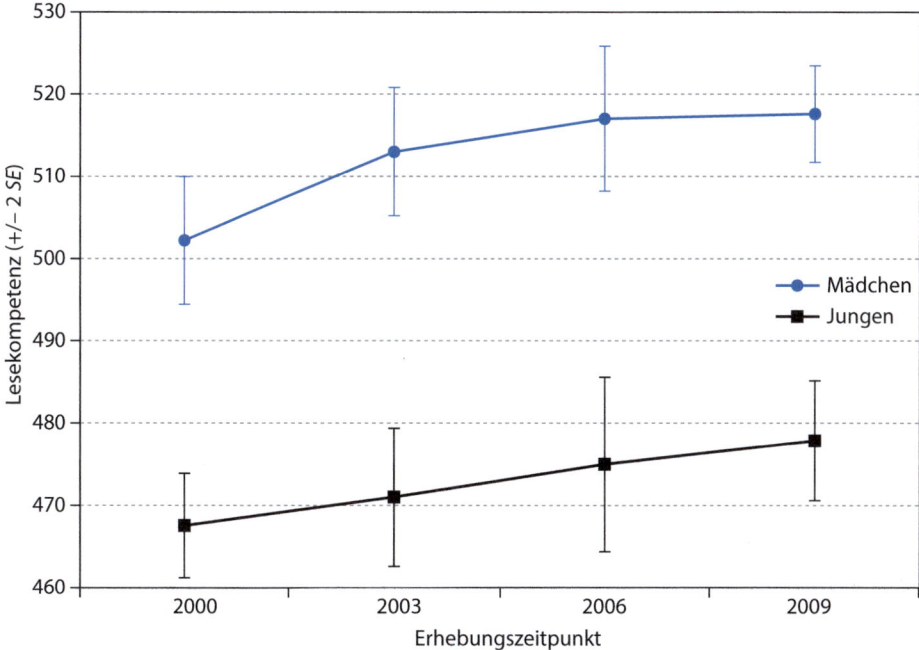

◘ **Abb. 2.2** Trend der Leseleistung für Mädchen und Jungen in Deutschland 2000 bis 2009. (Klieme et al., 2010, S. 54)

Physik einen Leistungsvorteil haben. Dagegen existieren in Biologie und in Chemie so gut wie keine Kompetenzunterschiede zwischen Mädchen und Jungen.

> **Kasten 2.3: Welche Unterschiede gibt es bei der Leseleistung zwischen Mädchen und Jungen?**
> ◘ Abb. 2.2 zeigt die Mittelwerte, die Mädchen und Jungen in der Lesekompetenz von PISA 2000 bis PISA 2009 erreicht haben. Der Vorteil der Mädchen gegenüber den Jungen in der Lesekompetenz ist sehr stabil. Sowohl für die Mädchen als auch für die Jungen ist über die vier Messzeitpunkte ein positiver Trend zu beobachten, der bei den Mädchen mit einem Zuwachs von 15 Punkten etwas stärker ist als bei den Jungen mit einem Zuwachs von zehn Punkten. Dieser Unterschied ist jedoch statistisch nicht bedeutsam.

- **PS:**

Die Unterschiede zwischen den sozialen Herkunftsgruppen haben sich verringert, das heißt grob ausgedrückt: Die Leistungsdifferenz zwischen Kindern aus Arbeiterfamilien und Kindern aus Akademikerfamilien ist kleiner geworden. Insgesamt ist die Leistungsverbesserung zwischen PISA 2000 und PISA 2009 vor allem auf die Gruppe der Schüler aus zugewanderten Familien zurückzuführen, die tendenziell auch aus sozial schwächeren Familien stammen. Insbesondere in dieser Gruppe hat sich in den neun Jahren etwas getan, und dadurch sind auch die sozialen Disparitäten geringer geworden.

▪ I:
Eine Erklärung für den Anstieg der Testleistung der Schülerinnen und Schüler in Deutschland lautet, dass diese sich an die Aufgabenformate gewöhnt hätten. Ist dieser Kritikpunkt gerechtfertigt?

▪ HAP:
Ja, es ist durchaus plausibel anzunehmen, dass durch die starke mediale Aufmerksamkeit nach den ersten PISA-Befunden tatsächlich die Lehrer den Test wichtiger genommen haben. Dass damit ihre Schüler mehr motiviert wurden und dass damit im Einzelfall auch mal Multiple-Choice-Aufgaben im Vorfeld in den betreffenden Klassen dargestellt und eingesetzt wurden, ist gut möglich (▶ Kasten 2.4). Aber noch einmal, das kann nicht zu einer durchgängigen Verbesserung der Testleistungen im Trend beitragen – insbesondere wenn wir feststellen, dass die Verbesserung der Testleistung gerade in Gruppen wie den Migrantenkindern stattgefunden hat. Warum sollten die denn besonders viel von den motivationalen Effekten oder Übungseffekten profitieren? Das ist nicht plausibel.

▪ I:
Eine weitere Erklärung für die Verbesserung der Testleistung lautet, dass in manchen Schulen für PISA geübt wurde und die Schülerinnen und Schüler mit Übungspaketen trainiert wurden. Ist dies ein haltbarer Kritikpunkt?

▪ PS:
Wenn ich die Frage richtig verstehe, richtet sie sich auf mögliche Effekte eines Testcoachings, denn wenn man tatsächlich den Unterricht so verändern würde, dass sich die bei PISA geprüften Kompetenzen verbessern, dann wäre das ein wünschenswerter Effekt. Also wenn tatsächlich die mathematische Modellierungsfähigkeit durch entsprechenden Unterricht verbessert würde, wäre das zu begrüßen. Es ist aber sehr unwahrscheinlich, dass solche Kompetenzänderungen in kurzer Zeit zu erreichen sind. Für ein reines Testcoaching, also für Trainings im Umgang mit Multiple-Choice-Formaten, Vermittlung von Strategien der Testbearbeitung und Ähnliches, haben Studien dagegen Hinweise auf kleine Effekte ergeben, wobei diese im Grunde zu vernachlässigen sind. Und ich glaube auch nicht, dass Schulen tatsächlich massiv für Studien wie PISA üben. Warum sollten sie das tun, es hängt für sie nichts davon ab!

Kasten 2.4: Überprüfung der Kritik an PISA in Bezug auf Gewöhnungs- und Übungseffekte

In Bezug auf die Verbesserung der Testleistung der deutschen Schülerinnen und Schüler bei PISA wurden verschiedene Kritikpunkte geäußert, unter anderem dass sich die Schülerinnen und Schüler an die Aufgabenformate gewöhnt und Lehrer mit ihren Schülern für PISA geübt hätten. Diese Kritikpunkte wurden gezielt überprüft (z. B. Prenzel et al., 2004; Walpuski & Ropohl, 2011).

Gewöhnung an Aufgabenformate von PISA: Anhand von PISA-2000-Daten wurde die Frage überprüft, ob Schülerinnen und Schüler bei Mehrfachwahlaufgaben (Multiple Choice) größere Leistungsnachteile haben als bei offenen Antwortformaten. Diese Vermutung konnte nicht bestätigt werden. Im Gegenteil konnte auch durch neu-

> ere Studien immer wieder empirisch gezeigt werden, dass Multiple-Choice-Aufgaben von Schülerinnen und Schülern in Kompetenztests im Mittel häufiger gelöst werden als offene Fragen.
>
> **Auswirkung von Übung auf die Testleistung in PISA:** In Reaktion auf die Kritik, dass in manchen Schulen Lehrerkräfte mit ihren Schülerinnen und Schülern für PISA geübt haben, enthielt PISA 2003 eine Frage danach, ob die Schülerinnen und Schüler von den Lehrerkräften für die Aufgaben trainiert wurden. Es konnte gezeigt werden, dass sich rund 26 % der Schülerinnen und Schüler auf den Test vorbereitet hatten. Des Weiteren konnte aber auch gezeigt werden, dass es hinsichtlich der Leistung zwischen Schülerinnen und Schülern, die trainiert hatten, und solchen, die sich nicht vorbereitet hatten, keine signifikanten Unterschiede gab.

- **I:**

Was weiß man über die Ursachen der festgestellten Veränderungen? Kann PISA darüber Aufschluss geben?

- **HAP:**

Über die Ursachen der festgestellten Veränderungen kann PISA zunächst einmal kaum Aufschluss geben, weil PISA nicht als eine Studie angelegt ist, die im klassischen forschungslogischen Design Hypothesen testen soll, sondern als ein Monitoringsystem. Alles, was wir als Ursachen von Veränderungen überprüfen können, sind sogenannte Post-hoc-Analysen, die mit allen Problemen zu kämpfen haben, die beeinflussen, ob man tatsächlich Ursächlichkeit feststellen kann oder eigentlich nur Zusammenhänge. In dieser Perspektive ist es wünschenswert, wenn man in Zukunft vielleicht kleinere Teilstudien an PISA andockt, die dann ganz spezielle Fragestellungen auch im Längsschnitt ursächlich untersuchbar machen.

- **I:**

Welche bildungspolitischen Maßnahmen und Programme haben Ihrer Meinung nach zu diesen positiven Entwicklungen innerhalb des letzten Jahrzehnts beigetragen?

- **PS:**

Meines Erachtens kann man die Veränderungen nicht einzelnen Maßnahmen oder Programmen zuschreiben, deren Wirkungen sich anhand von Daten des Systemmonitorings auch gar nicht identifizieren lassen. Ich persönlich glaube, dass die Aufmerksamkeit auf Qualität und speziell auf Unterrichtsqualität, die sich durch Studien wie PISA erhöht hat, Wirkungen gezeigt hat. Man macht sich jetzt mehr Gedanken darüber, was guter Unterricht ist. Es wurden Bildungsstandards eingeführt, und Lehrkräfte erhalten mit den Vergleichsarbeiten regelmäßig Rückmeldungen darüber, inwieweit in ihren Klassen die Kompetenzen bereits entwickelt worden sind, die in den Bildungsstandards definiert sind. Dies richtet das Augenmerk auf Unterricht und Unterrichtsqualität. Und ich glaube, dass solche Maßnahmen, die auf Unterrichts- und Schulqualität gerichtet sind, insgesamt zu dem positiven Trend beigetragen haben, der in PISA zu beobachten war. *(vgl. hierzu auch das Interview mit Prof. Mareike Kunter in* ▶ *Kap. 4)*

- **HAP:**

Fast alle 16 Bundesländer haben infolge von PISA sogenannte Qualitäts- oder Orientierungsrahmen eingeführt, wo sie sich quasi selbst darüber Vergewisserung verschafft haben, was gute Schule und was für sie guter Unterricht ist. Auf dieser Basis arbeiten in 15 von 16 Ländern die Schulinspektorate, die die Prozesse in Schule und Unterricht in den Blick nehmen und damit ein regelmäßiges und schulnahes Instrument der Qualitätsüberprüfung darstellen.

- **I:**

Wo sehen Sie die Notwendigkeit für weitere Verbesserungen?

- **PS:**

Ich sehe, und das ist auch einer meiner Forschungsschwerpunkte, weiterhin Notwendigkeit im Bereich der Sprach- und Leseförderung. Es ist sehr viel in diesem Bereich unternommen worden, gerade auch wegen des sehr schwachen Abschneidens der Schüler im unteren Leistungsbereich. Hier war klar, dass etwas getan werden muss, und es ist viel auf den Weg gebracht worden. Dies erfolgte aber oft nicht sehr systematisch, was auch daran liegt, dass wir in der Forschung kaum Antworten auf die Frage „Was ist eigentlich wirksame Sprachförderung – wie geht man da am besten vor?" zu bieten hatten.

Meines Erachtens muss man in diesem Bereich noch strukturierter arbeiten, als das bisher vielfach der Fall ist. Zwar ist die Lage von Bundesland zu Bundesland sehr unterschiedlich, aber Sprachförderung ist gerade auch wegen des in Deutschland weiter steigenden Anteils von Schülern aus zugewanderten Familien zentral.

- **I:**

Die Einführung von Bildungsstandards war eine der wichtigsten Reformen nach dem PISA-Schock. Welche Implikationen haben die Bildungsstandards für das Schulsystem, und welche Rolle spielt dabei das IQB?

- **HAP:**

Bildungsstandards sind ein Synonym für Kompetenzerwartungen, das heißt, sie sind vor allem etwas, was normativ festgelegt wird, und nicht etwas, was auf wissenschaftlicher Empirie oder Erkenntnis beruht. Ein politisches System verständigt sich darauf, was wir als Ergebnis und Ertrag von so und so viel Jahren Schulbesuch erwarten. Das ist ein großer Schritt gewesen für das politische System insgesamt. Daraufhin sind die Veränderungen erst einmal auf einer relativ weit oben befindlichen Ebene in Gang gekommen. Das heißt, dass Rahmenlehrpläne und Kerncurricula in einer Weise angepasst wurden, die – im Gegensatz zu den inhaltlichen und stofflichen Aspekten – das in den Mittelpunkt gestellt haben, was am Ende rauskommen soll, nämlich die Kompetenzen, immer verbunden mit bestimmten Inhalten. Das ist eine riesige Umstellung für die gesamte Bildungsadministration gewesen.

Das Problem, das wir jetzt sehen, ist, dass dann die Vermittlungsschritte hinunter in die einzelne Schule, in den einzelnen Unterricht, was denn mit der Idee von Kompetenzorientierung gemeint sein könnte, nicht wirklich gelungen sind. Da sehe ich auch die größten Handlungsfelder für die Zukunft, dass man sich intelligente und akzeptierte Modelle der Implementation von Kompetenzorientierung im Unterricht überlegt. Und das IQB ist hier in der Rolle des Mahners der Politik. Mit unserer Überprüfung der Erreichung der Bildungsstandards wird immer wieder daran erinnert, dass es in einzelnen Teilbereichen und bei Teilkompetenzen in regional unterschiedlicher Weise Defizite und Entwicklungsbedarf gibt. Und dafür ist das IQB nicht immer geliebt worden, aber es ist, glaube ich, ein notwendiger Schmerz im System.

- **I:**

Wie erleben Sie die Zusammenarbeit zwischen Bildungsforschung und Politik?

- **PS:**

Das Stichwort „nicht immer geliebt" ist schon ganz richtig. Insgesamt ist das Verhältnis zwischen Bildungsforschung und Politik eines, das sich in den letzten zehn Jahren sehr stark entwickelt hat. Anfangs hat sich die Politik nach der Veröffentlichung von Ergebnissen aus Schulleistungsstudien an die Wissenschaft gewendet und gefragt: „So, und was sollen wir denn jetzt tun?" Das ist inzwischen weniger der Fall, denn natürlich kann die Bildungsforschung darauf keine einfachen Antworten liefern, und es ist immer deutlicher geworden, welche Aufgaben jeweils die einzelnen Bereiche im Bildungssystem haben. Die Wissenschaft kann zwar Informationen liefern, die für bildungspolitische Entscheidungen relevant und nützlich sind, die Entscheidungen selbst muss aber die Politik treffen und dabei natürlich auch beispielsweise normative und finanzielle Erwägungen einbeziehen. Die Zusammenarbeit ist dabei eine Herausforderung, sie muss sich immer wieder zurechtrütteln. Und natürlich ist die Bildungsforschung, insbesondere das Monitoring, wenig geliebt, wenn sie einem Land unerfreuliche Nachrichten einbringt. Aber insgesamt wird inzwischen weitgehend anerkannt, dass diese Art der Rückmeldung erforderlich ist, und insofern besteht eine enge Zusammenarbeit zwischen Bildungsforschung und Politik, die oft herausfordernd, aber insgesamt konstruktiv ist.

- **HAP:**

Ja, und ich finde auch, dass es ein Erfolg ist, wenn Bildungsforschung und Bildungspolitik sehen und respektieren können, dass sie nach unterschiedlichen Logiken funktionieren. Wir als Forscherinnen und Forscher wollen Zweifel, wollen Unsicherheit, wollen Hypothesen, wollen Zeit zur Untersuchung haben und glauben nicht, dass wir zu wirklich deterministischen oder gesetzmäßigen Aussagen kommen, wie mit Gewissheit das eine das andere bewirkt oder verursacht. Die Politik möchte genau das nicht, sie will schnelle Handlungsanweisungen, will Sicherheiten und Unzweideutigkeiten haben. Wünschenswert ist, dass beide Seiten verstehen, dass diese beiden Logiken nicht ohne Vermittlung ineinander zu überführen sind.

- **PS:**

Wobei es der Wissenschaft unterschiedlich gut gelingt, der Verlockung zu widerstehen, eine Antwort auf die Frage „Was sollen wir jetzt tun?" zu geben und der Politik unter dem Deckmantel der Wissenschaftlichkeit seine Lieblingsantwort zu verkaufen, ohne dass diese durch empirische Befunde gedeckt ist. Das passiert manchmal.

■ I:

Wenn Sie beide einen Wunsch an die Bildungspolitik frei hätten, welcher wäre das?

■ HAP:

Mein Wunsch wäre, dass man tatsächlich die Vielfalt, die der Föderalismus mit 16 Ländern und 16 Bildungssystemen bietet, zu einem echten Austausch nutzen würde mit Unterstützung der Wissenschaft, um die Frage zu beantworten: „Was wirkt am besten?" Und dass man die Elemente aus einem anderen Land nicht einfach deshalb nicht übernimmt, weil das Parteibuch dort ein anderes ist oder weil sonstige politische Erwägungen im Wege stehen, sondern dass man das als einen echten Wettbewerb zum Besseren benutzt. Das ist im Moment einfach nicht der Fall, das muss man ganz offen sagen. Es gibt auf der politischen Seite immer wieder einen Rückfall im Denken, dass Strukturfragen im Bildungswesen so wichtig seien, also z. B welche Schularten es geben soll. Zumindest ist relativ gut belegbar mit unseren Monitoringdaten, dass man in jeder Schulart gute Ergebnisse erzielen kann. Es kommt vor allen Dingen auf den guten Unterricht an.

■ PS:

Und ich würde mir wünschen, dass weniger „Reförmchen" umgesetzt werden, sondern dass man in der Bildungspolitik eine Perspektive dafür entwickelt, wo es hingehen soll, um dann gezielt auf diese Perspektive hin gut durchdachte Veränderungen umzusetzen. Denn was wir zum Teil sehen, ist, dass sehr viel Unruhe ins System gekommen ist durch solche Dinge wie flexible Schuleingangsphase oder Frühenglisch. Das sind ja vielleicht auch an sich keine schlechten Ideen, aber sie müssen gut vorbereitet und begleitet werden und in eine Perspektive für die Veränderungen des Systems als Ganzes eingebunden sein. Als kleine, isolierte „Reförmchen" bringen sie nichts als Unruhe in das System.

■ I:

Dieses Jahr findet die fünfte PISA-Haupterhebung in Deutschland statt. Was erwarten Sie in Bezug auf die Testleistung der Schülerinnen und Schüler an deutschen Schulen und in Bezug auf soziokulturelle Bedingungsfaktoren?

■ HAP:

Ich erwarte keine großen Änderungen. Aber ich wüsste, wenn ich etwas erwarten würde, auch gar nicht, wie ich es begründen sollte. Da wir, wie gesagt, wenig über die Ursachenzusammenhänge sagen können, nehmen wir das ja eher als Impuls dafür zu schauen, *was* sich verändert hat, und nicht zugleich, warum es sich verändert hat. Von daher glaube ich, dass immer noch gilt, was Jürgen Baumert zu der Thematik gesagt hat: Langfristig muss das deutsche Bildungssystem darauf achten, dass es den Bereich der problematischen Schülerinnen und Schüler, was Leistung angeht, noch stärker in den Mittelpunkt rückt, also wie kann Sprach- und Leseförderung systematisch aufgebaut werden, dass alle Fächer davon profitieren.

■ PS:

Dem schließe ich mich an. Ich glaube auch nicht, dass wir große Veränderung sehen werden. Durch die verstärkte Aufmerksamkeit auf Qualität hat sich in den letzten Jahren einiges getan, und wir wissen aus der Bildungsforschung bereits viel darüber, wie guter Unterricht aussehen sollte. An der konkreten Umsetzung dieser Erkenntnisse in der Praxis mangelt es aber vielfach noch – gewachsene Lehr-/Lernkulturen verändern sich nur langsam, und die Entwicklung von Schul- und Unterrichtsqualität bedarf der Unterstützung. Ich würde mich natürlich freuen, wenn PISA 2015 wiederum positive Nachrichten zu vermelden hätte, aber ich würde darauf jetzt nicht wetten.

- **I:**

Wenn wir einen Blick in die Zukunft werfen (beispielsweise bis PISA 2021): Wo werden Sie dann mit Ihrer Forschung stehen, und welche Veränderungen könnten dann von großer Wichtigkeit sein, wenn es daran geht, die Bilanz eines zweiten Jahrzehnts im Rahmen von PISA zu ziehen?

- **PS:**

Wir selbst sind ja keine PISA-Forscher. PISA wird jetzt vom Zentrum für Internationale Bildungsvergleichsstudien (ZIB) durchgeführt, unter der Federführung der Technischen Universität München gemeinsam mit dem Deutschen Institut für Internationale Pädagogische Forschung (DIPF) und dem Leibniz-Institut für die Pädagogik der Naturwissenschaften und Mathematik (IPN). Wir kooperieren zwar mit den Kollegen des ZIB in verschiedenen Bereichen, aber an PISA selbst sind wir nur am Rande beteiligt. Für unsere eigene Forschung im IQB erhoffen wir uns natürlich, dass wir gut vorankommen. Wir konzentrieren uns auf fünf Forschungsbereiche: Kompetenzmodellierung, methodische Fragen der Kompetenzdiagnostik, Heterogenität schulischer Kompetenzen, Sprach- und Lesekompetenz und Implementationsforschung. In all diesen Bereichen versuchen wir, uns wissenschaftlich weiter zu profilieren. Ein Problem, mit dem wir am IQB immer wieder zu kämpfen haben, entsteht dadurch, dass wir einen relativ hohen Serviceanteil haben und zusehen müssen, dass vor allem auch die jungen Leute, die sich hier qualifizieren wollen, ausreichend Zeit für Forschung haben. Aber auch da sind wir, glaube ich, auf einem ganz
guten Weg.

- **I:**

Werden die Schulen dann noch besser geworden sein, auch durch PISA?

- **HAP:**

Ich glaube, dass die deutschen Schulen in den letzten Jahren und insgesamt sehr viel besser geworden sind und dass es immer wieder Modelle von guten Schulen gibt, die sich – und das ist das Entscheidende – nicht von außen gelenkt, sondern selbst auf den Weg machen, Qualitätssicherung zum festen Bestandteil zu machen. Sicherlich hat auch die Diskussion in der Nachfolge von PISA dazu beigetragen, dass diese Schulen ermutigt werden, das immer wieder zu probieren.

- **PS:**

Ja, und die Verbesserung hat nicht PISA herbeigeführt, sondern PISA hat wichtige Anstöße gegeben, sich Gedanken über die Frage zu machen: „Wie können wir
besser werden?" Die Verbesserungen selbst müssen dann in der Schule und im Unterricht erfolgen.

Abb. 2.3 Video 2.3
(▶ https://doi.org/10.1007/000-79p)

- **I:**
Vielen Dank für das Interview!
Video des Interviews (siehe ◘ Abb. 2.3):

Zitierte und weiterführende Literatur

Klieme, E., Artelt, C., Hartig, J., Jude, N., Köller, O., Prenzel, M., et al. (2010). *PISA 2009: Bilanz nach einem Jahrzehnt*. Waxmann.

Koretz, D. (2009). How do American students measure up? Making sense of international comparisons. *The Future of Children, 19*, 37–51.

Larry, D., Yore, L. D., Anderson, J. O., & Chiu, M.-H. (2010). Moving PISA results into the policy arena: Perspectives on knowledge transfer for future considerations and preparations. *International Journal of Science and Mathematics Education, 8*, 593–609.

Prenzel, M., Drechsel, B., Carstensen, C. H., & Ramm, G. (2004). PISA 2003– eine Einführung. In P.-K. Deutschland (Hrsg.), *PISA 2003. Der Bildungsstand der Jugendlichen in Deutschland – Ergebnisse des zweiten internationalen Vergleichs* (S. 13–46). Waxmann.

Prenzel, M., Kobarg, M., & Schöps, K. (2013). *Research on PISA. Research outcomes of the PISA research conference 2009*. Springer.

Referenzen

Pant, H. A., & Stanat, P. (2013). Qualitätssicherung durch kompetenzorientierte Bildungsstandards im allgemeinbildenden Schulsystem. *Berufsbildung in Wissenschaft und Praxis, 42*, 6–10.

Stanat, P., Artelt, C., Baumert, J., Klieme, E., Neubrand, M., Prenzel, M., et al. (Hrsg.). (2002). *PISA 2000: Die Studie im Überblick – Grundlagen, Methoden und Ergebnisse*. Max-Planck-Institut für Bildungsforschung.

Stanat, P., & Lüdtke, O. (2007). Internationale Schulleistungsvergleiche. In G. Trommsdorff & H.-J. Kornadt (Hrsg.), *Enzyklopädie der Psychologie: Kulturvergleichende Psychologie, Bd. 3: Kulturelle Determinanten des Erlebens und Verhaltens* (S. 279–347). Hogrefe.

Stanat, P., Pant, H. A., Böhme, K., & Richter, D. (Hrsg.). (2012). *Kompetenzen von Schülerinnen und Schülern am Ende der vierten Jahrgangsstufe in den Fächern Deutsch und Mathematik*. Waxmann.

Walpuski, M., & Ropohl, M. (2011). Einfluss des Testaufgabendesigns auf Schülerleistungen in Kompetenztests. *Naturwissenschaften im Unterricht Chemie, 22*, 82–86.

Sind Lehrerinnen für die „Bildungskrise" der Jungen verantwortlich?

Martin Neugebauer

Inhaltsverzeichnis

3.1 Einleitung – 40

3.2 Interview mit Dr. Martin Neugebauer, Wissenschaftlicher Mitarbeiter des Mannheimer Zentrums für Europäische Sozialforschung (MZES) – 40

Zitierte und weiterführende Literatur – 50

Ergänzende Information Die elektronische Version dieses Kapitels enthält Zusatzmaterial, auf das über folgenden Link zugegriffen werden kann [https://doi.org/10.1007/978-3-662-65631-0_3]. Die Videos lassen sich durch Anklicken des DOI Links in der Legende einer entsprechenden Abbildung abspielen, oder indem Sie diesen Link mit der SN More Media App scannen.

© Der/die Autor(en), exklusiv lizenziert an Springer-Verlag GmbH, DE,
ein Teil von Springer Nature 2023
B. Spinath (Hrsg.), *Empirische Bildungsforschung*, Meet the Expert: Wissen aus erster Hand,
https://doi.org/10.1007/978-3-662-65631-0_3

3.1 Einleitung

Birgit Spinath

In vielen Ländern ist die Mehrheit der Lehrkräfte in Schulen weiblich. Es gibt die These, dass dies zu einer Feminisierung der Schulen geführt hat, dass also weibliche Lehrpersonen eine andere Schulumwelt schaffen, als Männer dies tun. Diese sogenannte Feminisierung der Schulen wird als eine Ursache für das seit einiger Zeit zu beobachtende schlechtere Abschneiden von Jungen hinsichtlich formaler Bildungsindikatoren, wie Schulnoten und Zugang zu höherwertigen Bildungsgängen, angesehen *(vgl. hierzu auch das Interview mit Prof. Ursula Kessels in* ▶ Kap. 1*)*. Sind weibliche Lehrpersonen schädlich für männliche Schüler? Um diese Frage beantworten zu können, muss zunächst festgestellt werden, ob und in welcher Hinsicht die viel zitierte Bildungskrise der Jungen überhaupt besteht. In einem zweiten Schritt muss untersucht werden, ob ein Zusammenhang zwischen dem Geschlecht der Lehrperson und den Leistungen von Schülerinnen und Schülern besteht. Falls dies so sein sollte, müsste man in einem dritten Schritt die Mechanismen untersuchen, durch die dieser Zusammenhang zustande kommt.

Dr. Martin Neugebauer hat sich vor seinem fachlichen Hintergrund als Soziologe diesen und weiteren Fragen gewidmet. Er arbeitet als wissenschaftlicher Mitarbeiter am Mannheimer Zentrum für Europäische Sozialforschung (MZES) und hat in seiner noch jungen wissenschaftlichen Laufbahn bereits einige hochinteressante Studien vorgelegt. Sein Hauptaugenmerk liegt auf der Rolle von Lehrkräften bei der Entstehung von Bildungsungleichheiten. Neben der Frage, ob Lehrerinnen für die schlechteren Schulleistungen von Jungen verantwortlich sind (Neugebauer, 2011; Neugebauer et al., 2011), beschäftigt sich Dr. Neugebauer auch mit der Frage, wer sich für ein Lehramtsstudium entscheidet (Neugebauer, 2013).

3.2 Interview mit Dr. Martin Neugebauer, Wissenschaftlicher Mitarbeiter des Mannheimer Zentrums für Europäische Sozialforschung (MZES)

Das Interview führten Jennifer Klein und Lisa Maria Voigt im Juni 2012.

■ **Interviewerin:**
Bevor wir auf das Thema zu sprechen kommen, ob Lehrerinnen für die Bildungskrise der Jungen verantwortlich sind, würden wir gerne zum Einstieg etwas von Ihrer Person erfahren. Seit wann beschäftigen Sie sich mit dem Thema, und wie kam es dazu?

■ **Martin Neugebauer:**
Ich bin seit 2009 Mitarbeiter am Mannheimer Zentrum für Europäische Sozialforschung. Seither beschäftige ich mich mit der Rolle von Lehrkräften bei der Entstehung von Bildungsungleichheiten. Zum Beispiel beschäftige ich mich mit der Frage, ob man die Grundschulempfehlung verbindlich machen sollte, also ob Lehrer verbindlich entscheiden sollten, auf welche weiterführende Schulform ein Kind geht,

oder ob man den Eltern das freistellen sollte. Dabei geht es um die Rolle von Lehrern bei *sozialen Ungleichheiten*. Ein weiteres Thema, mit dem ich mich auseinandersetze, dreht sich um *geschlechtliche Ungleichheiten*. Im Verlauf der letzten Jahre wurde vor allem in den Medien und von Politikern die These aufgestellt, dass Lehrkräfte eine entscheidende Rolle bei der Entstehung von Bildungsungleichheiten im Schulsystem spielen. Diese These besagt, dass die zunehmende Feminisierung der Lehrerschaft, also die Tatsache, dass der Anteil der Frauen unter den Lehrern wächst, ursächlich dafür verantwortlich sei, dass die Jungen in den Schulleistungen zurückfallen würden. Dann habe ich mich diesem Thema gewidmet und gefragt: Stimmt das denn überhaupt? Und wie könnte man das empirisch testen? *(vgl. hierzu auch die Interviews mit Prof. Martin Diewald und Prof. Reiner Riemann sowie Prof. Ulrich Trautwein in* ▶ *Kap. 5 und* ▶ *Kap. 7)*

- **I:**

Sie sind nun schon auf die Bildungskrise zu sprechen gekommen. Es wird derzeit viel von der Bildungskrise der Jungen gesprochen. Inwiefern gibt es diese Krise tatsächlich? *(vgl. hierzu auch das Interview mit Prof. Ursula Kessels in* ▶ *Kap. 1)*

- **MN:**

Ich würde sagen, von einer Bildungskrise der Jungen kann man eigentlich gar nicht sprechen, und ich will auch gleich erläutern, warum. Eine Krise bedeutet in etwa eine problematische Zuspitzung – es passiert sozusagen etwas Dramatisches –, aber das kann ich bei den Bildungschancen der Jungen nicht erkennen. Was man erkennen kann, ist eine eher graduelle Veränderung der Bildungserfolge der Jungen. Das hängt aber zum einen davon ab, welchen Bildungsindikator man sich anschaut, und zum anderen auch davon, welche Bezugsgruppe man betrachtet. Ich werde das gleich erläutern.

Zunächst mal diese Sache mit den *Bildungsindikatoren*. Man kann Bildungs(miss)erfolg über verschiedene Indikatoren abbilden. Zum einen kann man sich anschauen, wie die Bildungsbeteiligungen auf verschiedenen Schulstufen aussehen oder welche Bildungszertifikate Jungen und welche Mädchen erwerben. Wenn man sich das anschaut, z. B. die Abiturientenquoten, dann sieht man schon, dass die Chancen der Jungen verglichen mit den Mädchen in den letzten Jahrzehnten deutlich gesunken sind. Das lässt sich mit Zahlen belegen. 1953 war es so, dass 64 % aller Abiturienten Jungen waren, und im Jahr 2007 waren es nur noch 31 %. Das ist schon ein recht deutlicher Abfall.

Wenn wir uns aber andere Bildungsindikatoren anschauen, z. B. Kompetenzen, wie sie üblicherweise in Schulleistungstests gemessen werden, dann relativiert sich dieses Bild. Wir wissen heute aus großen Metastudien, dass hinsichtlich der Kompetenzen in verschiedenen Bereichen die Geschlechtsdifferenzen eher stabil geblieben sind, sich also nicht so deutlich gewandelt haben, wie dies bei den Bildungsabschlüssen der Fall ist. Das Bild sieht so aus, dass die Jungen in den Bereichen Mathematik und Naturwissenschaften Vorteile haben, während die Mädchen in den Bereichen Sprachen und Lesen Vorteile haben. Das variiert dann ein bisschen zwischen den Ländern und auch zwischen den Altersklassen bei den Kindern, aber im Großen und Ganzen ist das stabil geblieben. Zumindest kann man nicht von einem eindeutigen Trend sprechen, der zeigt, dass die Jungen dort in irgendeiner Form zurückfallen würden.

Der dritte Indikator sind Schulnoten. Auch da ist es so, dass man typische Geschlechtermuster sieht. Jungs haben in der Regel bessere Noten in Mathematik, Mädchen haben in der Regel bessere Noten in Deutsch. Und auch hier ist es so, dass es eigentlich keine große Veränderung gab. Mit anderen Worten: Auch in den 1950er- und 1960er-Jahren hatten die Mädchen schon bessere Schulnoten als die Jungen, vor allem im Bereich Deutsch. Demnach kann auch hier keine Rede davon sein, dass es einen krassen Wandel gegeben hat, der den Begriff „Krise" ohne Weiteres rechtfertigen würde. Das heißt also zusammengefasst: Es gibt Geschlechtsunterschiede beim Bildungserfolg, die aber keineswegs durchgängig zu Lasten der Jungen gehen. Und von einem deutlichen Wandel kann man auch nicht sprechen, außer man schaut sich Bildungsabschlüsse oder Beteiligungsraten auf verschiedenen Schulformen an.

Ich habe vorhin auch noch angeschnitten, dass es nicht nur auf den Bildungsindikator ankommt, sondern auch auf die *Bezugsgruppe*. Mit Bezugsgruppe meine ich: Wenn wir den Bildungserfolg von Jungen heute vergleichen mit dem der Mädchen, dann kann man schon einen Wandel dahingehend ausmachen, dass die Mädchen hinsichtlich der Abiturabschlüsse erfolgreicher sind als die Jungen. Wenn wir aber den Bildungserfolg von Jungen heute und von Jungen vor 20 und 30 Jahren anschauen, dann kann man nicht von einer Krise sprechen. Es ist im Gegenteil so, dass heute viel mehr Jungen absolut gesehen ein Abitur machen, als es vor 20 oder 30 Jahren der Fall war (▶ Kasten 3.1). Einen Rückfall der Jungen sieht man nur, wenn man sie mit Mädchen in Bezug setzt. Und der Grund dafür ist nicht, dass die Jungen schlechter geworden sind oder seltener das Abitur machen. Im Gegenteil. Es ist einfach so, dass die Mädchen noch viel deutlicher von der Bildungsexpansion profitiert haben und noch viel stärker auf das Gymnasium gewechselt sind, das Abitur gemacht haben usw. Entsprechend ist die Debatte um die Bildungskrise eigentlich eine Missinterpretation, weil man zu sehr auf die Jungen fokussiert. Man sieht nicht, dass der eigentliche Trend der ist, dass die Mädchen in den letzten Jahrzehnten besonders beeindruckende Bildungserfolge erzielen konnten und besonders erfolgreich waren. Also, die Bildungserfolge der Mädchen werden missinterpretiert als Bildungsmisserfolge der Jungen.

> **Kasten 3.1: Unterscheidet sich die Schulleistung in Bezug auf das Geschlecht?**
> ◘ Abb. 3.1 zeigt, dass im Zeitverlauf („absolut") immer mehr Männer Abitur gemacht haben. Jedoch ist bei den Frauen ein stärkerer Anstieg zu verzeichnen. Entsprechend steigt der („relative") Anteil der Frauen unter den Abiturienten (gestrichelte Linie). Der Zuwachs bei den Männern wird leider häufig ignoriert, und es wird lediglich der relative Anteil der Abiturienten betrachtet. Dadurch kann fälschlicherweise der Eindruck entstehen, dass Jungen heute schlechtere Schulleistungen erbringen als in vergangenen Jahrzehnten.

Sind Lehrerinnen für die „Bildungskrise" der Jungen verantwortlich?

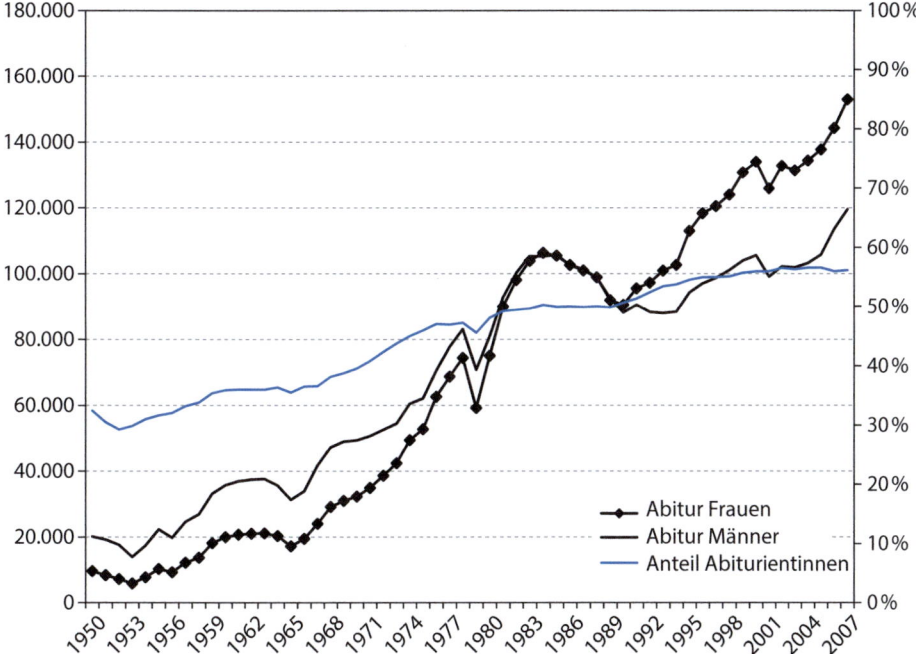

○ **Abb. 3.1** Abitur nach Geschlecht im Zeitverlauf. (Statistische Jahrbücher 1950–2007; Darstellung Neugebauer)

- **I:**

Glauben Sie, dass die Missinterpretation langfristige Folgen haben wird?

- **MN:**

Das ist schwer zu beantworten. Ich hoffe, dass sich auch durch Publikationen und Interviews die Einsicht durchsetzt, dass man auf einer falschen Fährte ist. Ich denke, den meisten meiner Kollegen wird das bekannt sein, aber vielleicht nicht so sehr den politischen Entscheidungsträgern oder der medialen Öffentlichkeit. Von daher ist das schwer zu beantworten. Es wäre auch schwer zu beantworten, ob dieser Trend weitergeht oder nicht. Was wir sehen, ist, dass heute Mädchen ihre Bildungspotenziale häufig besser nutzen und die Vorteile, die sie in manchen Kompetenzbereichen haben, auch umsetzen in höhere Bildungszertifikate. Ich kann aber nicht prognostizieren, ob wir da bereits eine Art Sockel erreicht haben oder ob dieser Trend weitergehen wird. Es ist aber in der Tat der Fall – und das sollte man vielleicht bei dieser ganzen Debatte auch nicht vergessen –, dass Mädchen zwar heute häufiger das Abitur machen, aber unter denjenigen, die bereits ein Abitur haben, die Übergangsrate ins Studium bei Mädchen geringer ist als bei Jungen. Je weiter wir uns von der Pflichtschulzeit entfernen, desto mehr kompensieren die Jungen ihre Nachteile. Auch wenn wir uns die Situation auf dem Arbeitsmarkt anschauen, die ja eng mit der Bildung verknüpft ist, fällt auf, dass Männer besser bezahlte Jobs haben – Jobs, die einen höheren Status haben. Insofern sind wir noch gar nicht so weit, dass wir von einer Parität sprechen können oder gar von einer wie auch immer gearteten Krise der Jungen.

> » Das schlechtere Abschneiden von Jungen liegt unter anderem daran, dass Kindergärten und Schulen weiblich dominiert sind.

Kristina Schröder „(Bundesministerin für Familie, Senioren, Frauen und Jugend, in einem Interview in DIE ZEIT, 22.04.2010)"

■ **I:**

Kommen wir zur Rolle des weiblichen Lehrpersonals. Aus Ihrer Arbeit „Unmasking the myth of the same-sex teacher advantage" (Neugebauer et al., 2011) geht hervor, dass die hohe Anzahl weiblicher Lehrpersonen nicht für die vermeintliche Bildungskrise verantwortlich ist. Worauf beruht diese Erkenntnis?

■ **MN:**

Wir haben die Schulleistungen von ungefähr 6000 Schülerinnen und Schülern verglichen und uns dann angeschaut, ob es einen Unterschied macht, wenn ein Junge eine männliche Lehrkraft hat. Das Gleiche haben wir für die Mädchen getan. Insgesamt haben wir über 300 Schulklassen untersucht. Die Daten stammen aus der sogenannten IGLU-Studie. Das Schöne an dieser Datenbasis ist die große Fallzahl. Das ist deswegen wichtig für unsere Fragestellung, weil wir eine ausreichende Anzahl von Schülerinnen und Schülern mit einer männlichen Lehrkraft brauchten und in der Grundschule weit über 80 % der Lehrkräfte weiblich sind. Das heißt, es gibt gar nicht so viele männliche Lehrer. Man kann die Grundschule also nur betrachten, wenn man eine entsprechend große Datenbasis hat. Uns standen Daten von ungefähr 1000 Schülerinnen und Schülern mit einer männlichen Lehrkraft und von ungefähr 5000 Schülerinnen und Schülern mit einer weiblichen Lehrkraft zur Verfügung. Dann haben wir uns angeschaut, ob die Jungs einen Vorteil haben, wenn sie eine männliche Lehrkraft haben, und wie das bei den Mädchen ist. Die Ergebnisse sind eindeutig. Es findet sich kein Beleg dafür, dass es einen Vorteil gibt, wenn man eine gleichgeschlechtliche Lehrkraft hat, weder für Jungen noch für Mädchen. Das gilt sowohl für Testleistungen, die in Kompetenztests erhoben wurden, als auch für Schulnoten und für verschiedene inhaltliche Bereiche, also für Deutsch, Sachkunde und auch Mathematik (◘ Abb. 3.2). Nirgendwo zeigt sich ein Vorteil, wenn man eine Lehrkraft hat, die das gleiche Geschlecht wie der Schüler hat. Der einzige Zusammenhang, den wir feststellen konnten, war, dass tendenziell alle Kinder – unabhängig davon, ob sie Jungs oder Mädchen sind – schlechter lesen können, wenn sie vier Jahre lang von einer männlichen Lehrkraft im Fach Deutsch unterrichtet wurden.

Sind Lehrerinnen für die „Bildungskrise" der Jungen verantwortlich?

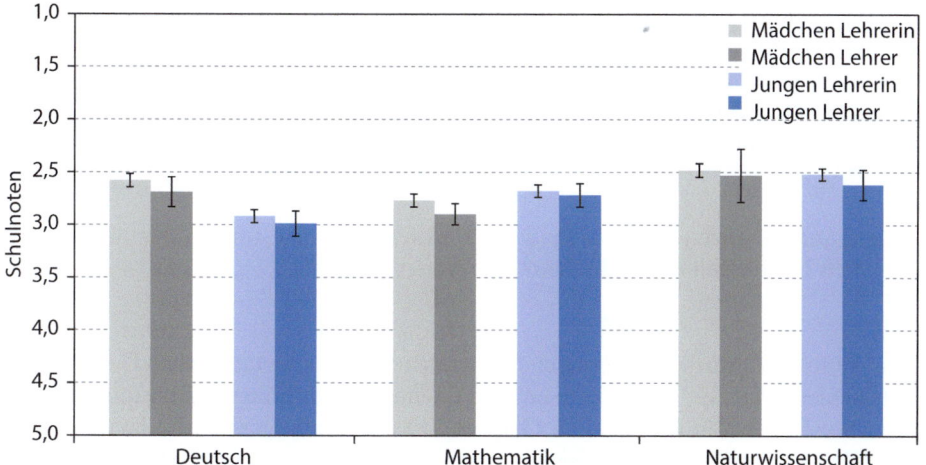

Abb. 3.2 Schulnoten im Halbjahreszeugnis der 4. Klasse für Jungen und Mädchen in Abhängigkeit vom Geschlecht der Lehrkraft. (Nach Daten aus Neugebauer et al., 2011)

I:
Decken sich ihre Ergebnisse mit Studien aus anderen Ländern?

MN:
Ja, weitestgehend. Ich kenne eine einzige ernstzunehmende Studie aus den USA, die gegenteilige Effekte findet, das heißt die Belege dafür findet, dass eine gleichgeschlechtliche Lehrkraft Vorteile bringt (Dee, 2007). Aber alle anderen empirisch sauberen Studien (z. B. Martin & Marsh, 2005), die mir bekannt sind – zum einen aus den USA, aber auch aus anderen europäischen Ländern –, zeigen, dass es dafür keine wirklich haltbaren und belastbaren Belege gibt.

I:
Wie erklären Sie sich dann die anhaltende Debatte um das Lehrergeschlecht?

MN:
Das ist eine gute Frage. Ich glaube, man sucht weiterhin Gründe dafür, warum jetzt bei den Abiturienten die Jungen so stark hinter die Mädchen zurückgefallen sind. Gleichzeitig haben immer mehr Frauen den Lehrerberuf gewählt, dementsprechend ist der Anteil der Frauen in der Lehrerschaft deutlich angestiegen. Beide Trends haben zeitgleich stattgefunden. Wenn man sich einfach mal diese beiden Linien nebeneinander legt, also eine Grafik erstellt, die zeigt, wie der Anteil der Abiturientinnen und wie der Anteil der Lehrerinnen gestiegen ist, dann verlaufen diese Linien fast parallel. Und deswegen sind, glaube ich, einige auf die Idee gekommen, dass die Lehrerinnen der ursächliche Grund dafür sein könnten, dass die Jungen Nachteile haben. Aber wir wissen, dass das nicht so ist. Ich hoffe, da wir das nun wissen und publiziert haben, dass diese Debatte abflacht. Eigentlich habe ich zwei Hoffnungen. Meine erste Hoffnung ist, dass man aufhört, pauschal von einer Jungenkrise zu sprechen, da diese, wie ich bereits ausgeführt habe, so nicht existiert. Man muss das sehr viel differenzierter betrachten. Wenn man pauschal von einer Jungenkrise spricht, ist dies schlicht irreführend.

Meine zweite Hoffnung ist, dass man aufhört, die Gründe für diesen Rückfall bei den weiblichen Lehrkräften zu suchen. Das ist sicher nicht der Fall. Wir gewinnen viel mehr, wenn wir uns stärker auf die Mädchen fokussieren und fragen, warum diese jetzt ihre schon immer vorhandenen Bildungspotenziale nutzen und in bessere Bildungszertifikate umsetzen.

- **I:**

Welche anderen Gründe gibt es für die schlechteren Schulleistungen von Jungen bzw. die guten Leistungen von Mädchen?

- **MN:**

Man kann sich natürlich die Bereiche anschauen, in denen es tatsächlich Geschlechtsunterschiede gibt. Da wären zum einen die schon immer höheren Lesekompetenzen der Mädchen, wofür es natürlich Gründe gibt. Ein wichtiger Grund ist das unterschiedliche Freizeitverhalten. Gerade Lesen ist ja etwas, was man nicht nur im schulischen Kontext lernt, sondern vor allem auch in der Freizeit. Und Mädchen, das wissen wir, lesen deutlich mehr und deutlich häufiger als Jungen, und das ist sicherlich eine Ursache, warum man Kompetenzunterschiede sieht. Ein anderer Punkt, wo die Jungen schlechter sind, ist die Benotung. Bei gleichen Kompetenzen werden tendenziell Jungen schlechter benotet als Mädchen, was sich in der Folge z. B. auch auf die Übergangsempfehlungen auswirkt und schlussendlich auf die Abiturientenquoten.

Warum ist das so? Eine der Hauptursachen ist ein anderes Lern- und Arbeitsverhalten der Mädchen. Mädchen zeigen in der Regel mehr Selbstdisziplin, machen ihre Hausaufgaben ordentlicher und regelmäßiger, stören den Unterricht seltener und zeigen insgesamt ein Sozialverhalten, das im Kontext Schule deutlich besser funktioniert. Dies führt dazu, dass Lehrer Mädchen besser benoten. Vielleicht führt die Tatsache, dass Mädchen ihre Hausaufgaben im Durchschnitt regelmäßiger machen, gleichzeitig auch dazu, dass sie generell mehr mitbekommen.

- **I:**

Eines Ihrer Forschungsinteressen beruht auf der Frage: „Wer wird Lehrer und warum?" Was können Sie uns über Ihre Forschungsergebnisse berichten? *(vgl. hierzu auch das Interview mit Prof. Ewald Terhart in* ▶ *Kap. 10)*

- **MN:**

Ich habe festgestellt, dass es bisher eigentlich kaum empirische Studien gibt, die die Eingangsvoraussetzungen von Lehramtsstudierenden vergleichend untersuchen. Gleichzeitig glaube ich, dass das ein wichtiger Teil ist. Wenn wir uns überlegen, wie ein Lehrer zu seinen Kompetenzen kommt, dann wissen wir, dass es sicherlich in erster Linie eine gute Ausbildung ist, die man diesem Lehrer geben muss. Zweitens braucht er gute Arbeitsbedingungen, damit er guten Unterricht machen kann. Aber drittens – und da setzt mein Forschungsinteresse an – ist auch relevant, was für Eingangsvoraussetzungen Lehramtsstudenten überhaupt mit ins Studium bringen. Wir wissen, dass Leute, die z. B. eine höhere intrinsische Motivation haben, also ein höheres Interesse an dem Fach, auch motivierter sind, sich in diesem Bereich weiterzubilden und Kompetenzen anzueignen. Das Gleiche gilt für kognitive Kompetenzen.

Es fällt manchen Studierenden einfach leichter, sich neues Wissen, also pädagogisches Wissen usw., anzueignen als anderen Studierenden.

Aktuell habe ich anhand einer großen deutschlandweiten Studienberechtigtenstichprobe untersucht, wer sich für ein Lehramtsstudium entscheidet und wer nicht und wie sich diese Gruppen im Hinblick auf ihre Studienmotive, langfristigen Berufs- und Lebensziele und auch Abiturnoten unterscheiden. Die Ergebnisse zeigen, dass charakteristisch für alle Lehramtsstudierenden ein hohes soziales Interesse, ausgeprägte familiäre Interessen und der Wunsch nach beruflicher Sicherheit sind. Karriere und Statusinteressen sind deutlich unterdurchschnittlich. Interessant wird es, wenn man sich die Lehramtsstudierenden differenzierter nach Art des angestrebten Lehramtes anschaut. Dort zeigt sich, dass die Gymnasiallehramtsstudierenden genauso hohe fachliche Interessen haben wie andere Universitätsstudierende in Diplomstudiengängen und auch genauso gute Abiturnoten. Bei den nichtgymnasialen Lehramtsstudierenden zeigt sich hingegen ein Bild, das möglicherweise problematisch sein könnte. Das fachliche Interesse ist niedriger ausgeprägt als bei allen anderen Gruppen, die Abiturnoten sind schlechter als bei den anderen Studierenden. Zudem lässt sich die Gruppe stärker von Freunden und Verwandten in ihrer Studienwahl beeinflussen, und langfristige Berufsziele, die auf den Kompetenzerwerb oder aufs Karrieremachen abzielen, sind deutlich unterdurchschnittlich ausgeprägt *(vgl. hierzu auch das Interview mit Prof. Ewald Terhart in ▶ Kap. 10)*.

■ **I:**
Können Sie Gründe nennen, warum so wenige Männer Lehrer werden wollen?

■ **MN:**
Ein wichtiger Punkt ist sicher, dass sich die Präferenzen und Studien- bzw. Berufswahlmotive von Frauen und Männern unterscheiden. Frauen haben im Schnitt ein höheres Interesse an sozialen oder pädagogischen Tätigkeiten. Auch Vereinbarkeitsziele, also die Möglichkeit, Job und Familie zu vereinbaren, sind ihnen wichtiger, und das sind alles Dinge, die man im Lehrerberuf recht gut erfüllen kann. Männern sind im Schnitt andere Faktoren wichtiger als Frauen, z. B. wissenschaftliches und technisches Interesse, aber auch extrinsische Aspekte wie einen hohen Status zu erreichen und ein hohes Einkommen zu erzielen. Diese Dinge lassen sich in anderen Berufen besser verwirklichen. Wenn man dann vor der Entscheidung steht, was man in Zukunft beruflich macht, versucht man tendenziell, seine eigene Persönlichkeit und seine eigenen Interessen zu befriedigen, indem man sich das Berufsbild sucht, das am besten zur eigenen Person passt, und das ist bei vielen Männern ein anderer Beruf als der Lehrerberuf.

■ **I:**
Wie könnte man angehende männliche Studenten dazu animieren, ein Lehramtsstudium anzutreten?

■ **MN:**
Zunächst einmal bin ich pessimistisch, ob das gelingen wird. Ich glaube, dass in den nächsten Jahren der Frauenanteil unter den Lehrern erst einmal weiter steigen wird. Dies kann man daran ablesen, wenn man sich die Altersstruktur innerhalb der Lehrerschaft anschaut. Je jünger die Lehrer sind, desto höher ist der Frauenanteil.

Das heißt, im Zuge der Pensionierung wird der Frauenanteil zunächst noch weiter steigen. Und dann ist natürlich die Frage: Wollen wir überhaupt mehr Männer in den Lehrerberuf rekrutieren? Wie gesagt haben wir keine Belege dafür, dass das nötig wäre, um Ungerechtigkeiten zu vermeiden.

Aber unabhängig davon, ob man das nun machen will, würde mir spontan vor allen Dingen ein Ansatzpunkt einfallen, und das wäre das Einkommen. Männern ist das Erzielen eines hohen Einkommens wichtiger als Frauen. Würde man das Einkommen vor allem in den nichtgymnasialen Lehramtsberufen erhöhen, würde das sicherlich die Attraktivität für beide Geschlechter steigern, vor allen Dingen aber für Männer. Das hätte möglicherweise sogar die weiterreichende Konsequenz, dass man höhere Bewerberzahlen innerhalb des Lehrerberufs hätte und dann stärker auswählen könnte, wen man überhaupt für ein Lehramtsstudium zulässt. Wenn man stärker auswählen kann, wird sich langfristig aller Voraussicht nach auch das Ansehen oder die soziale Anerkennung des Lehrerberufs erhöhen, was dann wiederum die Attraktivität für Männer steigert, deren Statusinteressen stärker ausgeprägt sind als die der Frauen. Das wäre vielleicht ein Ansatzpunkt, wie man den Männeranteil erhöhen könnte. Eine bessere Bildung gewährleistet das aber noch lange nicht.

- I:

Wie könnte man zukünftig Jungen in der Schule fördern, um das Leistungsniveau von Jungen und Mädchen anzugleichen und ein Zurückbleiben der Jungen zu verhindern?

- MN:

Wie ich eben schon beschrieben habe, sehe ich den Rückfall nur darin begründet, dass die Mädchen besonders erfolgreich sind. Aber will man an den Punkten ansetzen, wo die Jungen tatsächlich schlechter abschneiden, also zum einen an der Lesekompetenz oder zum anderen an den Übergangsraten auf das Gymnasium, sehe ich im Prinzip zwei Möglichkeiten. Die eine bezieht sich auf Programme, die die Lesekompetenzen besonders bei Jungen stärken sollen. Man kann versuchen, das Freizeitverhalten zu ändern, aber das ist natürlich nicht so einfach; Internet, PC und Fernsehen sind die Konkurrenten des Buches. Die andere Möglichkeit wäre, die Anforderungen der Schule zu ändern. Das könnte z. B. so aussehen, dass man bei der Übergangsempfehlung der Deutschnote nicht so ein hohes Gewicht gibt, wie das bisher der Fall ist. Ein anderer Punkt ist, dass Lehrkräfte dazu angehalten werden, bei den Übergangsempfehlungen – so ist das zumindest in den Gesetzestexten formuliert – den Willen zur geistigen Arbeit zu berücksichtigen. Das wäre vielleicht genau so etwas wie ein Lern- und Arbeitsverhalten, was Mädchen tendenziell stärker an den Tag legen. Dort könnte man natürlich ansetzen und diese Vorgaben entsprechend umformulieren und die Anforderungen aufweichen, sodass sie eher den Jungen entgegenkommen, wenn man das will. Ich sage nicht, dass ich das will.

- I:

Wäre Bildungsgleichheit zwischen Jungen und Mädchen in Ihren Augen ein angemessenes Ziel für Schulen? Oder was könnte ein angemessenes Ziel sein?

- **MN:**

Sie haben wahrscheinlich schon gemerkt, dass ich mir um die Jungen per se gar nicht so große Sorgen mache. Dann schon eher um bestimmte Jungen, nämlich z. B. die, die besonders schlecht lesen können. In meinen Augen wäre ein angemessenes Bildungsziel, dass man versucht, den Anteil derjenigen Kinder zu reduzieren, die auch nach mehrjähriger Schulzeit kaum in der Lage sind, einfache Texte zu verstehen und Informationen daraus zu ziehen. Die PISA-Studien zeigen, dass das ungefähr 19 % aller 15-jährigen Schülerinnen und Schüler betrifft. Diese haben also keine ausreichende Lesekompetenz, die elementar wichtig ist für das spätere Berufsleben, aber auch für gesellschaftliche Teilhabe insgesamt. Mit diesen 19 % sind wir zwar ungefähr im OECD-Durchschnitt, aber trotzdem finde ich das eine erschreckend hohe Zahl. Wir schaffen es nicht, einem Fünftel aller Kinder elementare Lesekompetenzen bis zum Alter von 15 Jahren zu vermitteln! Ich denke, das ist ein ganz wichtiges Problem, das wir angehen müssen. Man muss sich überlegen, wie wir diesen Kindern helfen können, dieser sogenannten Risikogruppe. Das betrifft zwar nicht nur Jungen, aber mehr Jungen als Mädchen. Innerhalb dieser Gruppe sind ungefähr zwei Drittel männlich. Und natürlich sind vor allen Dingen solche Kinder betroffen, die aus bildungsfernen Elternhäusern kommen. Wir müssen verstärkt überlegen, wie wir Kindern, deren häusliches Umfeld nicht die entsprechenden Lern- und Entwicklungsmöglichkeiten bereitstellt, innerhalb des Schulsystems und auch innerhalb der frühkindlichen Bildung Umwelten und Anreize bieten können, um diese Defizite zu kompensieren. *(vgl. hierzu auch das Interview mit Prof. Hans Anand Pant und Prof. Petra Stanat in* ► *Kap. 2)*

- **I:**

Wir bedanken uns für das Interview und dass Sie sich die Zeit dafür genommen haben und wünschen Ihnen für die Zukunft alles Gute!

- **MN:**

Dankeschön. Ihnen auch.

Video des Interviews (siehe ◘ Abb. 3.3):

◘ **Abb. 3.3** Video 3.3
(► https://doi.org/10.1007/000-79q)

Zitierte und weiterführende Literatur

Dee, T. S. (2007). Teachers and the gender gaps in student achievement. *Journal of Human Resources, 42*, 528–554.

Martin, A. J., & Marsh, H. W. (2005). Motivating boys and motivating girls: Does teacher gender really make a difference? *Australian Journal of Education, 49*, 320–334.

Neugebauer, M. (2011). Werden Jungen von Lehrerinnen bei den Übergangsempfehlungen für das Gymnasium benachteiligt? Eine Analyse auf Basis der IGLU-Daten. In A. Hadjar (Hrsg.), *Geschlechtsspezifische Bildungsungleichheiten* (S. 235–260). VS Verlag für Sozialwissenschaften.

Neugebauer, M. (2013). Wer entscheidet sich für ein Lehramtsstudium – und warum? Eine empirische Überprüfung der These von der Negativselektion in den Lehrerberuf. *Zeitschrift für Erziehungswissenschaft, 16*, 157–184.

Neugebauer, M., Helbig, M., & Landmann, A. (2011). Unmasking the myth of the same-sex teacher advantage. *European Sociological Review, 27*, 669–689.

Referenzen

Neugebauer, M. (2011). Werden Jungen von Lehrerinnen bei den Übergangsempfehlungen für das Gymnasium benachteiligt? Eine Analyse auf Basis der IGLU-Daten. In A. Hadjar (Hrsg.), *Geschlechtsspezifische Bildungsungleichheiten* (S. 235–260). VS Verlag für Sozialwissenschaften.

Neugebauer, M. (2013). Wer entscheidet sich für ein Lehramtsstudium – und warum? Eine empirische Überprüfung der These von der Negativselektion in den Lehrerberuf. *Zeitschrift für Erziehungswissenschaft, 16*, 157–184.

Neugebauer, M., Helbig, M., & Landmann, A. (2011). Unmasking the myth of the same-sex teacher advantage. *European Sociological Review, 27*, 669–689.

Brauchen wir eine neue Unterrichtskultur?

Mareike Kunter

Inhaltsverzeichnis

4.1 Einleitung – 52

4.2 Interview mit Prof. Mareike Kunter, Professorin für Pädagogische Psychologie an der Goethe-Universität Frankfurt – 52

Zitierte und weiterführende Literatur – 67

Ergänzende Information Die elektronische Version dieses Kapitels enthält Zusatzmaterial, auf das über folgenden Link zugegriffen werden kann [https://doi.org/10.1007/978-3-662-65631-0_4]. Die Videos lassen sich durch Anklicken des DOI Links in der Legende einer entsprechenden Abbildung abspielen, oder indem Sie diesen Link mit der SN More Media App scannen.

© Der/die Autor(en), exklusiv lizenziert an Springer-Verlag GmbH, DE, ein Teil von Springer Nature 2023
B. Spinath (Hrsg.), *Empirische Bildungsforschung*, Meet the Expert: Wissen aus erster Hand,
https://doi.org/10.1007/978-3-662-65631-0_4

4.1 Einleitung

Birgit Spinath

Nachdem durch die internationalen Schulleistungsuntersuchungen festgestellt worden war, dass die Leistungen deutscher Schülerinnen und Schüler nicht zufriedenstellend ausfielen, galt es, die Ursachen dafür zu ergründen. Studien wie PISA machen lediglich eine Momentaufnahme des Leistungsstandes, können jedoch kaum etwas über die Ursachen aussagen. Hier muss die empirische Bildungsforschung mit Studien ansetzen, die den Unterricht ins Visier nehmen, um zu verstehen, wodurch sich erfolgreicher von weniger erfolgreichem Unterricht unterscheidet. Dass die Lehrperson mit ihren Kompetenzen und Überzeugungen dabei eine große Rolle spielt, gilt unter Laien wie Expertinnen und Experten als sichere Annahme. Welche Kompetenzen, Unterrichtsmethoden und Rahmenbedingungen jedoch mit welchen Wirkungen verknüpft sind, ist empirisch überraschend schlecht abgesichert. Ist Frontalunterricht gut oder schlecht? Wie funktioniert Binnendifferenzierung, und was bringt sie? Müssen wir Unterricht komplett neu denken? Diese und weitere Fragen werden in der Debatte um bessere schulische Ausbildung immer wieder diskutiert. Im Folgenden ist der aktuelle Stand der Forschung zusammengefasst.

Prof. Mareike Kunter ist eine der führenden deutschen Bildungsforscherinnen zum Thema „Guter Unterricht und Kompetenzen von Lehrerinnen und Lehrern". Als Psychologin arbeitete sie am Max-Planck-Institut für Bildungsforschung in Berlin unter der Leitung von Prof. Jürgen Baumert und hat mit ihm zusammen viel beachtete Publikationen verfasst (z. B. Baumert & Kunter, 2006). Sie wirkte unter anderem an den Studien PISA und COACTIV mit. Die Studie COACTIV untersuchte die professionelle Kompetenz von Mathematiklehrkräften sowie deren Bedeutung für die Unterrichtsgestaltung und den Lernerfolg von Schülerinnen und Schülern. Aus dieser Studie sind zahlreiche wichtige Erkenntnisse für die Verbesserung von Unterrichtsprozessen hervorgegangen (Kunter et al., 2011). Aktuell hat Prof. Kunter gemeinsam mit Prof. Trautwein das Lehrbuch *Psychologie des Unterrichts* (Kunter & Trautwein, 2013) vorgelegt.

4.2 Interview mit Prof. Mareike Kunter, Professorin für Pädagogische Psychologie an der Goethe-Universität Frankfurt

Das Interview führten Mara Harrasser, Johanna Höfer, Sandra Lindner und Sina Schorr im Januar 2013.

- **Interviewerin:**

Wenn Sie sich an den Unterricht während Ihrer Schulzeit zurückerinnern, welches negative, welches positive Ereignis ist Ihnen in Erinnerung geblieben?

- **Prof. Mareike Kunter:**

Mir sind auf jeden Fall mehr positive Ereignisse in Erinnerung geblieben. Ich bin eigentlich immer gerne in die Schule gegangen. Ich glaube, der schönste Unterricht, den ich hatte, das war mein Englischunterricht in der Oberstufe. Ich hatte eine Lehrerin, die sehr begeistert vom Fach und sehr kompetent war. Es hat immer Spaß gemacht, und was mir besonders gefallen hat, war, dass sie sich sehr an die Schülerinnen und Schüler angepasst hat. Sie wusste, was wir gerne mögen oder welche Themen uns interessieren, und sie konnte diese dann immer gut aufbereiten. Sie war aber auch sehr anspruchsvoll in dem, was sie von uns erwartet hat, und hat uns auch manchmal sehr klare Rückmeldung gegeben, wenn man ihre Ansprüche nicht erfüllt hat. Das ist für mich immer noch die beste Lehrerin, die ich je hatte, und wenn ich mir eine „gute" Lehrerin vorstelle, dann denke ich immer an diese Englischlehrerin.

Und als schlechtes Ereignis muss ich meinen Chemieunterricht nehmen. Da hatten wir einen Lehrer, der einfach überhaupt nichts erklärt hat; vor allen Dingen hat er einfach bei allen Klassen immer das Gleiche gemacht und Experimente durchgeführt, bei denen niemand richtig verstanden hat, warum. Das war wirklich langweilig. Ich habe auch nichts gelernt und dann nach der 11. Klasse Chemie sofort abgewählt.

- **I:**

Sie sind jetzt Psychologieprofessorin und nicht als Lehrerin ausgebildet, haben auch nicht als Lehrerin unterrichtet. Was hat Sie dennoch oder gerade deswegen motiviert, sich mit der Kompetenz von Lehrkräften zu beschäftigen?

- **MK:**

Ich glaube, dass die Lehrkräfte die entscheidenden Faktoren sind, bei denen man ansetzen muss, um Unterricht zu verbessern. Mich hat das eigentlich immer und auch schon in der Schule interessiert, warum der eine Lehrer besser ist als der andere. Die Psychologie bietet mit ihrer empirischen Vorgehensweise eben ein gutes Werkzeug, um solche Fragen zu untersuchen. Und zur Frage, ob man unterrichtet haben muss: Ein Arzt muss auch nicht alle Krankheiten gehabt haben, um diese diagnostizieren zu können, sondern manchmal ist es sicher auch ganz hilfreich, wenn man eine andere Ebene einnimmt und nicht unmittelbar in der Situation präsent ist. Jetzt ist es natürlich so, dass ich als Professorin auch unterrichte, zwar nicht in der Schule, aber viele Sachen kann man da auch übertragen.

- **I:**

Welche gesellschaftliche Relevanz und Aktualität hat Ihrer Meinung nach die Frage nach einer neuen Unterrichtskultur?

- **MK:**

Wenn man in die Medien schaut, hat es natürlich eine sehr große Relevanz, denn es wird immer wieder gefordert, dass Unterricht verändert und eine „neue Lernkultur" geschaffen werden soll. Ich glaube, es besteht großes Interesse an dem Thema, und es ist auch wichtig, dass man unter anderem auf Basis der Schulleistungsstudien wie PISA und ähnlichen verstanden hat, dass es eben nicht nur damit getan ist, Schulstrukturen zu ändern, sondern dass man sich auch anschauen muss, was wirklich in den Klassenzimmern passiert, z. B. wie die Lehrkräfte mit den Schülerinnen und Schülern umgehen, wie sich mit dem Lernmaterial auseinandergesetzt wird. Den Blick auf den Unterricht zu werfen, hat eine große Relevanz, wenn es darum geht, Bildungsprozesse zu verbessern. Ob es jetzt wirklich „neue Lernkulturen" sein müssen oder ob wir nicht eigentlich schon sehr viel darüber wissen, wie wir lernen, was man nur noch mehr bekräftigen und besser umsetzen müsste, das ist für mich eine andere Frage. Ich glaube, man muss die Schule und den Unterricht nicht völlig revolutionieren und völlig anders gestalten. Es gibt viele Lehrkräfte, die schon sehr guten Unterricht machen. Man könnte sich mehr daran orientieren, was schon an Gutem da ist, und muss sicher nicht alles völlig umgestalten.

- **I:**

Was ist für Sie guter bzw. schlechter Unterricht?

- **MK:**

Da muss ich gar nicht mit meiner persönlichen Sicht antworten, da dies eine Frage ist, die andere schon beantwortet haben. David Berliner, ein Forscher, der sich auch mit Unterrichtsqualität und der Expertise von Lehrkräften beschäftigt hat, nimmt an, dass es verschiedene Perspektiven auf den Unterricht gibt (Berliner, 2005). Zum einen gibt es so etwas wie den „guten" Unterricht. Dieser Unterricht ist der Unterricht, der unseren normativen Vorstellungen entspricht. Wir haben z. B. ein demokratisches Grundverständnis. Deswegen dürfte guter Unterricht unter anderem die Schüler nicht unterdrücken, müsste partizipativ sein. Das, was wir als richtige Pädagogik verstehen, das könnte man als „guten" Unterricht bezeichnen.

Ein anderer Aspekt wäre die Frage danach, was der Unterricht bringt bzw. welcher Unterricht die Lernziele am besten erreicht, also nachweislich gut dafür geeignet ist, dass Schülerinnen und Schüler etwas lernen, dass sie motiviert werden. Das bezeichnet Berliner als „effektiven" Unterricht. Man könnte sich demnach einen guten Unterricht vorstellen, wo alles ganz freundlich und partizipativ ist, aber die Lernziele nicht erreicht werden. Genauso könnte man sich vielleicht auch einen höchst effektiven Unterricht vorstellen, der aber nicht unseren pädagogischen Vorstellungen entspricht. Berliner sagt, wenn beides zusammentrifft, dann ist das „qualitätsvoller" Unterricht. Das ist der Unterricht, den wir eigentlich haben wollen. Er soll unseren Vorstellungen, was wir uns von Pädagogik wünschen, entsprechen, aber er soll auch die Lernziele erreichen. Und das wäre auch meine Vorstellung von „gutem" oder „qualitätsvollem" Unterricht.

- **I:**

Gibt es objektive Kriterien, anhand derer man guten bzw. schlechten Unterricht messen kann?

- **MK:**

Wenn man auf die Effektivität schaut, wären das die Kriterien: welcher Unterricht bei den Schülerinnen und Schülern das Lernziel erreicht und die Entwicklung optimal fördert – das sollte dann aber nicht auf Kosten unserer normativen Vorstellungen sein. Allerdings ist es nicht ganz so einfach. Unterricht ist komplex, und wenn wir nur am Ende schauen, was „herausgekommen" ist, dann würden wir ignorieren, dass vielleicht die Eingangsbedingungen auch unterschiedlich sind. In einer Klasse von Hochbegabten ist es natürlich leichter, ein bestimmtes Lernziel zu erreichen als in einer Klasse mit schwierigen Schülerinnen und Schülern, vielleicht mit problematischen Hintergründen. Das heißt, nur auf das Erreichen der Lernziele zu schauen, wäre wahrscheinlich nicht ausreichend. Wir müssen den Kontext der Klasse und die

Voraussetzungen kognitiver sowie sozialer Art der einzelnen Kinder und Jugendlichen berücksichtigen. Man kann so etwas statistisch ermitteln, aber das sind komplexe Modelle. Einfach nur einen Vorher-nachher-Vergleich zu betrachten, würde nicht reichen. Wir müssen Kontextvariablen berücksichtigen, z. B. was die Lehrkraft mitbringt, was für Motivationen die Schüler mitbringen, welche familiäre Unterstützung sie erhalten sowie curriculare Vorgaben. Dies müsste alles zusammen betrachtet werden, und dann könnten wir den „guten" oder „qualitätsvollen" Unterricht messen.

- **I:**

Welchen Einfluss haben Lehrerinnen und Lehrer bzw. Schülerinnen und Schüler auf die Unterrichtskultur und den Lernerfolg, und hat sich das in den letzten Jahrzehnten vielleicht auch geändert?

- **MK:**

Früher hatte man so ein bisschen die Vorstellung von Lernen im Sinne eines Trichtermodells oder eines Sender-Empfänger-Modells. Demnach hat die Lehrkraft einen Vorsprung im Stoff, kennt den Unterricht, und ihre Aufgabe ist es, den Stoff so aufzubereiten, dass man es gut portioniert an die Schülerinnen und Schüler weitergibt. Die Lernenden wurden als eher reaktiv gesehen, als diejenigen, die das Wissen aufnehmen. Die Rolle der Lehrkraft war so definiert: Je besser sie es geschafft hat, das entsprechende Wissen aufzubereiten, umso mehr Lernerfolg hatten die Schüler.

Heute würde man dieses nicht mehr so unterstreichen, denn man geht davon aus, dass Unterricht sich in einer Kokonstruktion entwickelt. Die Lehrkraft macht ein Angebot an die Schüler, aber die Schüler greifen dieses Angebot vielleicht gar nicht automatisch auf, weil sie möglicherweise mit etwas anderem beschäftigt sind, weil sie es nicht interessant finden oder vielleicht auch weil sie nicht die entsprechenden Voraussetzungen haben. Vielleicht greifen sie auch nur einen Teil des Lernangebots auf. Sie sind also aktiv an der Auswahl dessen, mit was sie sich beschäftigen, beteiligt. Auf der anderen Seite wird die Lehrkraft auch beeinflusst durch die Schüler, z. B. kann man je nach Klasse ganz unterschiedliche Lernangebote machen. Es gibt also zwei Einflussrichtungen: Die Lehrkraft macht ein Angebot, das die Schüler möglicherweise aufgreifen, aber das Verhalten der Lernenden beeinflusst auch die Unterrichtsgestaltung durch die Lehrkraft.

- **I:**

Auf der Homepage von COACTIV (▶ Kasten 4.1) steht: „Das Projekt COACTIV ist eine der ersten Studien im deutschsprachigen Raum, in der verschiedene Aspekte der Lehrerkompetenz direkt erfasst wurden, und zwar für das Fach Mathematik." Was bedeutet das Akronym COACTIV?

- **MK:**

Der volle Projektname ist „Professionswissen von Lehrkräften, kognitiv aktivierender Mathematikunterricht und die Entwicklung mathematischer Kompetenz". COACTIV kommt von dem Mittelteil dieses langen Projektnamens „kognitive Aktivierung". Das Leitbild, das wir mit diesem Projekt verfolgt haben, ist die Idee eines Unterrichts, der die Schülerinnen und Schüler kognitiv aktiviert, also bei den Lernenden hochwertige kognitive Prozesse in Gang setzt. Er soll die Schülerinnen und

Schüler zum Nachdenken animieren, indem sie das Gelernte mit ihren bisherigen Erfahrungen verknüpfen, indem sie elaborieren, vielleicht auch Widersprüche aufdecken können – also die Art des Lernens, die, wie wir wissen, eigentlich die beste Art ist, um Konzepte zu differenzieren und vor allem auch um langfristig im Langzeitgedächtnis Inhalte abzuspeichern. Das ist die Idee, und deswegen ist COACTIV als *kognitive Aktivierung* im Zentrum des Projekts gewesen. Wir haben uns die Frage gestellt, welche Merkmale Lehrkräfte eigentlich aufweisen müssen, um solchen Unterricht gestalten zu können.

> **Kasten 4.1: Die Studie COACTIV**
> Die Studie „Professionswissen von Lehrkräften, kognitiv aktivierender Mathematikunterricht und die Entwicklung mathematischer Kompetenz (COACTIV)" wurde in den Jahren 2003 bis 2006 am Max-Planck-Institut für Bildungsforschung unter Leitung von Jürgen Baumert in Kooperation mit Mathematikdidaktikern der Universitäten Kassel und Oldenburg durchgeführt. Ziel der Studie war es, diejenigen Merkmale von Lehrkräften zu identifizieren, die es Lehrkräften ermöglichen, qualitätvoll zu unterrichten und somit die Lernerfolge ihrer Schüler zu verbessern.
>
> Das Besondere der Studie war, dass die Lehrkräfte, die untersucht wurden, eine repräsentative Stichprobe von Mathematiklehrkräften darstellte – und zwar waren es die Lehrkräfte von denjenigen Schülerinnen und Schülern, die im Jahre 2003 an der PISA-Studie teilgenommen hatten. Da die PISA-Studie 2003 in Deutschland zu einem Längsschnitt erweitert wurde, indem ein Jahr später die beteiligten Klassen nochmals untersucht wurden, war es möglich, die schulische Entwicklung dieser PISA-Klassen in Beziehung mit den Merkmalen ihrer Lehrkräfte zu setzen.
>
> Zu diesem Zweck entwickelten die Forscherinnen und Forscher unterschiedliche Tests und Fragebögen, um die professionelle Kompetenz der Lehrkräfte direkt zu erfassen. Die Lehrkräfte mussten also – ähnlich wie ihre Schülerinnen und Schüler – einen Fachwissenstest und einen fachdidaktischen Test bearbeiten und viele Fragebögen ausfüllen. Um Informationen darüber zu gewinnen, auf welche Weise sich denn die verschiedenen Merkmale professioneller Kompetenz im Unterricht manifestieren, untersuchte das Forscherteam den Unterricht in den PISA-Klassen im Hinblick auf verschiedene Aspekte der Unterrichtsqualität. Dies geschah erstens über Fragebögen, die die Lehrkräfte ausfüllten, zweitens über Fragebögen, die die unterrichteten Schüler beantworteten, und drittens über eine Analyse der Aufgaben, die die Lehrkräfte in den Klassen stellten (z. B. der Aufgaben in Klausuren und Tests).
>
> Die professionelle Kompetenz der Lehrkräfte und ihre Unterrichtsqualität wurden dann in Beziehung zu den Lernerfolgen der Schülerinnen und Schüler gesetzt – und zwar diese gemessen durch die Ergebnisse in den PISA-Tests und Fragebögen, unter Kontrolle der Eingangsvoraussetzungen ein Jahr zuvor.

- **I:**

In dieser Studie haben Sie ein ganz grundlegendes Modell entwickelt, das Lehrer-, Unterrichts- und Schülermerkmale beinhaltet. Können Sie uns dieses Modell (◘ Abb. 4.1) vielleicht kurz beschreiben?

Brauchen wir eine neue Unterrichtskultur?

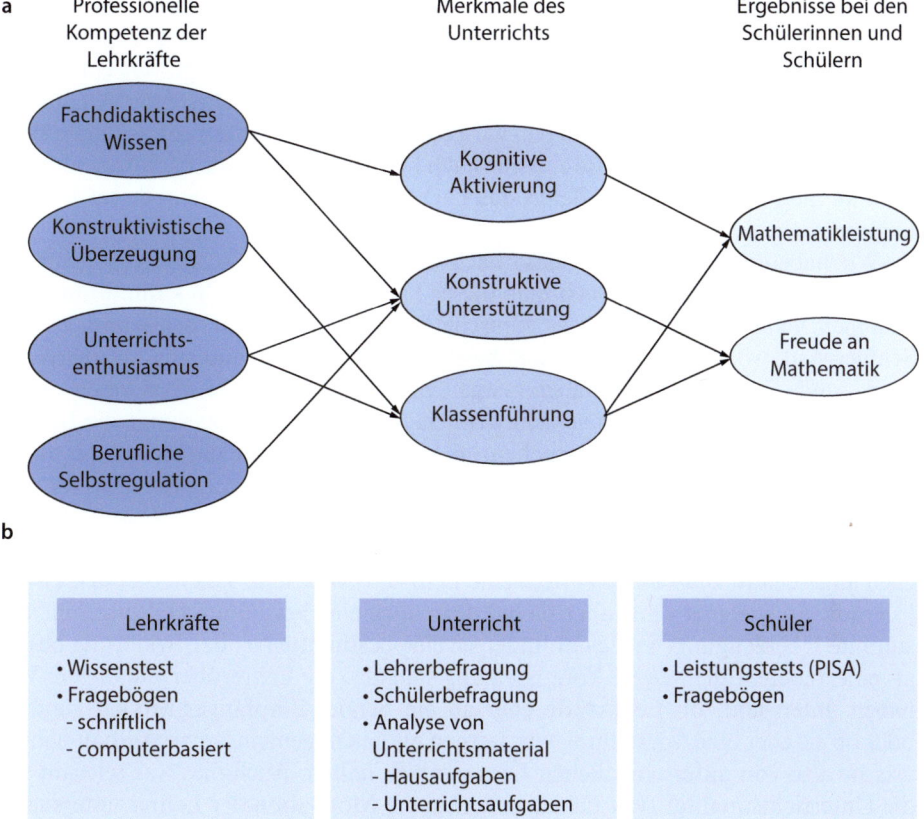

Abb. 4.1 a, b Anlage der COACTIV-Studie. (Nach Kunter et al., 2013)

■ **MK:**

Für uns stand der Unterricht im Zentrum. Er soll qualitätvoll sein und diese kognitive Aktivierung fördern. Zudem haben wir noch zwei andere Aspekte von qualitätvollem Unterricht untersucht. Zum einen den Aspekt der Unterstützung, denn die Lehrkraft macht nicht nur ein Angebot, durch das die Schüler angeregt werden, sondern muss den Schülern und Schülerinnen auch helfen, wenn es nicht weitergeht. Als konstruktive Unterstützung bezeichnen wir demnach, wenn die Lehrkraft unter anderem erkennt, wo Schwierigkeiten sind, damit gut umgehen und gutes Feedback geben kann. Außerdem muss überhaupt ein Raum sein, dass man lehren kann. Die Klasse muss geordnet und die Interaktionen sollten gut strukturiert sein. Es muss genügend Unterrichtszeit zur Verfügung stehen. Diesen Bereich bezeichnet man als Klassenführung.

Kognitive Aktivierung, konstruktive Unterstützung und Klassenführung sind die drei Aspekte qualitätvollen Unterrichts. Die Frage ist nun, welche Merkmale Lehrkräfte aufweisen müssen, um so unterrichten zu können. Denn wir gehen davon aus, dass diese Unterrichtsmerkmale förderlich sind für die Entwicklung der Schüler, und zwar sowohl in kognitiver Hinsicht, durch den Aufbau mathematischer Kompetenzen, aber auch aus motivationaler Sicht, dass sie z. B. die Motivation der Schüler fördern, dass die Schüler sich für das Fach interessieren und dass sie ein gesundes Selbstkonzept aufbauen. Auf der Lehrerseite haben wir uns gefragt, was ein Lehrer oder eine Lehrerin können muss, um Unterricht auf die beschriebene Art umzusetzen. Der wichtigste Faktor, an den wir gedacht haben, war das professionelle Wissen. Wie gut müssen Lehrkräfte z. B. ihr Fach können, definiert als Fachwissen? Aber auch an die Frage: Reicht es alleine, das Fach zu können? Kann man da auch einen Diplommathematiker hinstellen?

Wir haben herausgefunden, dass Fachwissen allein nicht ausreicht, sondern es vor allem darauf ankommt, dass man dieses Fach auch vermitteln kann. Man muss demnach verstehen können, was typische Schwierigkeiten für Schülerinnen und Schüler sind, wo Lernende mit einem bestimmten Kenntnisstand sich üblicherweise irren und Fehlkonzepte haben, was es für Repräsentationsformen oder Erklärungsmöglichkeiten für verschiedene Sachverhalte gibt, um somit die Inhalte den Schülern gut zugänglich machen zu können. Dies bezeichnen wir als fachdidaktisches Wissen, und das ist eine ganz wichtige Voraussetzung für diese Art des Unterrichtens.

Es ist aber nicht die einzige Voraussetzung, und wir haben uns noch andere Sachen angeschaut. Zum Beispiel weiß eine Lehrkraft vielleicht, welche Art der Visualisierung gut geeignet wäre, aber sie hat dazu auch eine bestimmte Haltung, eine bestimmte Überzeugung. Vielleicht findet sie eine bestimmte Art der Erklärung besser als eine andere. Eine weitere Voraussetzung sind also die Lehrerüberzeugungen. Wir haben untersucht, ob Lehrkräfte eher an ein Sender-Empfänger-Modell glauben oder ob sie eher eine Vorstellung von Lernen als einem gemeinsamen Aufbau haben, was sie also von unterschiedlichen Lernansätzen halten. Auch dies war relevant für die Unterrichtsqualität. Wir haben weiterhin die Motivation der Lehrer untersucht, z. B. ob sie gerne unterrichten, ob sie über hohe Selbstwirksamkeitsüberzeugungen verfügen, also von sich selbst überzeugt sind, dass sie auch gut unterrichten können. Als vierten Aspekt haben wir uns gefragt, wie Lehrkräfte mit den Belastungen im Beruf umgehen und ob sie in der Lage sind, ihre Ressourcen angemessen einzusetzen.

- **I:**

Inwieweit hat dieses Modell das weitere Vorgehen im Verlauf der Studie bestimmt?

- **MK:**

Das Wichtigste war ja zunächst, die Elemente des Modells überhaupt messen zu können. Als wir mit der Studie angefangen haben, hatte man die Lehrkräfte noch nicht im Fokus der Forschung. Man hat die Unterrichtsprozesse untersucht, aber die Lehrkraft selbst zu testen und wirklich mit Leistungstests zu prüfen, haben wenige vorher gemacht. Vielleicht hatten sich bisher nur wenige an diese Frage herangetraut, weil man dachte, dass man dies den Lehrkräften nicht zumuten könnte. Unsere erste Herausforderung im Projekt war daher die Entwicklung von Messinstrumenten zur Erfassung der professionellen Kompetenz von Lehrkräften für alle genannten Bereiche. Die Kollegen der Mathematikdidaktik haben einen Fachtest und fachdidaktischen Test entwickelt. Wir haben Fragebögen für Überzeugungen und die Motivation entwickelt. Es war eine Herausforderung, ein gutes Instrumentarium zusammenzustellen, das für verschiedene Lehrergruppen über verschiedene Situationen hinweg die Kompetenzen wirklich reliabel misst. In der ersten Phase des Projekts haben wir an diesen Instrumenten gearbeitet und konnten feststellen, dass die Lehrkräfte sich wirklich unterscheiden in all diesen Aspekten und dass diese Aspekte nicht alle unbedingt miteinander korrelieren. Es gab z. B. Lehrkräfte mit gutem Fachwissen, die aber nicht so günstige motivationale Ausprägungen hatten, und umgekehrt. Es wurde also eine Art Profilbildung von Lehrkräften möglich.

Daran schloss sich die Frage an, ob diese verschiedenen Kompetenzaspekte wirklich den Unterricht beeinflussen. Weist der Unterricht von Lehrkräften mit bestimmten Kompetenzausprägungen unterschiedliche Qualität auf, und erzielen diese Lehrkräfte unterschiedliche Wirkungen bei ihren Schülerinnen und Schülern? Diesen Fragen sind wir dann im nächsten Schritt nachgegangen.

- **I:**

In dem COACTIV-Projekt geht es viel um kognitiv aktivierenden, um selbstständigkeitsfördernden Unterricht. Wie wurde dieser operationalisiert und gemessen?

- **MK:**

Wir haben verschiedene Vorgehensweisen kombiniert. Die COACTIV-Studie war eingebettet in die PISA-Studie 2003. Wir hatten demnach das Glück, dass wir sehr viele Lehrer hatten, da die Lehrkräfte der Klassen der PISA-Studie 2003 Teil unserer Untersuchung waren. Wir hatten ursprünglich Daten von glücklicherweise über 300 Klassen. Nachteil des Verfahrens ist, dass man bei 300 Klassen nicht ausgiebige Unterrichtsanalysen, z. B. mit Video, machen kann, weshalb wir verschiedene Vorgehensweisen genutzt haben. Wir haben mit standardisierten Fragebögen die Schüler befragt, z. B. „Wie gut fühlt ihr euch von eurer Lehrkraft unterstützt?" und „Wie anregend ist der Unterricht?", um somit die Schüler selbst als Quelle für ihren eigenen Unterricht heranzuziehen. Als Zweites haben die Lehrkräfte über ihren eigenen Unterricht berichtet, welche Methoden sie einsetzen, wie gut es ihnen gelingt, aus ihrer Sicht die Schüler zu aktivieren. Das Dritte, speziell für den Aspekt der kognitiven Aktivierung, war das Material, das die Lehrkräfte in den Klassen einsetzen. Wir haben Hausaufgaben, Unterrichtsaufgaben und besonders Klausur- und Testaufgaben analysiert, weil man davon ausgehen kann, dass diese Aufgaben eine Zusammenfassung dessen sind, was im Unterricht behandelt wurde. Die Kollegen der Mathematikdidaktik haben hierfür ein ausführliches Kodierschema entwickelt, das die differenzierte Analyse des kognitiven Niveaus der Aufgaben erlaubt. Anhand dessen kann man sehen, dass manche Lehrer besonders oft Aufgaben einsetzen, die eher technisch sind, während andere Lehrer verstärkt Aufgaben einsetzen, bei denen die Schüler nachdenken und mentale Modelle konstruieren müssen. Das war dann unser Zugang, der wenig durch Beobachtertendenzen beeinflusst war, wie das bei den Lehrer- und Schülerfragebögen natürlich immer der Fall ist.

- **I:**

Sie haben gesagt, dass die PISA-Studie Grundlage war, aber welche Stichprobe, also welche Schüler und welche Fächer wurden genau untersucht?

- **MK:**

PISA findet alle drei Jahre statt, und 2003 war der Fokus der PISA-Studie Mathematik. Bei PISA ist es normalerweise so, dass 15-Jährige als Stichprobe gelten, das heißt, es wird aus den gezogenen Schulen eine zufällige Stichprobe von 15-Jährigen ermittelt. Das ist für die Unterrichtsforschung nicht so günstig, da 15-Jährige über alle möglichen Klassenstufen verteilt sind. Deswegen hat das deutsche PISA-Konsortium eine Ergänzung zu diesem internationalen Design vorgenommen. Sie zogen ganze Klassen, z. B. von jeder Schule zwei 9. Klassen, damit man die Klassen als Ganzes untersuchen kann. Die Mathematiklehrkräfte dieser Klassen waren dann unsere Lehrerstichprobe. In Deutschland gab es dann noch die Besonderheit, dass die Klassen nicht nur einmalig in der 9. Klasse untersucht worden sind, sondern noch einmal ein Jahr später in der 10. Klasse, insofern das von der Schulform her möglich war.

- **I:**

Sie haben schon gesagt, ein Hauptergebnis von COACTIV war, dass man fachdidaktisches Wissen braucht als Lehrkraft, aber es gibt sicherlich auch noch andere Hauptergebnisse?!

- **MK:**

Dass die Lehrkräfte sich sehr stark im professionellen und fachdidaktischen Wissen unterscheiden, war eines der wichtigsten Ergebnisse, das man so für Deutschland noch nicht gewusst hatte. Es zeigte sich, dass die Wissensunterschiede vor allen Dingen zwischen Gymnasiallehrkräften und Lehrkräften anderer Schulformen auftraten. Wir haben herausgefunden, dass die Gymnasiallehrkräfte deutlich besseres fachdidaktisches Wissen hatten als Lehrkräfte der Haupt-, Real- und Mittelschule.

Ein weiteres bemerkenswertes Ergebnis war, dass die Bedeutsamkeit dieses fachdidaktischen Wissens, also der Effekt, den dieses Wissen auf die Unterrichtsgestaltung hat, am größten bei den Schülerinnen und Schülern mit geringeren Lernvoraussetzungen war. Das heißt, die Gymnasiallehrkräfte sind in fachdidaktischer Hinsicht gut ausgestattet, unterrichten aber eine Schülerschaft, die es eigentlich gar nicht so stark braucht, während die Nichtgymnasiallehrer, bei denen die Schüler dieses gute fachdidaktische Wissen gerade benötigen würden, deutlich weniger Fachwissen und fachdidaktisches Wissen aufweisen. Das war ein ganz wichtiger Befund.

Wir haben weiterhin gefunden, dass das Wissen alleine nicht alle Unterschiede in der Unterrichtsgestaltung erklärt. Gerade was die Unterstützung für die Schülerinnen und Schüler angeht, war auch die Motivation der Lehrkräfte bedeutsam. Hier war ein interessanter Befund, dass das Interesse am Fach alleine, also ob Lehrkräfte gerne Mathematik mögen, keinen Zusammenhang mit der Unterrichtsqualität aufwies – stattdessen war es wichtig, ob die Lehrkräfte gerne unterrichten, ob sie also diese Tätigkeit gerne ausführen und ob sie gerne mit Schülern arbeiten. Diejenigen, die dafür Begeisterung geäußert haben, zeigten besseren Unterricht: Sie konnten die Schülerinnen und Schüler besser unterstützen und wiesen eine bessere Klassenführung auf, was sich beides wiederum auch wieder positiv auf die Schüler auswirkte.

Als weiterer wichtiger Befund zeigte sich, dass auch die Fähigkeit, mit beruflichen Belastungen umzugehen, eine Bedeutung für die Unterrichtsgestaltung hatte. Aus der Stressforschung ist bereits bekannt, dass Lehrkräfte, die mit Belastungen adaptiv umgehen können, die also engagiert sind, aber gleichzeitig die Fähigkeit haben, sich vom Beruf zu distanzieren (in der Forschung spricht man in diesem Fall vom „Gesundheitstyp"), langfristig weniger Stresserkrankungen aufweisen. Der direkte Zusammenhang zwischen den Stressbewältigungsfähigkeiten der Lehrkräfte und ihrem Unterrichtshandeln, den wir in unserer Studie nachweisen konnten, wurde jedoch noch nicht oft empirisch nachgewiesen.

Das Besondere an unserer Studie war also, dass wir die Wichtigkeit der *verschiedenen* Aspekte der professionellen Kompetenz von Lehrkräften aufzeigen konnten. Es würde demnach nicht helfen, wenn alle Lehrkräfte Nachhilfekurse in Fachdidaktik bekommen würden, denn das würde nur einen Teil der notwendigen Kompetenzen fördern, andere wichtige Aspekte aber nicht. Professionelle Kompetenz beinhaltet eben mehrere Facetten.

- **I:**

Inwiefern sind diese Ergebnisse auch für andere Altersstufen und andere Unterrichtsfächer verallgemeinerbar?

- **MK:**

Hier muss man deutlich auf die Grenzen unserer Studie hinweisen. Wir haben Sekundarstufenlehrkräfte in Mathematik untersucht und konnten das bisher – zumindest was den Effekt auf die Schülerinnen und Schüler betrifft – noch nicht auf andere Fächer ausdehnen. Es gibt aber andere Arbeitsgruppen, die das untersuchen, und diese Ergebnisse zeigen, dass man mit dem Transfer der Befunde etwas vorsichtig sein muss, gerade was z. B. die Trennung von fachdidaktischem Wissen und Fachwissen darstellt. Wir haben bei uns festgestellt, dass Lehrkräfte mit hohem fachdidaktischen Wissen meistens auch sehr hohes Fachwissen hatten. Es gibt aber Studien z. B. aus der Physik oder aus Deutsch und Englisch, bei denen diese beiden Wissensfacetten nicht so eng korrelieren und die jeweils spezifische Rolle der Facetten noch nicht hinreichend geklärt ist. Was also generelle Aussagen über die Struktur und Bedeutsamkeit von Fachwissen und fachdidaktischem Wissen angeht, muss man, glaube ich, noch ein bisschen abwarten. Für die Aspekte der Motivation und der Selbstregulation würde ich keine fachspezifischen Besonderheiten erwarten. Ich glaube, da kann man unsere Ergebnisse gut auf Lehrkräfte anderer Fächer oder Schulstufen übertragen.

- **I:**

Welche offenen Fragen sind Ihnen jetzt noch verblieben, die Sie in Folgestudien untersuchen möchten?

- **MK:**

COACTIV war zunächst eine erste Studie, die die Effekte der unterschiedlichen Kompetenzaspekte so nachweisen konnte. Ich würde gerne noch mehr solcher Studien machen, die die Kompetenzen der Lehrkräfte mit der Veränderung der Schüler zusammenbringen. Da gibt es bisher sehr wenig, und das wäre etwas, was man unbedingt noch weiter untersuchen müsste. Es ist allerdings sehr aufwendig, da man eine große Menge an Lehrkräften sowie Schülerinnen und Schülern benötigt, die über einen längeren Zeitraum untersucht werden müssen.

Für mich hat sich noch die Frage angeschlossen, warum sich denn die Lehrkräfte unterscheiden. Warum hat die eine Lehrkraft mehr Fachwissen, warum ist die eine motivierter, oder warum kann die eine besser mit Stress umgehen? Die Frage „Was beeinflusst denn eigentlich die Kompetenzentwicklung von Lehrkräften?" ist das, was ich mir in meinen neueren Arbeiten anschaue. Ist es die Lehramtsausbildung, sind es Fortbildungen, ist es alles eine Frage der Persönlichkeit, dass Lehrkräfte einfach schon mit unterschiedlichen Voraussetzungen starten? Warum sind die Lehrer unterschiedlich? Das sind die Fragen, die man sich als Nächstes stellen sollte.

- **I:**

Inwiefern hat COACTIV Veränderungsbedarf für die Lehrerbildung aufgezeigt? *(vgl. hierzu auch das Interview mit Prof. Ewald Terhart in* ▶ *Kap. 10)*

- **MK:**

Diese große Bedeutung von fachdidaktischem Wissen – z. B. zu wissen, was typische Schülerfehler sind, dass man ein Repertoire an Erklärungsmöglichkeiten besitzt oder dass man weiß, was Lernenden typischerweise schwerfällt – konnten wir in unserer Studie erstmals empirisch zeigen. Und diese Erkenntnis ist mittlerweile in die Lehramtsausbildung eingeflossen. Im Nachgang von PISA haben sich viele Bundesländer ihre Lehrerausbildung noch einmal vorgenommen, haben überlegt, wie man sie optimieren könnte, und es gibt eine Reihe von Ländern, die sich vorgenommen haben, die fachliche und fachdidaktische Ausbildung vor allem für Lehrer von Schülern mit weniger guten Voraussetzungen zu stärken. Genau das findet man in mehreren neuen Lehramtsausbildungsgängen und den gerade stattfindenden Reformen, und das ist auch ein enorm wichtiger Schritt.

Eine andere, allgemeinere Erkenntnis ist, den Lehrer als jemanden zu sehen, der einen professionellen Entwicklungsweg geht. Die Idee der professionellen Kompetenz, dass also Lehrkräfte nicht einfach mit bestimmten Talenten geboren werden, sondern dass der Aufbau und die Vertiefung der Kompetenz ein aktiver, über den gesamten Berufsweg andauernder Prozess ist, bei dem ständig neue Kompetenzen aufgebaut werden, ist eine wichtige Grundlage und ist jetzt ebenfalls in die Diskussion über Bildung aufgenommen worden, z. B. auch in Bezug auf die Weiterbildung von Lehrkräften.

- **I:**

COACTIV hat die Bedeutung von Motivation, Überzeugungen und Selbstregulationskompetenzen bei Lehrerinnen und Lehrern nachgewiesen. Können diese Aspekte in der Lehrerausbildung auch vermittelt werden und wenn ja, wie?

- **MK:**

Das ist noch eine offene Frage, würde ich sagen. Bezogen auf die Selbstregulationsfähigkeiten gibt es mittlerweile viele Befunde, dass man Stresstrainings effektiv durchführen kann. Es spricht nichts dagegen, das auch auf die Lehrkräfte anzuwenden. Man müsste allerdings prüfen, ob das schon in der universitären Lehrersausbildung eine Rolle spielen muss oder ob das etwas für die spätere Phase des Berufs ist.

Zum Thema „Motivation" gibt es bisher noch sehr wenig Forschung darüber, wie sich die motivationalen Orientierungen von Lehrkräften entwickeln, wie sie sich im Verlauf der Ausbildung oder im Berufsleben weiter verändern. Man kann natürlich niemanden zwingen, begeistert zu sein oder ein gutes Selbstkonzept zu haben. Aber wir wissen z. B. aus der Motivationsforschung im Bereich der Schüler, dass es verschiedene Faktoren gibt, die die Entwicklung günstiger motivationaler Voraussetzungen unterstützen. Ein wichtiger Punkt hierbei sind die Rückmeldungen. Gute Rückmeldungen vermitteln das Gefühl, dass man etwas richtig macht, und liefern lernzielorientierte Information, sodass man sich verbessern kann. Ich glaube, das könnte man in der Lehrerbildung auch jetzt sofort umsetzen. Man könnte sich überlegen, wie wir mit den Lehramtsstudierenden umgehen, wie wir deren Kompetenz fördern, welche Art von z. B. Rückmeldungssystemen man etablieren könnte, damit sie gesunde Selbstwirksamkeit aufbauen, aber auch Freude am Unterrichten gewinnen können.

- **I:**

Was können Lehrerinnen und Lehrer tun, die heute schon im Beruf stehen, um den Unterricht zu verbessern?

- **MK:**

Ich glaube der erste Schritt wäre, ihre Leistung zu reflektieren, sich Feedback zu holen. Eine Feedbackkultur des Unterrichtens ist in Deutschland noch wenig ausgeprägt. Andere Länder haben Zirkel, in denen sich die Lehrer regelmäßig treffen, wo sie sich gegenseitig Videos zeigen und sich Rat holen. Bei uns ist das (noch) nicht so etabliert. Eine erste Sache könnte also sein, sich selbst zu prüfen, sich zu überlegen, was fällt mir leicht, was fällt mir schwer, und sich Rückmeldung von anderen – entweder den Kolleginnen und Kollegen, aber vielleicht auch den Schülerinnen und Schülern – zu holen.

- **I:**

Es heißt manchmal, dass es keinen guten Frontalunterricht gibt. Stimmt das?

- **MK:**

Da kann ich empirisch antworten: Das stimmt nicht. Es gibt viele Befunde, die zeigen, dass Frontalunterricht, also lehrergesteuerter Unterricht, sehr effektiv sein kann, wenn er auf eine bestimmte Art umgesetzt ist. Da kommen wir wieder zurück zu diesen Aspekten der Unterrichtsqualität: Ein Frontalunterricht, in dem es drunter und drüber geht, in dem die Lehrkraft nicht sieht, wo die Lernenden Schwierigkeiten haben, und in dem sie nur repetitiv Sachen abfragt, ohne dass die Lernenden irgendwie kognitiv aktiviert werden, ist schlecht. Aber man kann auch mit Frontalunterricht einen ansprechenden, unterstützenden Unterricht machen. Genauso kann man natürlich auch Gruppenarbeit schlecht machen. Auch eine kooperative Lernsituation kann ineffektiv sein, wenn sie nicht gut strukturiert ist oder wenn die Lernaufgaben nicht gut ausgewählt sind. Die Frage „Frontalunterricht oder Gruppenarbeit?", die Frage nach Sichtstrukturen des Unterrichts, spielt gar nicht so eine große Rolle. Wichtig sind die Tiefenstrukturen, also was wirklich zwischen den Lernenden und Lehrenden passiert oder wie sich die Schülerinnen und Schüler mit dem Lernstoff auseinandersetzen.

- **I:**

In öffentlichen Diskussionen wird vielfach eine neue Lern- und Unterrichtskultur gefordert. Was muss geschehen, um diesen Wandel zu erreichen?

- **MK:**

Man kann mit der Lern- und Unterrichtskultur direkt bei der Lehrerbildung anfangen. Wenn wir die Lehrerbildung schon nach dem Vorbild unseres späteren

Unterrichts durchführen würden, könnte das ein erster wichtiger Schritt sein. Natürlich ist das sehr schwierig an der Universität. Das Lehramtsstudium ist ein großer Studiengang, der bisher an sehr vielen Universitäten randständig behandelt worden ist. Ich habe Seminare für Lehramtsstudierende mit 60 Personen. Da wird es schwierig, auf jeden Studierenden individuell einzugehen, und deswegen glaube ich, wäre es notwendig, sich zu überlegen, wie Modelle der Lehrerbildung aussehen könnten, die genau diese Unterrichtskultur, die wir später im Unterricht sehen wollen, auch schon in der Praxis der Lehrerbildung umsetzen.

- **I:**

COACTIV hat gezeigt, dass es wenig kognitiv aktivierenden und selbstständigkeitsfördernden Unterricht gibt. Dabei liegen schon viele Konzepte vor: PIK AS, Mathe 2000, Montessori, Freiarbeit, offener Unterricht. Warum finden sowohl fachspezifische als auch grundlegende Unterrichtskonzepte vor allem in weiterführenden Schulen nur so wenig Verwendung?

- **MK:**

Ich glaube, das ist einfach ein langer Prozess. Der Unterricht, den ich jetzt an Schulen sehe, ist schon ein ganz anderer als vor zehn Jahren oder als ich in der Schule war. Es findet durchaus Veränderung statt, aber so etwas muss natürlich wachsen. Bis die jungen Lehrkräfte, die heute bestimmte Inhalte in ihrer Ausbildung lernen, in der Schule unterrichten, dauert es ein paar Jahre, und bereits fertige Lehrkräfte können auch nicht einfach von heute auf morgen komplett ihre Unterrichtsroutinen umwerfen. Das sollten sie auch nicht, weil es dann nämlich künstlich wäre. Sich Gedanken darüber zu machen, wie Schüler am besten lernen und welche Methoden gut geeignet sind, sollte auch ein reflektierter Prozess sein und nicht einfach geschehen, weil es jetzt heißt „Wir müssen das machen". Lehrer und Lehrerinnen sollten ihre Tätigkeit fundiert reflektieren. Das ist ein professioneller Entwicklungsprozess, der lange dauert.

Ein anderer Punkt ist, dass wir von vielen Maßnahmen noch nicht sicher wissen können, ob sie gut wirken. Wenn neue Konzepte eingeführt werden, führt das zunächst zu Verunsicherungen. Ich habe zusammen mit einer Kollegin eine Studie gemacht, in der wir einen „Modellunterricht" entworfen haben (Furtak & Kunter, 2012). Wir hatten ein Experiment, in dem wir einen sehr kognitiv aktivierenden Unterricht als Unterrichtsskript festgelegt hatten und das mit „normalem" Unterricht, in dem den Schülerinnen und Schülern nicht so viel kognitive Autonomie zugestanden wurde, verglichen haben. Wir haben das wirklich unter kontrollierten experimentellen Bedingungen überprüft und leider nicht die erwarteten positiven Effekte festgestellt. Die Schüler haben in der kognitiv aktivierenden oder kognitiv autonomen Situation nicht mehr gelernt, waren weniger motiviert und waren weniger zufrieden mit dem Unterricht, vermutlich, weil die Schüler selbst das auch nicht gewöhnt waren. Das war ein Unterricht, den sie noch nicht kannten, der viel zu fordernd für sie war. Sie wollten lieber ihre Routineaufgaben, wollten, dass die Lehrkraft ihnen die richtige Lösung gibt und nicht sagt: „Überleg doch noch einmal, was die Lösung sein könnte!" Man kann einfach nicht die Unterrichtskultur von heute auf morgen völlig umändern, sondern man muss langsam vorangehen, damit sich Schüler und Lehrer daran gewöhnen können.

- **I:**

Sind Lehrer, Lehrerinnen, Politiker, Eltern, Schüler und Schülerinnen, also ist unser Schulsystem überhaupt offen für Veränderungen?

- **MK:**

Oh ja, für die Lehrer und Lehrerinnen gilt das in besonderem Maße! In dem heutigen Schulsystem haben wir so viele Veränderungen, die die Lehrkräfte im Moment umsetzen müssen: Kompetenzorientierung im Unterricht, die standardisierten Leistungsüberprüfungen, die Schulentwicklung. Im Moment ist unser Schulsystem sehr, sehr offen. Wir haben momentan eine historische Entwicklung, in der das typische dreigliedrige Schulsystem, das in Deutschland Jahrzehnte lang unangetastet war, nach und nach aufgelöst wird. Ich glaube, offen für Veränderungen sind alle Beteiligten, man muss sogar im Gegenteil ein bisschen aufpassen, dass nicht zu viele Veränderungen auf einmal kommen. Das ist für diejenigen, die dann wirklich vor der Klasse stehen und das alles umsetzen müssen, irgendwann auch zu viel.

- **I:**

Wenn Sie drei Wünsche frei hätten, um das Schulsystem zu verändern, was würden Sie sich wünschen?

- **MK:**

Ich würde mir wünschen, dass man wirklich die Prozesse, die Lern- und Entwicklungsprozesse, wieder mehr oder noch mehr in den Vordergrund stellt, dass man sich nicht so viel darüber streitet, welche Schulformen, welche Klassengröße, welcher Raum, welche Materialien die besten sind, sondern sich wirklich die Erkenntnisse aus der Psychologie zu Herzen nimmt. Wir wissen so viel darüber, wie gutes Lernen funktioniert, und man sollte sich noch mehr überlegen, wie wir das in der Schule umsetzen können. Ich wünsche mir daher weniger Diskussionen bezüglich der Sichtstrukturen von Unterricht, sondern stattdessen Überlegungen, wie man die Tiefenstrukturen optimieren kann.

Dann wäre mein zweiter Wunsch, dass zum Thema „Heterogenität" eine Haltung entsteht, die diese nicht ausschließlich als neue, zusätzliche und äußerst schwierige Herausforderung versteht, sondern auch sieht, dass Unterschiedlichkeit zum Lernen in Gruppen immer dazugehört und Klassen immer heterogen sind. Es wird gerade viel über die vermeintlich zunehmende Heterogenität und damit auch verbunden die Herausforderungen bezüglich der Inklusion gesprochen, meist mit dem Tenor, wie schwierig das für alle wird mit diesen großen Klassen und diesen unterschiedlichen Schülern. Wir haben nun mal eine heterogene Gesellschaft, und das spiegelt sich auch im Unterricht wider; da können wir darüber lamentieren, wie wir wollen, aber wir werden damit umgehen müssen. Ich würde mir wünschen, dass das nicht so sehr als Bürde wahrgenommen wird, sondern als Normalität und vielleicht auch als Potenzial, und dass zukünftig alle lernen, damit angemessen umzugehen.

Als Drittes würde ich mir wünschen, dass sich der ganze Umgang mit Bildung auch wieder ein bisschen entkrampft. Zu Recht ist über PISA Bildung in Deutschland als Thema sehr wichtig geworden. Wir haben große Defizite gehabt und auch aufgedeckt, und zu Recht sind viele neue Ansätze und Maßnahmen angestoßen worden. Momentan machen sich Eltern, Lehrkräfte, Bildungsforscher und Politiker viele Gedanken, aber es führt auch dazu, dass alle ein bisschen panisch reagieren. Eltern, die sich schon in der ersten Klasse Sorgen machen, ob die Kinder dann später auf das Gymnasium kommen, Frühförderprogramme, die spätere Leistungsvorteile bringen sollen, oder Schulen, die sich durch die ständigen Veränderungen kaum mehr mit sich selbst beschäftigen können – da würde ich mir doch wünschen, dass man auch ein wenig auf die Kinder vertraut und auf normale Entwicklungswege. Hilfreich wäre, wenn sich alle ein bisschen entspannen könnten und wenn jeder, der im Bildungssystem tätig ist, versucht, seinen Job so gut wie möglich zu machen. Ich glaube, dann würden auch viele Erfolge sichtbar werden.

- **I:**

Was glauben Sie, wie sich die Unterrichtskultur in Deutschland in den nächsten 20 Jahren verändern wird?

- **MK:**

Ich glaube, wir werden einen differenzierteren Blick auf die Lernenden haben. Wir werden uns übergreifende Konzepte überlegt haben, wie wir mit Unterschiedlichkeit umgehen, und nicht nur andere Methoden. Es wird viel darum gehen, noch mehr zu verstehen, was die Schwierigkeiten von verschiedenen Schülertypen sind, seien es Schüler mit Deutsch als Zweitsprache oder seien es Schüler mit geringeren kognitiven Fähigkeiten. Wir werden auch immer mehr über die Risikofaktoren lernen und hoffentlich auch gut begehbare Wege finden, um mit diesen Schülern, mit dieser Unterschiedlichkeit, umzugehen. Ich glaube allerdings auch, dass es in 20 Jahren immer noch so sein wird, dass, wenn man in ein Klassenzimmer schaut, da eine große Gruppe an Schülern ist und eine Lehrkraft davorsteht, vielleicht eine zweite als Unterstützung. Dieses Grundschema werden wir, glaube ich, immer noch sehen. Aber im Feinen, wenn man genauer hinschaut, wird Unterricht anders gestaltet sein als heute.

- **I:**

Vielen Dank für das Interview!
   Video des Interviews (siehe ◉ Abb. 4.2):

◉ **Abb. 4.2** Video 4.2
(▶ https://doi.org/10.1007/000-79r)

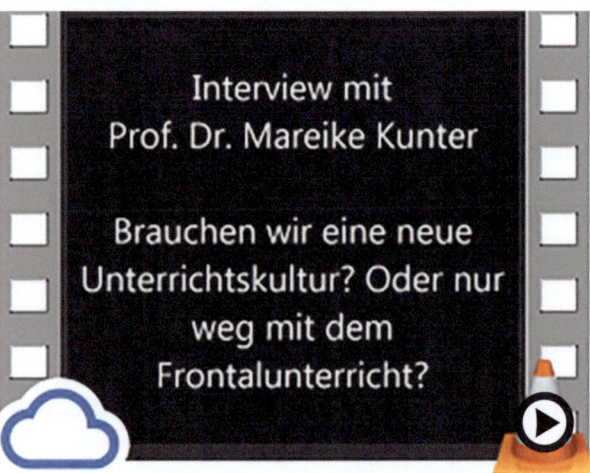

Zitierte und weiterführende Literatur

Baumert, J., & Kunter, M. (2006). Stichwort: Professionelle Kompetenz von Lehrkräften. *Zeitschrift für Erziehungswissenschaft, 9*, 469–520.

Berliner, D. C. (2005). The near impossibility of testing for teacher quality. *Journal of Teacher Education, 56*, 205–213.

Furtak, E., & Kunter, M. (2012). Effects of autonomy supportive teaching on student learning and motivation. *Journal of Experimental Education, 80*, 284–316.

Helmke, A. (2012). *Unterrichtsqualität und Lehrerprofessionalität. Diagnose, Evaluation und Verbesserung des Unterrichts*. Klett-Kallmeyer.

Kunter, M., Baumert, J., Blum, W., Klusmann, U., Krauss, S., & Neubrand, M. (Hrsg.). (2011). *Professionelle Kompetenz von Lehrkräften – Ergebnisse des Forschungsprogramms COACTIV*. Waxmann.

Kunter, M., Klusmann, U., Baumert, J., Richter, D., Voss, T., & Hachfeld, A. (2013). Professional competence of teachers: Effects on instructional quality and student development. *Journal of Educational Psychology, 105*(3), 805–820.

Kunter, M., & Trautwein, U. (2013). *Psychologie des Unterrichts*. Schoeningh.

Soziale Ungleichheit

Inhaltsverzeichnis

Kapitel 5 Wie können wir die Ursachen sozialer Ungleichheit verstehen? – 71
Martin Diewald und Rainer Riemann

Kapitel 6 Werden die Deutschen immer dümmer? – 87
Elsbeth Stern

Kapitel 7 Wie stark trägt das gegliederte Schulsystem zur sozialen Ungleichheit bei? – 105
Ulrich Trautwein

Kapitel 8 Was sind die Kosten versäumter Bildungschancen? – 119
C. Katharina Spieß

Wie können wir die Ursachen sozialer Ungleichheit verstehen?

Martin Diewald und Rainer Riemann

Inhaltsverzeichnis

5.1 Einleitung – 72

5.2 Interview mit Prof. Martin Diewald, Professor für Soziologie an der Universität Bielefeld, und Prof. Rainer Riemann, Professor für Psychologie an der Universität Bielefeld – 72

Zitierte und weiterführende Literatur – 85

Ergänzende Information Die elektronische Version dieses Kapitels enthält Zusatzmaterial, auf das über folgenden Link zugegriffen werden kann [https://doi.org/10.1007/978-3-662-65631-0_5]. Die Videos lassen sich durch Anklicken des DOI Links in der Legende einer entsprechenden Abbildung abspielen, oder indem Sie diesen Link mit der SN More Media App scannen.

© Der/die Autor(en), exklusiv lizenziert an Springer-Verlag GmbH, DE,
ein Teil von Springer Nature 2023
B. Spinath (Hrsg.), *Empirische Bildungsforschung*, Meet the Expert: Wissen aus erster Hand,
https://doi.org/10.1007/978-3-662-65631-0_5

5.1 Einleitung

Birgit Spinath

Soziale Ungleichheit ist aufgrund der wachsenden Unterschiede zwischen Bevölkerungsgruppen als gesellschaftliches Problem aktueller denn je. Ungleichheit muss per se noch kein Problem sein. Jedoch kann aus Ungleichheit leicht Ungerechtigkeit werden, wenn es etwa um Bildungschancen und soziale Partizipation geht. Daher ist soziale Ungleichheit eines der klassischen Forschungsfelder der Soziologie. Auch die Psychologie beschäftigt sich mit Ungleichheit. Insbesondere die Differenzielle Psychologie macht es sich zur Aufgabe, die Art, das Ausmaß und die Entstehung von individuellen Unterschieden zu verstehen. Dazu nutzt sie unter anderem die Methode der Verhaltensgenetik, durch die festgestellt werden kann, in welchem Ausmaß sich interindividuelle Unterschiede auf unterschiedliche genetische Ausstattung zurückführen lassen. Tatsächlich ist inzwischen für wichtige psychische Merkmale wie Intelligenz, Persönlichkeit und Motivation eine erhebliche genetische Mitbedingtheit nachgewiesen worden. Um die Ursachen sozialer Ungleichheit verstehen zu können, müssen diese individuellen Unterschiede und ihre Entstehung mit berücksichtigt werden. Zu diesem Zweck ist eine transdisziplinäre Zusammenarbeit von Soziologie und Psychologie erforderlich.

Prof. Martin Diewald ist Soziologe und hat eine Professur für Sozialstrukturanalyse inne. Eines seiner zentralen Forschungsthemen ist soziale Ungleichheit (z. B. Diewald, 2010a, b). Prof. Rainer Riemann ist Psychologe und hat eine Professur für Differenzielle Psychologie, Persönlichkeitspsychologie und Psychologische Diagnostik inne. Eines seiner zentralen Forschungsthemen ist die Verhaltensgenetik (Riemann & Spinath, 2005). Seit 2012 haben die beiden ein gemeinsames, groß angelegtes Forschungsprojekt (mit Prof. Frank M. Spinath), in dem sie die Ursachen sozialer Ungleichheit unter Berücksichtigung genetischer Informationen untersuchen. Aus dieser transdisziplinären Zusammenarbeit werden weitreichende neue Erkenntnisse erwartet.

5.2 Interview mit Prof. Martin Diewald, Professor für Soziologie an der Universität Bielefeld, und Prof. Rainer Riemann, Professor für Psychologie an der Universität Bielefeld

Das Interview führten Clara Rücker, Luna Sabastian und Regina Sticker im Juni 2012.

- **Interviewerin:**

Prof. Diewald, Sie sind Professor für Soziologie und beschäftigen sich schon seit längerer Zeit mit dem Thema „Soziale Ungleichheit". Wann haben Sie angefangen, sich für das Thema zu interessieren?

- **Prof. Martin Diewald:**

Als Soziologe fängt man mit dem Studium an, sich mit Ungleichheit zu beschäftigen, einfach deswegen, weil sie eine der zentralen Gegenstände und Perspektiven in der

Soziologie insgesamt ist: Dies betrifft zum einen die Erklärung sozialer Ungleichheiten, zum anderen die Frage, inwiefern Ungleichheiten selbst erklärend sind für etwas anderes, was uns Soziologen interessiert, beispielsweise soziale Integration. Als zentraler Forschungsgegenstand beschäftigt mich soziale Ungleichheit jetzt seit etwa drei bis vier Jahren.

- **I:**

Prof. Riemann, Sie sind Professor für Differenzielle Psychologie, ebenfalls an der Universität Bielefeld. Wie kommt es, dass Sie sich mit sozialer Ungleichheit befassen? Wie kam es zu der Kooperation mit Prof. Diewald?

- **Prof. Rainer Riemann:**

Differenzielle Psychologie beschäftigt sich mit den Unterschieden zwischen Menschen. Soziale Unterschiede zwischen Menschen oder soziale Ungleichheit sind natürlich ganz wichtige – aus meiner Perspektive schon sehr angewandte – Aspekte in der Differenziellen Psychologie. Von daher liegt es nahe, dass mir dieses Thema vertraut ist. Die Differenzielle Psychologie hat beispielsweise in der Intelligenzforschung einen engen Bezug zur Ungleichheitsforschung. Zur Kooperation ist es gekommen, weil Herr Diewald mich auf verhaltensgenetische Forschung zu sozialer Ungleichheit angesprochen hat. Sein Interesse fand ich so überraschend für einen Soziologen, dass ich mich dem nicht verschließen konnte.

- **I:**

Wie definieren Sie soziale Ungleichheit?

- **MD:**

Allgemein ist das die Besser- oder Schlechterstellung von Menschen in Relation zu anderen innerhalb einer Gesellschaft. Zu der Frage, was diese Besser- oder Schlechterstellung ausmacht, gibt es verschiedene Lösungsansätze: Bei ressourcentheoretischen Ansätzen geht es um die zentralen Ressourcen, von denen man annimmt, dass sie vielfältig eingesetzt werden können, um das, was einem individuell wichtig ist, zu erreichen: In unseren Gesellschaften ist das Geld, aber auch Macht und Ansehen. Außerdem gibt es ergebnisbezogene Ungleichheitskonzepte, bei denen es um Wohlfahrtspositionen und Verwirklichungschancen in verschiedenen Lebensbereichen geht.

- **I:**

Ist Ungleichheit gleichbedeutend mit Ungerechtigkeit? Falls nicht: Wann wird aus Ungleichheit Ungerechtigkeit?

- **MD:**

Auf keinen Fall haben beide Begriffe die gleiche Bedeutung.
Ungerechtigkeit entsteht, wenn die bestehenden Ungleichheiten – das können sowohl Ergebnisungleichheiten sein, also das Ausmaß der Ungleichheit insbesondere des Einkommens, oder (das ist im Allgemeinen diffiziler) Chancenungleichheiten – im Widerspruch zu individuellen und gesellschaftlichen Gerechtigkeitsvorstellungen stehen. Ein absolutes Maß für Gerechtigkeit gibt es nicht: Was als gerecht oder ungerecht gilt, ist Gegenstand und Ergebnis eines Diskurses. Es ist keineswegs so, dass

alle Menschen die gleichen Vorstellungen haben, was gerecht oder ungerecht ist. Das unterscheidet sich innerhalb einer Gesellschaft, und das unterscheidet sich zwischen Gesellschaften: Amerikaner beispielsweise würden dabei andere Dinge in den Vordergrund stellen als wir.

- **I:**

Das heißt, dass soziale Ungleichheit erst einmal ein nichtwertender Begriff ist und erst durch Gerechtigkeitsvorstellungen zu Ungerechtigkeit wird?

- **MD:**

Genau.

- **I:**

Wie misst man soziale Ungleichheit?

- **MD:**

Das hängt von den verschiedenen theoretischen Ansätzen ab, die man verfolgt. Man kann soziale Ungleichheit über die zentralen Ressourcen messen. Dann ist man bei der Eliteforschung, Einkommensforschung, Statuserwerbsforschung, wo Ungleichheit an dem Innehaben von Macht festgemacht wird oder – was durchaus etwas anderes ist – an Autonomiespielräumen, an der Selbstbestimmtheit. Inwiefern bin ich unabhängig davon, was andere mir darüber sagen, was ich zu tun und zu lassen habe? Oder an Einkommen und Vermögen als zentralen materiellen Ressourcen oder auch an Status als Summe von Prestige und Ansehens- bzw. Anerkennungspositionen innerhalb einer Gesellschaft, wie sie üblicherweise über die berufliche Stellung gemessen werden. Diese repräsentieren unterschiedliche Prestigewerte, was wiederum nicht deckungsgleich ist mit Einkommensunterschieden. Es ist nicht immer so, dass die einkommensstärksten Berufe diejenigen sind, die das meiste Prestige haben, und umgekehrt. Und insofern gibt es viele unterschiedliche Messkonzepte für soziale Ungleichheit.

- **I:**

Das heißt, soziale Ungleichheit ist nicht nur in einem Bereich messbar, und es gibt verschiedene soziale Ungleichheiten, je nach der Zielvariablen, die man hat?

- **MD:**

Richtig. Soziale Ungleichheit ist immer inhärent im Plural zu denken. Es gibt immer verschiedene Dimensionen, die eine Rolle spielen. Wenn man die subjektive Bewertung mit einbezieht, heißt es auch, dass verschiedene Menschen durchaus unterschiedliche Präferenzen haben und unterschiedlich empfindlich sind im Hinblick auf Besser- und Schlechterstellung. Es gibt Leute, die scharf auf Geld sind, und andere sind extrem empfindlich, wenn es um Anerkennung und Prestige geht. Das ist durchaus unterschiedlich.

Eindeutiger ist es im Hinblick auf die Chancenungleichheit. Da geht es darum, ob Angehörige einer bestimmten Bevölkerungskategorie in Relation zu Angehörigen einer anderen Bevölkerungskategorie bessere oder schlechtere Chancen haben, einen höheren Status, höheres Einkommen etc. zu erreichen.

- **I:**

Welche Rolle spielt Bildung für soziale Ungleichheit?

- **MD:**

Bildung spielt eine zentrale Rolle. Sie ist im ganzen Aufbau der Ungleichheitsforschung der „Gegenspieler" zur sozialen Herkunft. Moderne Gesellschaften definieren sich sehr stark über den Anspruch, dass das Hineingeborenwerden in eine bestimmte Familie eben *nicht* das weitere Schicksal von vornherein festlegt, wie das in traditionellen Gesellschaften stärker der Fall war. Aber auch da war es nie absolut der Fall, auch nicht im Mittelalter, wo es doch sehr schwer war, als Bauer ein Adliger zu werden – nahezu unmöglich. Heute sollte es vom Anspruch her nur auf Anstrengung und Fähigkeiten ankommen, wo jemand im Ungleichheitsgefüge später landet. Bildung ist in modernen Gesellschaften der Schlüssel, um diese Anstrengungen und Fähigkeiten abzubilden, die wichtig sind für das Erlangen begehrenswerter Positionen.

- **I:**

Wie ausgeprägt ist die soziale Ungleichheit in Deutschland? Wie steht Deutschland in dieser Hinsicht im internationalen Vergleich?

- **MD:**

Im Hinblick auf Ergebnisungleichheit ist Deutschland, wenn wir nicht vergleichbare Gesellschaften wie solche in Afrika außen vor lassen und wir eher sogenannte entwickelte Gesellschaften (die OECD-Welt) betrachten, ein bisschen egalitärer als der Mittelwert. Deutschland ist aber in den letzten 20 Jahren von einer egalitären Gesellschaft in die Mitte gerutscht: Deutschland ist ungleicher geworden. Was Chancenungleichheiten angeht, gibt Deutschland ein durchaus gemischtes Bild ab, zählt aber eher zu den geschlossenen Gesellschaften. Das heißt: Soziale Herkunft ist hier enorm wichtig, auch wenn es in den letzten 30 Jahren große Fortschritte in Richtung Chancenöffnung gegeben hat. Aber die gab es in den anderen Gesellschaften auch. Insbesondere der Hochschulzugang ist davon noch kaum berührt. Ein Studium aufzunehmen und erfolgreich abzuschließen, ist in Deutschland noch stärker herkunftsabhängig als in fast allen Vergleichsländern.

- **I:**

Mit welchen Methoden werden die Ursachen sozialer Ungleichheit in der Soziologie typischerweise erforscht?

- **MD:**

Es gibt letztlich seit Jahrzehnten zwei etablierte Forschungstraditionen. Das eine ist die Mobilitätsforschung (▶ Kasten 5.1): Da wird der Herkunftsstatus, also die Klassenposition der Eltern, mit der Klassenposition der Kinder verglichen. Dies ergibt relativ komplizierte log-lineare Modelle, wo die tatsächlichen Mobilitätsströme mit Modellen, die bestimmte Chancengleichheitsannahmen repräsentieren, verglichen werden. Hier kann man messen, inwiefern die Realität signifikant von Gleichheitsmodellen abweicht.

> **Kasten 5.1: Soziale Mobilität**
> Soziale Mobilität, hier genauer: intergenerationale soziale Mobilität, vergleicht die soziale Klassenzugehörigkeit der Kinder mit derjenigen ihrer Eltern. Das Ausmaß, in dem die Kinder in eine andere soziale Klasse wechseln als diejenige ihrer Eltern (soziale Herkunft), ist ein Maß für die Offenheit oder Geschlossenheit einer Gesellschaft. Das Ausmaß, in dem es dabei zu Aufstiegen in eine höhere soziale Klasse oder zu Abstiegen in eine niedrigere soziale Klasse kommt, zeigt die Öffnung der Chancenstruktur nach oben oder nach unten. Statistisch kann man herausrechnen, inwiefern Klassenmobilität entweder durch Veränderungen in der Klassenstruktur selbst – etwa einen „Sog" in Richtung Aufwärtsmobilität durch mehr hochqualifizierte Berufe (strukturelle Mobilität) – oder durch Veränderungen in den relativen Chancen der Kinder aus verschiedenen sozialen Klassen (fluide Mobilität) zustande kommt.
> (Pollak, 2011, S. 173–187)

Die andere Forschungstradition ist die Statuserwerbs- und Lebenslaufforschung (▶ Kasten 5.2), in welcher sehr detailliert die Abfolge von Lebensereignissen und die soziale Herkunft erforscht werden: Was machen Kinder bis zum Schuleintritt, wie gestalten sich Schullaufbahn, Eintritt ins Erwerbsleben und Karriereentwicklung? Es sollen Zusammenhänge von Pfadabhängigkeiten beschrieben werden, also wie früh die Weichen gestellt sind, die, zumindest der statistischen Wahrscheinlichkeit nach, später nicht mehr korrigierbar sind. Deterministisch ist im menschlichen Leben ohnehin kaum etwas. Es wird geschaut, welche Gesellschaften schon sehr früh sehr fixe Weichen haben und welche sehr lange offen sind. Das bezieht sich auf alle Lebensbereiche: die Familie, die Bildung, den Beruf. Da gibt es offenere und geschlossenere Systeme. In der neueren Zeit ist die Soziologie viel offener geworden im Hinblick auf das Einbeziehen individueller Entwicklung, was unser gemeinsamer Anknüpfungspunkt ist.

> **Kasten 5.2: Statuserwerbs- und Lebenslaufforschung**
> Werden in der Klassenmobilitätsforschung nur die Ausgangslage (soziale Herkunft) und selbst erreichte Ungleichheitspositionen verglichen, zeichnet sich die Statuserwerbs- und Lebenslaufforschung dadurch aus, dass die verschiedenen dazwischenliegenden Lebensstationen – vor allem die einzelnen Schritte durch das Bildungs- und Beschäftigungssystem, aber auch familiale Ereignisse – je für sich und in ihrem Zusammenhang miteinander untersucht werden. Auf diese Weise kann der Weg von der sozialen Herkunft bis hin zur selbst erreichten Ungleichheitsposition besser dargestellt und erklärt werden. Ein besonderes Interesse gilt dabei der Frage, ob und an welcher „Schaltstelle" genau Weichenstellungen erfolgen und irreversibel werden, d. h. ob und wie sich Bevorzugung und Benachteiligung kumulieren.
> (DiPrete & Eirich, 2006, S. 271–297)

- **I:**

Welche methodischen Herangehensweisen kann die Psychologie zur Erforschung sozialer Ungleichheit beisteuern? *(vgl. hierzu auch das Interview mit Prof. Ulrich Trautwein in* ▶ *Kap. 7)*

- **RR:**

Zunächst sehe ich keinen prinzipiellen Gegensatz zwischen der Ungleichheitsforschung, wie Herr Diewald sie auffasst, und einer psychologischen Herangehensweise. Wichtig ist, dass wir gleichsam die Kausalketten abarbeiten, das bedeutet, sorgfältig prüfen und nicht voreilig Kausalität unterstellen. Als Psychologen haben wir natürlich einen etwas anderen Fokus. Findet die Soziologie, dass Bildung ganz entscheidend für soziale Ungleichheit ist, dann müssen wir uns als Psychologen fragen: Wie kommt es zu solchen Bildungsunterschieden? Auf diese Weise stellt sich recht schnell die Frage nach der Bedeutung genetischer und aus der Umwelt resultierender Ursachen. Hier ist wichtig, dass wir diese Ursachen trennen müssen und dass wir über die Umwelt nur etwas aussagen können, wenn wir genetisch informierte Designs haben, den Einfluss der Gene also „kontrollieren" können. Bleiben wir bei dem Konstrukt „Bildung" (beispielsweise gemessen an Schulnoten und Qualität des Bildungsabschlusses), dann lässt sich auch gut der Unterschied zwischen Psychologie und Soziologie verdeutlichen: Differenzielle Psychologinnen und Psychologen fragen eher nach der Bedeutung solcher Variablen, deren „Träger" Personen sind. Hier wären neben Intelligenz auch Persönlichkeitsmerkmale und soziale Kompetenzen zu nennen. Weiter ist dann die Frage zu klären, wo die Ursachen für interindividuelle Unterschiede in diesen Variablen liegen. Soziologen nehmen stärker soziale Phänomene in den Blick und würden in diesem Kontext vielleicht Bedingungen für Zugang zu Bildung thematisieren.

Kasten 5.3: Die Logik von Zwillingsforschung und *extended-twin-family*-Designs

Zwillingsforschung (Lieb & Knappe, 2011) ist ein Ansatz, den Einfluss von genetischer Vererbung und Umweltsozialisation voneinander getrennt zu untersuchen. Meist wird die Übereinstimmung bestimmter Merkmale bei Zwillingspaaren beobachtet. Wenn eineiige Zwillinge sich in diesen Merkmalen deutlich ähnlicher sind als zweieiige Zwillinge, wird das als Hinweis auf starke genetische Einflüsse interpretiert: Es wird nämlich davon ausgegangen, dass eineiige und zweieiige Zwillingspaare sich nicht in der Ähnlichkeit ihrer Umwelt unterscheiden. Die genetische Ausstattung von eineiigen Zwillingen ist fast identisch, und damit ist die Ähnlichkeit deutlich größer als die zweieiiger Zwillinge. Eine größere Übereinstimmung bei ein- als bei zweieiigen Zwillingspaaren weist also auf genetische Transmission des Merkmals hin.

Die Grundannahme der Zwillingsforschung, dass ein- und zweieiige Zwillingspaare in Umwelten aufwachsen, die in gleichem Ausmaß zur Ähnlichkeit von Zwillingspaaren beitragen (*equal environments assumption*), ist in vielen Studien geprüft worden (Plomin et al., 2008). So wurde beispielsweise die Ähnlichkeit von falsch klassifizierten Zwillingen (tatsächlich eineiige Zwillinge, die fälschlicherweise als zweieiige angesehen wurden, und tatsächlich zweieiige Zwillinge, die als eineiig diagnostiziert worden waren) verglichen. Es zeigte sich, dass die Ähnlichkeit der Zwillingspaare ihrer tatsächlichen und nicht der vermeintlichen Zygotie entsprach.

> Um in Zwillingsstudien auch die gezielte Partnerwahl (*assortative mating*) zu berücksichtigen, welche die genetische Ähnlichkeit zwischen zweieiigen Zwillingen erhöhen kann und dann fälschlicherweise als Effekt der Umwelt interpretiert wird, wurde in den letzten Jahren vermehrt das *extended-twin-family*-Design angewandt. Dabei werden neben den Zwillingen selbst auch deren Eltern, eventuell vorhandene Geschwister, Großeltern, Onkel, Tanten und viele weitere genetisch verwandte Personen in die Studie mit einbezogen. Dieses Vorgehen erlaubt es, neben den statistisch genaueren Bestimmungen von Anlage- und Umwelteinflüssen (im Vergleich zu derselben Zahl von Zwillingen ohne Daten der Familienangehörigen) Effekte des Aufwachsens als Zwillingspaar zu kontrollieren.
> (Lieb & Knappe, 2011, S. 91–106)

- **I:**

Bitte erläutern Sie uns die Logik von genetisch informierten Studien, z. B. Zwillingsstudien (▶ Kasten 5.3)!

- **RR:**

Die Logik ist im Grunde recht einfach. Menschen unterscheiden sich biologisch gesehen in ihrer genetischen Ausstattung, das heißt, fast jeder Mensch hat ein einzigartiges Genom. Tatsächlich sind es eher wenige Gene, in denen Menschen sich unterscheiden, aber schon wenn wir nur auf das Äußere von Menschen schauen, wird deutlich, dass die zahlenmäßig eher geringen genetischen Differenzen doch sehr bedeutsam sind.

Für die Untersuchung psychischer Merkmale sind quantitativ-genetische Studien ein ganz wichtiger Weg, um herauszufinden, wie bedeutsam Anlagen und Umweltbedingungen sind. Ein Beispiel für diese Forschung stellen Zwillingsstudien dar: Im einfachsten Fall würde man eine Stichprobe eineiiger Zwillinge untersuchen, die sehr früh nach der Geburt getrennt wurden und dann in zufällig zugewiesenen Umwelten aufgewachsen sind. In diesem Fall kann die Ähnlichkeit zwischen solchen Zwillingen ausschließlich auf genetische Effekte zurückgeführt werden.

In unseren eigenen Studien untersuchen wir zusammen aufgewachsene Zwillinge. In diesem Fall wird auf genetische Effekte geschlossen, wenn eineiige Zwillinge bei gleicher Ähnlichkeit der Umweltbedingungen einander ähnlicher sind als zweieiige. Dies ist ein etwas schwächeres Vorgehen als die Untersuchung getrennt aufgewachsener Zwillinge. Daher sind Verhaltensgenetiker bestrebt, Informationen aus verschiedenen Familienbeziehungen (einschließlich Adoptivfamilien) zu kombinieren. Herr Diewald und ich planen gerade eine Studie, in der wir ein sogenanntes *extended-twin-family*-Design verwenden, in dem wir neben den ein- und zweieiigen Zwillingen auch deren Eltern und eventuell vorhandene weitere Geschwister mit einbeziehen. Aus den vielfältigen Beziehungen (Eltern – Kind, Zwillinge untereinander, Zwillinge – „normale" Geschwister) lassen sich dann mittels entsprechender Analyseverfahren Anlage- und Umwelteinflüsse auf psychische Merkmale sehr genau untersuchen.

- **I:**

Häufig wird die Tatsache, dass etwas durch Gene beeinflusst wird, als Beleg dafür gesehen, dass etwas nicht beeinflussbar, also unveränderbar ist. Stimmt diese Annahme?

- **RR:**

Diese Frage lässt sich nicht einfach mit ja oder nein beantworten. Zunächst müssen verschiedene Arten der Veränderung unterschieden werden. Verhaltensgenetik beschäftigt sich mit Unterschieden zwischen Menschen, das bedeutet zugleich, dass sie keine Aussagen über gesellschaftliche oder kulturumfassende Prozesse macht. Dies lässt sich gut am Beispiel der Intelligenz verdeutlichen. James R. Flynn untersuchte im letzten Jahrhundert Veränderungen im Mittelwert in IQ-Werten. Ihm war aufgefallen, dass mit der Neunormierung von Intelligenztests die Normen stets etwas „strenger" wurden (für denselben IQ-Wert müssen im Test etwas mehr Aufgaben gelöst werden), und fand bei einer systematischen Analyse, dass die Testleistungen der Menschen in modernen Industriestaaten alle drei Jahre um zirka einen IQ-Punkt angestiegen waren. Solche Mittelwertveränderungen sind auch dann möglich, wenn ein Merkmal eine starke genetische Beeinflussung aufweist. *(vgl. hierzu auch das Interview mit Prof. Elsbeth Stern in* ▶ *Kap. 6)*

Eine andere Frage ist jedoch, ob sich auch die Rangreihen von Personen verändern lassen, wenn das Merkmal eine hohe Erblichkeit aufweist. Ist es also möglich, dass aus schlechten Schülern durch geeignete Förderung bessere (auch im Vergleich mit den Mitschülern) Schüler werden? Auf derartige Rangreihen und Vergleiche zwischen Menschen bezieht sich der Begriff der Erblichkeit direkt. Auch hier ist aber die Antwort: Prinzipiell ist dies möglich. Wenn wir die Erblichkeit eines Merkmals untersuchen, dann gilt die resultierende Aussage (z. B. 60 % genetischer Einfluss) in der spezifischen soziohistorischen Situation, in der die Untersuchung gemacht wurde. Sie ist auf die zu einem bestimmten Zeitpunkt in einer Gesellschaft real zu findenden und mit bestimmten Häufigkeiten zu findenden Umweltbedingungen bezogen.

Für viele im Bildungsbereich bedeutsame Merkmale sind solche gezielten, häufig auf leistungsschwächere Personen gerichteten Maßnahmen sehr aufwendig und waren nicht immer von Erfolg gekrönt. Wichtig ist selbstverständlich, auch das Zusammenspiel zwischen Anlagen und Umwelten zu beachten, denn in der Regel finden wir bedeutsame Zusammenhänge zwischen beiden.

Wir merken an allen Beispielen, auch aus dem Kontext der Bildungsforschung, dass es sehr häufig ein Zusammenspiel aus Anlage und Umwelt gibt. Ein ganz einfaches Bespiel: In vielen Industriestaaten ist im Bildungsbereich eine Anlage-Umwelt-Kovariation eingeplant. Das heißt, diejenigen Menschen werden stärker gefördert (z. B. sie besuchen länger eine Schule), die bessere Fähigkeiten haben, und diejenigen, die die geringsten Fähigkeiten haben, werden weniger trainiert, gefördert und gebildet. Das ist offenbar so gewollt und sicher auch ökonomisch. In der Konsequenz werden die vorhandenen genetischen Unterschiede in bildungsrelevanten Fähigkeiten und Merkmalen weiter durch selektive Förderung und Anreize verstärkt.

- **MD:**

Aber man kann kompensatorische Strategien fahren, was naheliegt, wenn es beispielsweise einen größeren Bedarf an hochqualifizierten Personen gibt, als man sie mit den üblichen ökonomischen Verfahren im Bildungssystem produzieren könnte. Man braucht mehr Leute und muss mehr investieren.

- **RR:**

Ja, das ist möglich, aber es gibt sicher auch Grenzen, da sind wir uns einig. Es gilt nicht das Skinner'sche Ideal, dass wir aus jedem Menschen durch geeignete Verstärkungspläne alles machen können.

- **I:**

Welche neuen Erkenntnisse und welchen Nutzen erwarten Sie von der Durchführung genetisch informierter Studien für die Forschung zur sozialen Ungleichheit?

- **RR:**

Es gibt nur wenige Studien zu genetischen Ursachen sozialer Ungleichheit, und diese werden schnell überinterpretiert. Sie werden publikumswirksam aufbereitet, und dass dabei charakteristische Fehler gemacht werden, haben wir bereits bei der „Bell Curve" (Herrnstein & Murray, 1994) und auch bei Sarrazin (2010) gesehen. Das ist nicht nur langweilig, sondern führt zu nichts. Am Ende wird die Frage selbst diskreditiert: Es ist ja schon nahezu anrüchig zu fragen, ob es genetische Ursachen für soziale Ungleichheit gibt. Dabei ist es naheliegend, dass nicht jeder jeden Bildungsabschluss erreichen kann, auch nicht in einem stark auf Kompensation und individuelle Förderung ausgerichteten System, was wir gegenwärtig nicht haben. *(vgl. hierzu auch das Interview mit Prof. Elsbeth Stern in* ▶ *Kap. 6)*

- **I:**

Prof. Diewald, für viele Ihrer Kollegen dürfte es befremdlich sein, dass die Soziologie in ihren Studien nun auch Gene berücksichtigen soll. Stoßen Sie mit Ihrem Ansatz auf Unverständnis oder gar Abwehr?

- **MD:**

Ja, immer noch. Das ist gar nicht anders zu erwarten. Das Thema war jahrzehntelang hart tabuisiert. Man hat sich nicht nur nicht dafür interessiert, sondern es gab eine dezidierte Abwehr, und die ist nicht über Nacht verschwunden. Trotzdem würde ich sagen, dass sich die Lage in den letzten zehn Jahren deutlich geändert hat. Ich habe einen Artikel in der *Zeitschrift für Soziologie* publiziert (Diewald, 2010b), der hatte in den ersten anderthalb Jahren die meisten Aufrufe, was niemand erwartet hat, nicht einmal die *Zeitschrift für Soziologie* selbst. Der Artikel ist mit weitem Abstand am meisten heruntergeladen worden. Das zeigt, dass einiges ins Rollen geraten ist, was mich überrascht hat. Das Interesse und die Akzeptanz sind zweifelsohne gestiegen, in Teilen ist das Thema aber noch tabuisiert.

Wie können wir die Ursachen sozialer Ungleichheit verstehen?

- **I:**

Auf welche Herausforderungen stoßen Sie bei der transdisziplinären Zusammenarbeit?

- **RR:**

Meine Erfahrung ist, dass die Beteiligten an interdisziplinärer Forschung zunächst eine gemeinsame Sprache finden müssen. Am Anfang versteht man einander einfach erst einmal nicht. Dass wir beide uns relativ gut verständigen können, ist auch darin begründet, dass Herr Diewald schon seit vielen Jahren mit Psychologen zusammenarbeitet. Außerdem habe ich einige Jahre Soziologie studiert. Dadurch ergibt sich eine gewisse Nähe. Meine Erfahrung ist, dass es lange braucht, um die Sprache des anderen zu verstehen, um herauszufinden, was dem anderen wichtig ist. Bei gemeinsamen Projekten reicht es ja nicht, den groben Sinn des Gesagten oder Geschriebenen zu verstehen. Es kommt darauf an, genau zu begreifen, was dem Gegenüber wichtig ist, und auch die Standards und Konventionen der beteiligten Disziplinen zu berücksichtigen. Solche „Fachbefindlichkeiten" sind gelegentlich sehr unterschiedlich.

- **MD:**

Anders herum ist das genauso. Ich habe schon viele Jahre Erfahrung damit. Es begann bereits mit meiner Diplomarbeit, die ich über soziale Netzwerke geschrieben habe. Das ist ein Feld, in dem über die *coping-* und *social-support-*Theorien eine enge Verschränkung von Soziologie und Psychologie stattfindet. Hier gibt es ein hohes Maß an wechselseitiger Wahrnehmung der jeweiligen Forschung, und man wird langsam sozialisiert, sich auch mit den anderen Sichtweisen auseinanderzusetzen. Und sie sind tatsächlich unterschiedlich: Psychologen legen auf andere Dinge Wert in Theorie und Empirie. Da gibt es ganz klare Unterschiede darin, was man wertschätzt. Sogar die Art, wie man einen Zeitschriftenaufsatz aufbaut, folgt unterschiedlichen Regeln in der Soziologie und Psychologie. Das muss man lernen.

Ich komme aus der Lebenslaufforschung. Da gibt es das Spezifikum, dass die deutsche Lebenslaufforschung sich immer hart gegen die Psychologie abgegrenzt hat. Im angelsächsischen Raum ist das ganz anders, *life course* ist dort sowohl in der Psychologie als auch in der Soziologie ein gleichermaßen verwendeter Begriff. Er ist von vornherein viel interdisziplinärer angelegt. Personen wie Glen Elder sind sowohl in der Soziologie als auch der Psychologie als maßgeblich anerkannt. Das war in der deutschen Soziologie nicht so. Damals am Max-Planck-Institut für Bildungsforschung haben Jutta Heckhausen, Johannes Huinink und ich in die soziologischen Lebenslaufuntersuchungen psychologische Konstrukte, nämlich Kontrollüberzeugungen und Kontrollstrategien, eingebaut. Ich wurde teilweise als Verräter an der Profession beschimpft. Das war in den 1990er-Jahren. Das ist lange her und nun definitiv nicht mehr so. Es gibt Großprojekte, in denen Psychologen und Soziologen eng zusammenarbeiten.

- I:

Das heißt, Sie sind der Überzeugung, dass die Zusammenarbeit mit Psychologen und Verhaltensgenetikern für die Soziologie eine Bereicherung darstellt.

- MD:

Unbedingt. Das habe ich nachdrücklich angestrebt. Nun hoffe ich, dass es sich bewahrheitet.

- I:

Wir haben darüber gesprochen, welchen Beitrag psychologische Methoden für die Erforschung soziologischer Fragestellungen leisten können. Welche Beiträge kann die Soziologie zu psychologischen Fragestellungen leisten?

- RR:

An sich ist das einfach zu beantworten: Es geht darum, sozial relevante Maße (z. B. Indikatoren sozialer Ungleichheit) vorherzusagen und zu erklären. Mich interessiert, warum Menschen sehr unterschiedlich in ihren Lebensergebnissen sind. Warum ist jemand erfolgreich, reich, schön und ein anderer nicht? Das ist doch eine spannende Frage! Derartige Fragestellungen sind einfach zu erklären, weil sie fast jeder versteht und selbst spannend findet. Bei solchen Fragen kommt man nicht umhin, Soziologen zu befragen. Wie Sie gehört haben, gibt es spezielle Strukturen, wie man soziale Ungleichheit begreift. Da profitiert die Psychologie von der Zusammenarbeit. Die Kernfrage an sich bleibt für mich eine differenziell-psychologische, und es ist sehr gut zu wissen, dass meine eigene begrenzte Sichtweise durch andere Herangehensweisen ergänzt wird.

- I:

Werfen wir einen Blick in die Zukunft: Wo würden Sie gern mit Ihrer Forschung in fünf Jahren stehen?

- MD:

In fünf Jahren haben wir erfolgreich die Studie etabliert und sehen, dass es sich gelohnt hat. Dann sollten wir gute Erträge haben.

- I:

Ihre Forschung trägt zum grundlegenden Verständnis der Ursachen sozialer Ungleichheit bei. Werden sich daraus auch praktische Schlussfolgerungen ableiten lassen, z. B. für Bildungsprozesse?

- RR:

Das ist nicht leicht zu beantworten, denn wenn wir alle Ergebnisse bereits kennen würden, dann müssten wir die Untersuchung nicht mehr machen. Perspektivisch wird unsere Zusammenarbeit auch praktische Bedeutung haben, aber nicht in der Art, dass wir konkrete Vorschläge für die Schulpolitik prüfen. Wir wollen möglichst genau betrachten, wie die Anlagen von jungen Menschen mit Elternhaus, Schule, Ausbildung und anderen Umwelten zusammenwirken. Je besser wir dies verstehen, um so eher können wir konkrete Maßnahmen in diesen Bereichen ableiten und begründen. Davon auszugehen, wir könnten in fünf Jahren Politik beraten, halte ich für zu optimistisch.

- **MD:**

Die meisten Einflüsse in die Politik kommen eher unbeabsichtigt zustande. Weil Ergebnisse nicht vorhersehbar sind, kann man Einflussnahme nicht planen. Ergebnisse machen Forschung wirkmächtig; die PISA-Studie ist ein Beispiel dafür. Niemand hat vorher erwartet, dass diese Studie sich so stark auf die Politik niederschlägt. *(vgl. hierzu auch das Interview mit Prof. Hans Anand Pant und Prof. Petra Stanat in ► Kap. 2)*

Umgekehrt sind andere Projekte wie der Sonderforschungsbereich 3 („Mikroanalytische Grundlagen der Gesellschaftspolitik"), welcher akademisch sicher einer der ertragreichsten Sonderforschungsbereiche ist, die es in den Sozialwissenschaften gegeben hat, in ihrem Anspruch, direkt in die Politik hinein zu wirken, eher enttäuscht worden.

Bei unserer Studie könnte man nun herausfinden, auf welche Art und Weise bestimmte Personen – auf verschiedenen Ebenen wie Persönlichkeitskonstrukten und genetischer Veranlagung differenziert – in unterschiedlichen Situationen unterschiedlich erfolgreich sind. Es soll von dem einfachen linearen Erfolgsdenken weggekommen werden: Man schraubt an einer Stelle, und es geht für alle bergauf oder bergab. Stattdessen passt für unterschiedliche Menschen die eine oder die andere Maßnahme unterschiedlich gut.

Gerade in der Soziologie schneiden statistische Modelle wie die Varianzaufklärung eher schwach ab, was damit zu tun hat, dass für unterschiedliche Personen gleiche Situationen nicht das Gleiche bedeuten. Dies wurde in der Vergangenheit unzureichend berücksichtigt. Mit unserer Untersuchung kommen wir sicher einige Schritte weiter. Mit der Berücksichtigung genetischer Variation als Ausgangspunkt kann man der Frage auf den Grund gehen, was Gesellschaften aus ihren Mitgliedern machen – von Beginn an: Je nach genetischer Ausstattung können Individuen von bestimmten Umwelten mehr oder weniger profitieren.

- **RR:**

Wir erwarten, dass die Wirkung bzw. Bedeutsamkeit von Genen für unterschiedliche Gruppen unterschiedlich stark ausfällt. Wir haben Befunde aus der Intelligenzforschung, dass bei Menschen, die in ökonomisch extrem benachteiligten Umwelten aufwachsen, genetische Effekte nicht so deutlich sind wie in Mittelstands- bis Oberschichtsumwelten (► Kasten 5.4). Bei diesen spielen genetische Unterschiede eine stärkere Rolle. So etwas ist wichtig zu sehen, um praktische Konsequenzen ziehen zu können. Man könnte Ressourcen auf bestimmte Förderprogramme lenken, statt undifferenziert „mit der Gießkanne" vorzugehen.

Kasten 5.4: Anlage-Umwelt-Interaktion
Wenn sich genetische Dispositionen in unterschiedlichen Umwelten unterschiedlich stark entfalten, sprechen wir von Anlage-Umwelt-Interaktionen. Diese Interaktionen wurden für die Entwicklung der Intelligenz in der Kindheit nachgewiesen. In mehreren Studien zeigte sich, dass Intelligenz in einer Gruppe von Kindern, deren Eltern einen niedrigen sozioökonomischen Status haben, weniger stark genetisch beeinflusst ist als in einer Gruppe mit höherem sozialen Status der Eltern. Anstelle der genetischen Effekte sind in den statusniedrigen Gruppen Effekte der Umwelt von größerer Bedeutung. Traditionell wird hier unterschieden zwischen Effekten der von den Geschwistern geteilten und der für jedes Geschwisterkind spezifischen Umwelt. Die Ergebnisse einer Studie von Turkheimer und Kollegen (2003) sind in ◘ Abb. 5.1 zusammengefasst. Es zeigt sich, dass mit steigendem sozioökonomischen Status die genetische Beeinflussung stark zunimmt (links: von nahezu 0 % bis auf über 80 %), während die Bedeutung der Umwelt (Mitte und rechts) entsprechend abnimmt. Diese Befunde stützen die Auffassung, dass die zugrunde liegende genetische Disposition erst dann zur Ausbildung von Intelligenz führt, wenn die Umwelt entsprechende Entwicklungsbedingungen bereitstellt.

▪ **I:**
Herr Diewald, Herr Riemann, wir danken Ihnen für das Gespräch!
Video des Interviews (siehe ◘ Abb. 5.2):

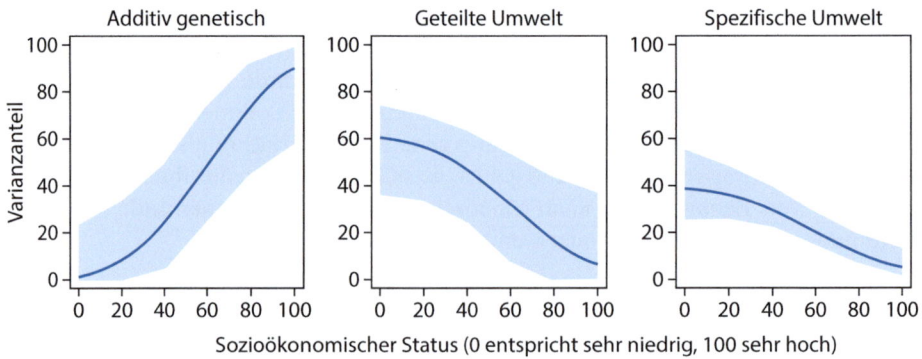

◘ **Abb. 5.1** Sozioökonomischer Status und Intelligenzentwicklung bei Kindern im Alter von sieben Jahren. *0* = sehr niedrig, *100* = sehr hoch. (Adaptiert nach Turkheimer et al., 2003, S. 627)

◘ Abb. 5.2 Video 5.2
(▶ https://doi.org/10.1007/000-79s)

Zitierte und weiterführende Literatur

Diewald, M. (2010a). Ungleiche Verteilungen und ungleiche Chancen. Zur Entwicklung sozialer Ungleichheiten in der Bundesrepublik. In F. Faulbaum & C. Wolf (Hrsg.), *Gesellschaftliche Entwicklungen im Spiegel der empirischen Sozialforschung. Schriftenreihe der ASI-Arbeitsgemeinschaft Sozialwissenschaftlicher Institute* (S. 11–38). VS Verlag für Sozialwissenschaften.

Diewald, M. (2010b). Zur Bedeutung genetischer Variation für die soziologische Ungleichheitsforschung. *Zeitschrift für Soziologie, 39,* 4–21.

Diewald, M., & Mayer, K. U. (2009). The sociology of the life course and life span psychology: Integrated paradigm or complementing pathways? In A. de Ribaupierre, D. Joye, & M. Oris (Hrsg.), *Advances in life course research. Special issue: Reconsidering the linked life principle* (S. 5–14). Elsevier.

Referenzen

Diewald, M. (2010a). Ungleiche Verteilungen und ungleiche Chancen. Zur Entwicklung sozialer Ungleichheiten in der Bundesrepublik. In F. Faulbaum & C. Wolf (Hrsg.), *Gesellschaftliche Entwicklungen im Spiegel der empirischen Sozialforschung. Schriftenreihe der ASI-Arbeitsgemeinschaft Sozialwissenschaftlicher Institute* (S. 11–38). VS Verlag für Sozialwissenschaften.

Diewald, M. (2010b). Zur Bedeutung genetischer Variation für die soziologische Ungleichheitsforschung. *Zeitschrift für Soziologie, 39,* 4–21.

DiPrete, T. A., & Eirich, G. M. (2006). Cumulative advantage as mechanism for inequality: A review of theoretical and empirical developments. *Annual Review of Sociology, 32,* 271–297.

Herrnstein, R. J., & Murray, C. (1994). *The bell curve. Intelligence and class structure in American Life.* Free Press.

Lieb, R., & Knappe, S. (2011). Familiäre Transmission psychischer Störungen. In H.-U. Wittchen & J. Hoyer (Hrsg.), *Klinische Psychologie & Psychotherapie* (2. Aufl., S. 91–106). Springer.

Plomin, R., DeFries, J. C., McClearn, G. E., & McGuffin, P. (2008). *Behavioral genetics.* Worth.

Pollak, R. (2011). Soziale Mobilität. In Statistisches Bundesamt (Hrsg.), *Datenreport 2011* (S. 180–187). https://www.destatis.de/DE/Publikationen/Datenreport/Downloads/Datenreport2011.pdf?__blob=publicationFile. Zugegriffen am 25.02.2013.

Riemann, R. (2008). Können wir unser Verhalten steuern? Verhaltensgenetische Aspekte. In R. Kögerler, F. Gruber, & M. Dürnberger (Hrsg.), *Homo animal materiale. Die materielle Bestimmtheit des Menschen* (S. 41–64). Wagner.

Riemann, R., & Spinath, F. (2005). Genetik und Persönlichkeit. In P. Netter & J. Henning (Hrsg.), *Biopsychologische Grundlagen der Persönlichkeit* (S. 539–628). Springer.

Rowe, D. C. (1997). *Genetik und Sozialisation: Die Grenzen der Erziehung.* Psychologie Verlags Union.

Sarrazin, T. (2010). *Deutschland schafft sich ab. Wie wir unser Land aufs Spiel setzen.* DVA.

Turkheimer, E., Haley, A., Waldron, M., D'Onofrio, B. M., & Gottesman, I. I. (2003). Socioeconomic status modifies heritability of IQ in young children. *Psychological Science, 14,* 623–628.

Werden die Deutschen immer dümmer?

Elsbeth Stern

Inhaltsverzeichnis

6.1 Einleitung – 88

6.2 Interview mit Prof. Elsbeth Stern, Professorin für Lehr-Lern-Forschung an der ETH Zürich – 88

Zitierte und weiterführende Literatur – 103

Ergänzende Information Die elektronische Version dieses Kapitels enthält Zusatzmaterial, auf das über folgenden Link zugegriffen werden kann [https://doi.org/10.1007/978-3-662-65631-0_6]. Die Videos lassen sich durch Anklicken des DOI Links in der Legende einer entsprechenden Abbildung abspielen, oder indem Sie diesen Link mit der SN More Media App scannen.

© Der/die Autor(en), exklusiv lizenziert an Springer-Verlag GmbH, DE, ein Teil von Springer Nature 2023
B. Spinath (Hrsg.), *Empirische Bildungsforschung*, Meet the Expert: Wissen aus erster Hand, https://doi.org/10.1007/978-3-662-65631-0_6

6.1 Einleitung

Birgit Spinath

Immer wieder wird von verschiedenen Personen die provokante These vertreten, dass ganze Nationen verdummen würden (z. B. Herrnstein und Murray, 1994; Sarrazin, 2010). Diese These wird dazu benutzt, weitreichende gesellschaftliche Maßnahmen zu propagieren, die nicht auf Bildung, sondern unter anderem auf Auslese oder Eugenik setzen. Daher ist es von besonderer Bedeutung, den Wahrheitsgehalt dieser These zu beurteilen. Die zugrunde liegende Argumentation stützt sich zum einen auf den Befund, dass Intelligenz zu einem substanziellen Anteil erblich ist, was tatsächlich so ist. Zum anderen stützt sie sich auf die Tatsache, dass die Geburtenraten über die sozioökonomischen Schichten ungleich verteilt sind und dass die Zuwanderung in ein Land häufig durch Personen mit niedrigem sozioökonomischem Status erfolgt. Da auch diese Annahmen zutreffend sind, scheint die Verdummungsthese plausibel. Tatsächlich ist jedoch das Gegenteil der Fall: In hochentwickelten Ländern ist im letzten Jahrhundert ein deutlicher Anstieg der gemessenen Intelligenz verzeichnet worden, kein Abfall. Im folgenden Interview wird erläutert, warum die Verdummungsthese trotz der zu ihrer Untermauerung herangezogenen Fakten nicht haltbar ist.

Prof. Elsbeth Stern ist Psychologin und hat eine Professur für Lehr-Lern-Forschung inne. Sie beschäftigt sich insbesondere mit den kognitionswissenschaftlichen Grundlagen des schulischen Lernens. Besondere Aufmerksamkeit widmet sie dabei der Rolle der Intelligenz und neuropsychologischen Grundlagen (z. B. Neubauer und Stern, 2007; Stern und Neubauer, 2013). Prof. Stern gehört zu den führenden Lehr-Lern-Expertinnen und nimmt häufig in den Medien Stellung zu gesellschaftlich relevanten Bildungsthemen. Ihre Meinung wird auch deshalb sehr geschätzt, weil sie die Grenzen des Erkenntnisstandes kritisch beleuchtet und vor überhöhten Schlussfolgerungen warnt.

6.2 Interview mit Prof. Elsbeth Stern, Professorin für Lehr-Lern-Forschung an der ETH Zürich

Das Interview führten Gidon Frischkorn, Leonie Judd, Andrea Kramer und Ilona Stolpner im Juni 2011.

- **Interviewer/in:**

Frau Stern, wir freuen uns, dass Sie sich bereit erklärt haben, das Interview zum Thema „Werden die Deutschen immer dümmer?" mit uns zu führen.

Bevor wir inhaltlich mit dem Thema anfangen, wollen wir Ihnen gern ein paar Fragen zu Ihrer Person stellen und wie sie zu Ihrer Arbeit gekommen sind. Lassen Sie uns mit der Frage anfangen, mit welchem Interesse Sie Ihr Studium der Psychologie begonnen haben und ab welchem Zeitpunkt Sie wussten, dass Sie Wissenschaftlerin werden wollen.

- **Prof. Elsbeth Stern:**

Das war sogar untypisch früh. Als ich noch in die Schule ging, fing ich an, mich für Wissenschaft zu interessieren, vor allem für die Fragen „Wie denken Menschen eigentlich?" und „Warum verhalten sie sich so, wie sie das häufig tun, obwohl es irrational ist?". Daraufhin habe ich geschaut, was man eigentlich studieren muss, um das herauszufinden. Ich kannte damals weit und breit keinen Psychologen, da ich in der nordhessischen Provinz aufgewachsen bin, wo es so etwas nicht gab. Deshalb dachte ich zuerst, dass man diese Fragen über die Biologie studiert. Immerhin hatten wir im Biologieunterricht das Thema „Verhaltensforschung", was mich sehr interessiert hat. Aber nachdem ich mich in der benachbarten Universitätsstadt Marburg umgeschaut hatte, habe ich festgestellt, dass es Psychologie auch als Studienfach gibt. Daraufhin habe ich angefangen, mich damit zu beschäftigen – zunächst natürlich auf eine ursprüngliche Art und Weise, denn es war in meiner Generation so üblich, sich erst einmal mit Klassikern wie Freud auseinanderzusetzen. Als ich dann anfing, Psychologie zu studieren, wusste ich, dass es inzwischen viel bessere Erklärungen dafür gibt, wie sich Menschen verhalten.

Ich wusste also schon im Gymnasium in der Oberstufe, dass ich Psychologie studieren würde, und ich wusste auch, dass man dafür ein gutes Abitur braucht, weil Psychologie einen hohen Numerus clausus hat. Ich konnte mich also rechtzeitig darauf einstellen und habe meine Fächer so gewählt, dass ich ein maximal gutes Abitur schreiben konnte. So bin ich zur Psychologie gekommen.

- **I:**

Wenn Sie wissenschaftlich arbeiten, mit welchem Anspruch gehen Sie an diese wissenschaftliche Arbeit heran?

- **ES:**

Wissenschaftlich arbeiten heißt, wirklich gute Erklärungen zu finden, eben nicht die erstbesten. Man muss sehen, an welcher Stelle man an das, was Kollegen schon herausgefunden haben, anknüpfen kann. Ansonsten geht es in meiner Arbeit um die Frage, warum es beispielsweise trotz der vielen Anstrengungen nicht immer klappt, Schule lernwirksamer zu machen. Dafür haben wir als Psychologen sehr viele Erklärungen parat, die aber alle das Phänomen nicht vollständig abdecken.

Ich habe inzwischen den Anspruch, von meiner Seite eher kognitionspsychologisch an das Thema heranzugehen, dabei aber auch nicht zu vergessen, dass es noch weitere Gründe für schlechte Schulleistungen oder für solche gibt, die hinter den Erwartungen zurückbleiben, beispielsweise mangelnde Motivation oder auch Lehrpersonen, die nicht optimal unterrichten. *(vgl. hierzu auch das Interview mit Prof. Mareike Kunter in* ▶ *Kap. 4)*

- **I:**

Sie sprechen die Inhalte Ihrer Arbeit bereits an. Das Thema dieses Interviews ist die Frage „Werden die Deutschen immer dümmer?".

Wissenschaftliche Veröffentlichungen und später auch populärwissenschaftliche Bücher haben die These vertreten, dass ganze Nationen und auch die Deutschen mit der Zeit immer dümmer werden. Lässt sich diese These wissenschaftlich begründen?

- **ES:**

Überhaupt nicht. Erst einmal ist „dumm" kein Ausdruck aus der wissenschaftlichen Psychologie. Wir können auf andere, viel tragfähigere Konzepte, wie das Konzept der Intelligenz, zurückgreifen, um zu erklären, warum manche Menschen Lernangebote besser nutzen als andere. Aus der Tatsache, dass in der Schule nicht immer die angestrebten Ziele erreicht werden, zu schließen, dass Leute dümmer werden, ist abwegig. Ganz im Gegenteil ist es so, dass inzwischen in Deutschland 40 % der Schüler Abitur machen. Es wird zwar manchmal behauptet, dass das Abitur nicht mehr das ist, was es einmal war. Aber auch dafür gibt es nicht wirklich Belege. Im Gegenteil: Es ist eher so, dass inzwischen in unserer Wissens- und Informationsgesellschaft geistige Fähigkeiten eine größere Rolle spielen als früher in einer Industriegesellschaft. Damals konnten Menschen, ohne dass sie gut im Schriftlichen waren oder ohne dass sie Prozentrechnung beherrschten, trotzdem Jobs finden, um ihren Lebensunterhalt zu verdienen. Diese Art von Jobs gibt es jedoch nicht mehr, mittlerweile werden dafür Maschinen eingesetzt. Die Anforderungen sind in fast allen Berufen höher geworden, insbesondere in Berufen, die früher fast keine Schulbildung erforderten. Das sieht man daran, dass wir inzwischen möchten, dass die schlecht bezahlten Pförtner an der Universität ausländische Gäste auf Englisch begrüßen. Dabei fällt natürlich auf, dass sich die Lücke zwischen dem, was man sich wünscht, und dem, was geleistet wird, ständig vergrößert.

In den letzten Jahrzehnten verlangen immer mehr Jobs wirklich hohe Anforderungen. Die Anzahl an Universitätsabsolventen ist rapide gestiegen. Menschen, die früher gute intellektuelle Voraussetzungen, aber eben nicht den nötigen wirtschaftlichen Hintergrund mitbrachten, hatten mittlere Bürojobs. Das war natürlich in mancher Hinsicht traumhaft, denn diese Menschen waren sehr intelligent und hatten mittelmäßig anspruchsvolle Jobs, die sie sehr gut gemacht haben. Inzwischen müssen wir damit leben, dass viele dieser Jobs, die früher von sehr intelligenten Menschen gemacht wurden, von Menschen erledigt werden müssen, die sich eher in der unteren Hälfte der Intelligenzspanne bewegen. Wir müssen dafür sorgen, dass solche Menschen eine Ausbildung bekommen, damit sie diesen Jobs gerecht werden.

- **I:**

Dennoch gibt es eine wissenschaftliche Begründung für diese These. Welche Argumentation steckt hinter der These, dass Nationen immer dümmer werden?

- **ES:**

In der wissenschaftlichen Diskussion spielt das überhaupt keine Rolle. Natürlich gibt es Gründe dafür; z. B. kann man in einem Land, in dem Krieg herrscht, die Intelligenzreserven nicht optimieren. Ähnlich ist das auch in Deutschland der Fall. Denn im Vergleich zu Finnland und anderen skandinavischen Ländern oder auch Kanada werden die Intelligenzreserven hier nicht so gut ausgebeutet. Es gibt in Deutschland also sicherlich noch Raum nach oben.

Aber dafür, dass die Deutschen 1960 intelligenter waren, als sie es jetzt 2012 sind, gibt es überhaupt keine Belege (▶ Kasten 6.1). Wir wissen natürlich, dass gefundene Intelligenzunterschiede unter anderem durch Gene determiniert sind. Um aber das individuelle Optimum zu erreichen, braucht man geistige Anregung, Schule und geistige Anforderungen. Diese Dinge sind im Laufe der Zeit auch in Deutschland immer

Werden die Deutschen immer dümmer?

besser geworden. *(vgl. hierzu auch das Interview mit Prof. Martin Diewald und Prof. Rainer Riemann in* ▶ *Kap. 5)*

Wir haben uns folglich darin verbessert, unsere Intelligenzreserven auszunutzen. Das bestehende Problem ist, dass es immer noch Raum nach oben gibt. Außerdem ist es problematisch, dass viele Arbeitgeber, die einen kleinen Betrieb führen und Lehrlinge einstellen, sich darüber beklagen, dass diese noch nicht einmal die Prozentrechnung beherrschen; die Lehrlinge früherer Generationen waren dazu aber fähig. Das liegt wohl mehrheitlich daran, dass die Menschen, die früher eine Lehre gemacht haben, jetzt an der Universität Ingenieure werden. Es ist also eine andere Grundgesamtheit, die heutzutage bestimmte Berufe wählt. Sicherlich muss man den Menschen, die weniger gute geistige Voraussetzungen mitbringen, um mindestens Prozentrechnung adäquat anwenden zu können, andere Lerngelegenheiten geben. Da sind sicherlich Optimierungsmöglichkeiten vorhanden.

Die finnischen Arbeiter sind also nicht per se intelligenter als die Deutschen, sondern sie werden einfach besser ausgebildet. Man weiß in Finnland oder auch in anderen Ländern, dass es Unterschiede in den geistigen Kompetenzen gibt, und man strebt an, dass alle Menschen einen Job haben, mit dem sie ihren Lebensunterhalt verdienen können. Dabei ist man sich bewusst, dass manche Menschen sich mehr anstrengen müssen oder bessere Lerngelegenheiten brauchen, um dies zu erreichen. An dieser Stelle gibt es sicherlich Möglichkeiten, die Intelligenzreserven besser auszunutzen.

Kasten 6.1: Gibt es Unterschiede in der Intelligenz zwischen den Generationen?
Der Politologe Flynn (1984) hat gezeigt, dass die mittlere Leistung in Intelligenztests in westlichen Ländern über die Generationen zunimmt (◘ Abb. 6.1). Zu diesem Ergebnis kam er durch den Vergleich von Mittelwerten aus Intelligenzmessungen im Zeitraum

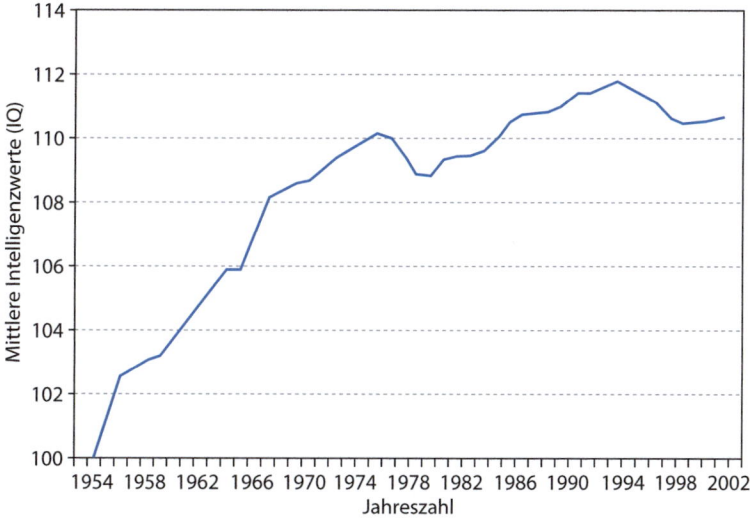

◘ **Abb. 6.1** Darstellung des Flynn-Effekts. Anstieg der mittleren Intelligenz über die Generationen. Auf der Hochachse sind die mittleren IQ-Werte angetragen, auf der Längsachse die Jahreszahl, zu der sie gemessen wurden. (Sundet et al., 2004, S. 353)

> von 1932 bis 1978. Dabei hat Flynn festgestellt, dass es seit 1920 alle zehn Jahre eine durchschnittliche Zunahme im IQ von ungefähr fünf IQ-Punkten gegeben hat. Dieser Effekt wird deshalb auch als Flynn-Effekt bezeichnet.
> Bedeutet das, dass jüngere Generationen intelligenter sind als ältere Generationen? Dafür spricht, dass in Gebieten, die stark mit Intelligenz assoziiert sind, wie beispielsweise das Schachspiel, führende Expertinnen und Experten zunehmend jünger werden. Allerdings gibt es auch die Ansicht, dass es sich beim Flynn-Effekt um ein methodisches Artefakt handelt, da Flynn die Zunahme der Intelligenz aus Mittelwertsvergleichen abgeleitet, nicht jedoch direkt beobachtet hat.
>   Als Ursache des Flynn-Effekts werden viele unterschiedliche Aspekte diskutiert. Unter anderem kann aus vermehrter Übung im Umgang mit Technik sowie wachsender Erfahrung auf dem Gebiet der Kommunikation eine schnellere Informationsverarbeitungsgeschwindigkeit resultieren, die zu einem besseren Abschneiden von jüngeren Generationen in IQ-Tests führt. Auch die zunehmende Globalisierung kann als Ursache des Flynn-Effekts angesehen werden. Durch die verstärkte Durchmischung der Kulturen entstehen häufiger Beziehungen zwischen Menschen aus unterschiedlichen Ländern und damit auch zwischen Menschen mit unterschiedlicheren Genen. Kinder solcher Paare sollten bessere Fähigkeiten in unterschiedlichen Merkmalen aufweisen, was ebenfalls die Leistungszunahme in IQ-Tests erklären kann. Bis heute ist die genaue Ursache des Flynn-Effekts jedoch nicht geklärt, weshalb kontroverse Diskussionen anhalten. (Stemmler et al., 2011, S. 173–175)

- **I:**

In der Wissenschaft wird viel darüber diskutiert, inwiefern Intelligenz erblich ist. Was bedeutet denn überhaupt die Aussage „Intelligenz ist erblich"? *(vgl. hierzu auch das Interview mit Prof. Martin Diewald und Prof. Rainer Riemann in* ▶ *Kap. 5)*

- **ES:**

Es gibt immer noch große Missverständnisse, auch unter akademisch gebildeten Menschen, was „vererbbar" heißt. Viele haben die Vorstellung, „genetisch bedingt" hieße unveränderbar. Das ist aber gerade bei psychischen Merkmalen überhaupt nicht der Fall. Das gilt vielleicht für die Augenfarbe, denn die können wir durch die Umwelt, nach allem, was wir bisher wissen, nicht beeinflussen.

Es gibt also schon Merkmale, die durch die Gene bestimmt sind und bei denen die Umwelt keinen nennenswerten Einfluss hat. Alles, was wir tun, auch wie wir aussehen, ist irgendwo in den Genen verankert. Wir können nicht fliegen wie Vögel, eben weil es in ihren Genen so festgelegt ist und in unseren nicht. Körpergröße hingegen ist ein Beispiel für ein Merkmal, das durch die Gene festgelegt wird, bei dem die Umwelt aber auch das Ihrige dazutun muss, damit das, was in den Genen vorgesehen ist, erreicht werden kann. Wir sind heute deutlich größer, als unsere Groß- oder Urgroßeltern es wohl noch waren, aber es gibt immer noch große Unterschiede zwischen den Menschen, und diese Unterschiede sind durch Gene bestimmt.

Genauso verhält es sich auch mit der Intelligenz. Unsere Fähigkeit, geistig flexibel zu sein, schlussfolgernd zu denken, bestimmte Ziele im Kopf zu behalten und dafür andere auszublenden, wurde uns als Spezies Mensch in den Genen mitgegeben. Aber es gibt viele Möglichkeiten, wie sich darin Unterschiede ausbilden können. Man kann die besten Gene haben, aber wenn in der Schwangerschaft etwas sehr schiefläuft, wenn die Mutter z. B. Alkohol trinkt, hat das einen negativen Einfluss auf die Entwicklung. So gibt es im ganzen Leben immer Möglichkeiten, dass die Dinge, die in den Genen vorgesehen sind, aufgrund bestimmter Umwelteinflüsse nicht optimal entfaltet werden können.

Aber auch wenn keine großen Störeinflüsse auftreten, wird es trotzdem Unterschiede in der Intelligenz geben, so wie es sie auch in der Körpergröße gibt. Die Umwelt muss zudem einiges bieten, damit man eine hohe Intelligenz erreicht. Man muss mit Schriftsprache aufwachsen oder auch mit Rechenaufgaben konfrontiert werden. Deshalb stabilisiert sich der Intelligenzquotient erst etwa im Alter von zehn Jahren, wenn die Kinder schon einige Jahre zur Schule gegangen sind. Dann hat man weitgehend den IQ erreicht, der in den Genen vorgesehen ist, sofern man in einer einigermaßen anregenden Umwelt aufgewachsen ist.

Wir wissen heute noch nicht exakt, welche Umweltbedingungen genau nötig sind, um das Intelligenzoptimum zu erreichen. Aber wir wissen ganz gut, dass es nichts Überkandideltes sein muss. Die Idee von bildungsorientierten Eltern, auf Teufel komm raus aus ihrem Kind ein Genie zu machen, ist unsinnig, das funktioniert nicht. Umgekehrt kann man davon ausgehen, dass es durchaus noch ungenutzte Intelligenzreserven in bildungsfernen Schichten gibt. Ein Kind, mit dem nur selten gesprochen wird, mit dem nicht persönlich interagiert wird, wird sein Optimum an Intelligenz nicht erreichen. Zur Intelligenz gehört vor allem die Sprachentwicklung. Man muss flexibel mit Sprache umgehen können, um gut auf die Schriftsprache vorbereitet zu werden. Man muss wissen, dass ein und derselbe Gegenstand, je nachdem worauf man abzielt, unterschiedlich benannt werden kann. Ich kann ein Stofftier „Schmusetier" sowie „Bär" nennen, oder ich kann ihm einen Namen geben. Diese geistige Flexibilität bekommt ein Kind, wenn man mit ihm ganz normal spricht. Kinder verlangen so etwas im Allgemeinen, aber wenn sie keine Anregungen bekommen, bleiben sie in ihrer Intelligenzentwicklung hinter ihren Möglichkeiten zurück. Deshalb heißt es nicht mehr *nature versus nurture*, „entweder Umwelt oder Gene", sondern man sollte viel eher sagen *nature via nurture*. Was in den Genen verankert ist, muss durch die Umwelt entwickelt werden. Nur wenn bestimmte Umweltbedingungen vorhanden sind, kann man sein Potenzial entwickeln; trotzdem bleiben Unterschiede bestehen.

Wir wissen heute, dass Intelligenztests trainierbar sind. Wir können alles Mögliche trainieren, und alle werden besser. Man kann also Mittelwerte in fast allen Bereichen steigern. Aber das Entscheidende ist, dass sich sofort wieder Unterschiede zeigen, sobald die Aufgabe ein bisschen anspruchsvoller wird. Menschen mit guten Voraussetzungen können Lerngelegenheiten besser nutzen als Menschen mit weniger guten Voraussetzungen (◘ Tab. 6.1). Diese Tatsache müssen wir akzeptieren.

In der Schule, in der Familie und auch sonst im Leben hat das viele Konsequenzen. Der IQ ist sehr stark durch die Gene determiniert. Wenn man in einer Akademikerfamilie geboren ist, gibt es deshalb noch längst keine Garantie dafür, dass man sehr intelligent wird. Das lässt sich auch bei Untersuchungen mit eineiigen Zwillingen feststellen. Eineiige Zwillinge sind sich im IQ sehr ähnlich, wohingegen zweieiige Zwillinge sich kaum ähnlicher sind als Geschwister. Das zeigt, dass Gene dabei wichtig sind. Welche Gene allerdings bei der Intelligenz eine Rolle spielen, wissen wir überhaupt nicht. In dieser Forschung ist schon viel Geld verbrannt worden,

Tab. 6.1 Ähnlichkeit der Intelligenzwerte von Verwandten. (Bouchard und McGue 1981, S. 1057)

Verglichene Personen	GÄ	PÄ
Eineiige Zwillinge, gemeinsam aufgewachsen	1,0	0,86
Eineiige Zwillinge, getrennt aufgewachsen	1,0	0,75
Zweieiige Zwillinge, gemeinsam aufgewachsen	0,5	0,60
Geschwister, gemeinsam aufgewachsen	0,5	0,47
Elternteil–Kind, bei Elternteil aufgewachsen	0,5	0,42
Geschwister, getrennt aufgewachsen	0,5	0,24
Elternteil–Kind, zur Adoption freigegeben	0,5	0,19
Adoptivgeschwister	0,0	0,32
Adoptiveltern–Adoptivkind	0,0	0,19

GÄ genetische Ähnlichkeit, *PÄ* Ähnlichkeit in der Ausprägung des Phänomens

und das Ergebnis ist sehr enttäuschend. Schon für die Körpergröße, die ja ein sehr überschaubareres Merkmal ist, gilt übrigens, dass man nur 20 % der Größenunterschiede durch bestimmte Gene erklären kann. Es ist klar, dass es dann bei einem komplexen und vielfältigen Merkmal wie Intelligenz noch schwieriger ist, hier wissenschaftlich weiterzukommen. Man kann nur davon ausgehen, dass die Gene wahrscheinlich über das gesamte Genom verstreut sind und es deshalb jedes Mal wieder ein Lotteriespiel ist, wenn eine Eizelle und eine Samenzelle zusammenkommen. Deshalb sind sich Eltern und Kinder auch nur mittelmäßig ähnlich.

- **I:**

Sie haben zum Teil schon die wissenschaftliche Untersuchung von Erblichkeit angesprochen. Könnten Sie noch einmal beschreiben, wie wissenschaftliche Forschung zur Erblichkeit von bestimmten Merkmalen abläuft?

- **ES:**

Im Prinzip kann man fundierte Aussagen darüber nur in Gesellschaften machen, die Umweltbedingung zur Verfügung stellen, die das Merkmal zum Optimum bringen. Also nur in Gesellschaften, die Schulbildung für alle garantieren, können überhaupt Untersuchungen zur Erblichkeit von Intelligenz durchgeführt werden.

In der Forschung selbst gibt es verschiedene Wege. Früher dachte man, das Nonplusultra zur Erforschung von Intelligenz sind getrennt aufgewachsene eineiige Zwillinge. Die besitzen identische Gene, und dort, wo sie sich unterscheiden, hat die Umwelt eine Rolle gespielt, oder es war ein Messfehler. Inzwischen wissen wir, dass die

Unterschiede von getrennt aufgewachsenen eineiigen Zwillingen auf die Umwelt zurückgeführt werden können. Aber häufig kommen eineiige Zwillinge doch in ähnliche Umwelten, weil sie natürlich nicht nur per Zufall neuen Erziehungsberechtigten zugeordnet werden. Wenn eben der tragische Fall geschieht, dass die Eltern sterben, dann wachsen sie vielleicht bei zwei verschiedenen Tanten auf, die aber auch nicht so unterschiedliche Umwelten bieten.

Der viel bessere Vergleich ist, wie ähnlich sich eineiige Zwillinge im Vergleich zu gemeinsam aufgewachsenen gleichgeschlechtlichen zweieiigen Zwillingen sind. Die zweieiigen Zwillinge sind sich genetisch nur so ähnlich wie Geschwister, haben aber sehr viel zusammen erlebt, von der Befruchtung bis zur Geburt. Und auch später haben sie noch sehr ähnliche Umwelten, weil sie zum gleichen Zeitpunkt in die Familie gekommen sind. Bei dem Vergleich mit eineiigen Zwillingen kann man feststellen, dass die eineiigen Zwillinge sich sehr ähnlich sind. Die zweieiigen Zwillinge hingegen sind sich im IQ kaum ähnlicher als Geschwister, die zu unterschiedlichen Zeitpunkten geboren wurden und damit auch unterschiedlich aufgewachsen sind. Das ist sozusagen der finale Beweis dafür, dass Gene eine große Rolle spielen.

Ein weiterer Untersuchungszweig ist die Forschung mit adoptierten Kindern. Was die Allele – muss man genauer sagen – angeht, sind adoptierte Kinder ihren Adoptiveltern überhaupt nicht ähnlich. Die Frage, die die Forschung nun stellt, ist, wie ähnlich die Adoptivkinder im Laufe der Zeit ihren Adoptiveltern und wie ähnlich sie ihren biologischen Eltern werden. Die Ergebnisse, die Intelligenz betreffen, zeigen, dass adoptierte Kinder im Laufe der Zeit ihren biologischen Eltern eher ähnlicher werden und ihren Adoptiveltern eher unähnlicher. Das sind weitere Belege dafür, dass wir durch die Umwelt einen Menschen in der Entwicklung der Intelligenz nicht beliebig formen können, sondern jeder die genetischen Voraussetzungen mitbringen muss, um bestimmte Kompetenzen zeigen zu können (▶ Kasten 6.2).

Kasten 6.2: Unterschiedliche Konzepte der Stabilität
Absolute Stabilität (Mittelwertstabilität) bezieht sich auf den Grad der Veränderung von Mittelwerten einer Stichprobe über die Zeit. Mithilfe der absoluten Stabilität kann beschrieben werden, wie sich die Ausprägung eines Merkmals (Mittelwerte) über die Entwicklung verändert. Steigen oder sinken die Werte, so gilt das Merkmal als nicht absolut stabil. Hierbei spielt der Vergleich mit anderen Personen keine Rolle.

Relative Stabilität (differenzielle Stabilität/Rangstabilität) macht Aussagen darüber, inwiefern sich Personen in gleicher oder in unterschiedlicher Weise verändern. Wenn sich bei der Mehrzahl der Personen ein Merkmal in gleicher Weise verändert, wie in ◘ Abb. 6.2b dargestellt, so gilt ein Merkmal als relativ, also im Vergleich mit anderen, stabil. Es spielt im Gegensatz zur absoluten Stabilität keine Rolle, ob die Mittelwerte vom ersten zum zweiten Messzeitpunkt ansteigen, abnehmen oder unverändert bleiben. Lediglich der Vergleich der Personen untereinander ist relevant. Die relative Stabilität wird mithilfe einer Korrelation der Merkmalsausprägungen der Personen über die verschiedenen Messzeitpunkte erfasst. (Stemmler et al., 2012, S. 279 f.)

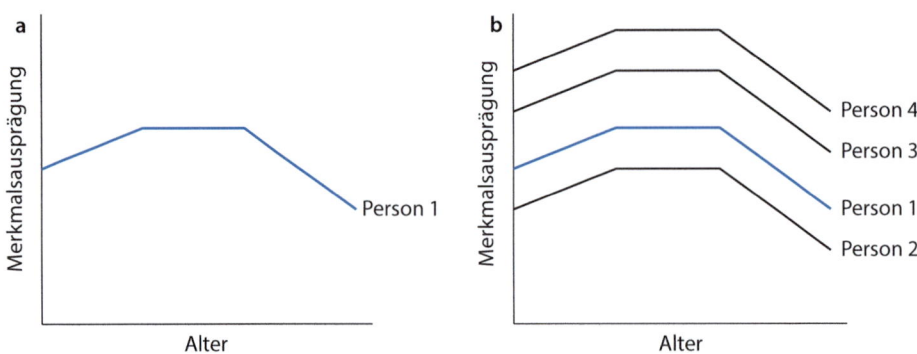

◘ **Abb. 6.2** **a** Veranschaulichung des Konzepts der absoluten Stabilität. Betrachtet man die Ausprägungen von Person 1 in diesem Merkmal über die Zeit hinweg, so kommt man zu dem Schluss, dass sich der absolute Grad des Merkmals verändert, dass das Merkmal also nicht gänzlich stabil ist. **b** Veranschaulichung des Konzepts der relativen Stabilität. Betrachtet man die Merkmalsausprägungen von Person 1 im Vergleich zu anderen Personen, so kommt man zu dem Schluss, dass sich der Ausprägungsgrad des Merkmals relativ gesehen nicht verändert hat

- **I:**

Zurück zu der Frage „Werden die Deutschen immer dümmer?". Es zeigt sich, dass deutsche Schülerinnen und Schüler im Vergleich zu anderen Ländern in Schulleistungsuntersuchungen hinter den Erwartungen zurückgeblieben sind. Kann es sein, dass Gene dabei eine Rolle spielen?

- **ES:**

Nein. Es ist nicht davon auszugehen, dass deutsche Kinder andere Gene haben als finnische Kinder. Und es spricht auch einiges dafür, dass sich die Intelligenz zwischen finnischen und deutschen Kindern nicht unterscheidet. Vielleicht schafft man es in Finnland besser, den unteren Bereich nach oben zu bringen. Aber das dürfte kein so großer Unterschied sein. In Deutschland haben die meisten Kinder die Möglichkeit, ihre Intelligenz so zu entwickeln, wie es in den Genen vorgesehen ist. Sicherlich gibt es noch ein bisschen Optimierungspotenzial, aber das ist jetzt nicht der Punkt.

Die Frage ist, wie investiert man die Intelligenz in die Kompetenzen, die in einer Wissens- und Informationsgesellschaft wichtig sind, das heißt in Schriftspracherwerb, in mathematische Kompetenzen und in wissenschaftliches Verständnis. In diesem Bereich gibt es sicherlich Optimierungsmöglichkeiten, was den Unterricht angeht, da haben wir noch längst nicht alles ausgereizt.

In einem Artikel der *Psychologischen Rundschau*, bei dem Detlev Leutner maßgeblich beteiligt war (Leutner et al., 2012), wurden die Ergebnisse der PISA-Studien noch einmal kritisch diskutiert. *(vgl. hierzu auch das Interview mit Prof. Hans Anand Pant und Prof. Petra Stanat in* ► Kap. 2*)*

Es spricht vieles dafür, dass die Intelligenzreserven in Deutschland nicht wirklich ausgenutzt werden. Das bedeutet, dass Kinder, die eigentlich hochintelligent sind, Unterricht in Mathematik und Naturwissenschaften erhalten, der sie ablöscht. Im sprachlichen und im schriftsprachlichen Bereich gibt es in Deutschland keine Probleme, was die obere Hälfte der Verteilung angeht. Der Anteil der Spitzenleistungen im Lesen ist in Deutschland nicht schlechter als in anderen Ländern auch. Es besteht eher das Problem, dass im unteren Bereich viele Analphabeten oder funktionelle Analphabeten herangezogen werden. Aber vor allem in Mathematik und Naturwissenschaften ist der Unterricht häufig so, dass intelligente Kinder ihre Intelligenz nicht so nutzen können, weil Dinge auswendig gelernt werden müssen, die eigentlich verstanden werden sollen.

- **I:**

Sie sprechen bereits an, dass die Umwelt und vor allem die Unterstützung, die man bei der Entwicklung von Intelligenz braucht, eine wichtige Rolle spielen. Sie sprechen dabei häufig von gutem Lernen. Was heißt gutes Lernen für Sie?

- **ES:**

Gutes Lernen heißt, dass ich verstehe, warum ich etwas lerne, und dass ich weiß, welches Problem ich mit dem Wissen, das ich erwerbe, lösen kann. Dafür muss ich das prozedurale und konzeptuelle Wissen, das ich dazu benötige, aufbauen. Um dieses Wissen zu erwerben, müssen immer neue und anregende Aufgaben gestellt werden, damit die Dinge verstanden werden. Ich muss verstehen, warum man verschiedene Begriffe braucht, warum man beispielsweise in der Physik mal von Druck und mal von Kraft spricht, und inwiefern es sich dabei um unterschiedliche Konzepte handelt.

Das muss in einer anregenden Lernumgebung geschehen, in der den Kindern nicht gesagt wird „Ihr müsst das auswendig lernen, sonst gibt es eine schlechte Note". Denn sonst lernen es eben alle auswendig, auch die, die nicht so intelligent sind. Aber wirklich etwas verstanden hat dabei keiner. Das hat sich auch in PISA gezeigt: Gerade bei Aufgaben, in denen Wissen neu angewandt werden musste, sind deutsche Schüler schlecht. Nicht, weil sie die Intelligenz nicht mitbringen würden, sondern weil ihnen das Wissen dazu fehlt.

- **I:**

Sie sprechen in dem Zusammenhang oft auch von intelligentem Wissen versus inhaltsspezifischem Wissen. Könnten Sie die beiden Konzepte für uns erklären?

- **ES:**

Das ist nicht wirklich versus, das wäre wie die Frage „Ist ein Gegenstand viereckig oder rot?". Es handelt sich dabei um zwei verschiedene Dimensionen. Wissen ist das Entscheidende dafür, dass man etwas wirklich kann. Dieses Wissen kann sehr spezifisch sein, eben inhaltsspezifisches Wissen, das man nur in einem bestimmten Bereich anwenden kann. Aber es gibt auch Wissen, das breiter ist: Wissen darüber, wie ich z. B. ein Experiment durchführen muss, damit ich anschließend kausale Schlüsse ziehen kann. Deshalb würde ich eher sagen, dass man von inhaltsübergreifendem versus inhaltsspezifischem Wissen sprechen muss. Zusätzlich dazu kann man Wissen auch mehr oder weniger intelligent anordnen. Wenig intelligent ist Wissen, das aus Fakten besteht, die nicht an Konzepte gebunden sind. Wenn man auswendig gelernt hat, dass Paris die Hauptstadt von Frankreich ist, aber nicht richtig weiß, welche Funktion eine Hauptstadt hat, und auch nicht erklären kann, warum Bern in der Schweiz eine andere Funktion hat als beispielsweise Paris in Frankreich, dann handelt es sich dabei um unintelligentes Wissen. Dieses Wissen ist eine Zeit lang als Fakten abrufbar, wenn es immer wieder aktiviert wird, aber man kann nicht wirklich damit arbeiten.

Damit Wissen intelligent wird, müssen Lehrer immer wieder Aufgaben stellen, die die Schüler – und zwar auch die intelligenten – dazu zwingen, den Unterrichtsstoff neu zu durchdenken. Es ist nicht der Fall, dass man intelligenten Schülern irgendwelche Fakten an den Kopf knallen kann und sie den Sinn daraus selbst finden. Alle Schüler, alle Menschen brauchen anregende Lernumgebungen. Von Natur aus ist menschliches Lernen eher situiert, das heißt, wir legen Wissen erst einmal so ab, wie wir es erworben haben. Wenn man will, dass Menschen mit dem Wissen flexibel und intelligent umgehen, muss man ihnen auch anregende Aufgaben geben, die sie zwingen, das Wissen neu zu strukturieren und manches neu zu sehen.

- **I:**

Sie sind kurz darauf eingegangen, können Sie uns noch einmal erklären, inwiefern die beiden Konzepte zusammenhängen?

- **ES:**

Wie eben gesagt, muss man fragen, für welche Anforderungen Wissen benötigt wird. Soll das Wissen eher allgemein und übergreifend oder auf einen ganz bestimmten Inhalt bezogen sein? Danach kann man Wissen charakterisieren, so wie ein Gegenstand nach seiner Farbe klassifiziert werden kann. Die nächste Frage ist, ob das Wissen so angeordnet ist, dass man flexibel damit umgehen kann, sodass man in einer neuen Situation, für die noch keine Lösung vorhanden ist, sein Wissen nutzen kann. Das hängt auch davon ab, ob und wie man neues Wissen mit bestehendem Wissen verbindet. Analoges Schlussfolgern – also das Suchen von Gemeinsamkeiten zwischen oberflächlich unterschiedlichen Situationen und Ereignissen – ist meist ein sehr guter Weg, Wissen anwendbar und transferierbar zu machen.

- **I:**

Sie haben bereits angesprochen, dass Lehrer dabei eine wichtige Rolle spielen. Wie können Schulen und Lehrer ihre Schüler dabei unterstützen, gut zu lernen? *(vgl. hierzu auch das Interview mit Prof. Mareike Kunter in* ▶ *Kap. 4)*

- **ES:**

Indem sie immer wieder vermitteln, wozu man das Wissen braucht. Indem sie zum Beispiel in Naturwissenschaften eine Frage formulieren, bei der Schüler merken: „Wenn ich mich auf diese Lerngelegenheit einlasse, kann ich diese Frage beantworten." Wenn es z. B. in der Grundschule in Physik um die Frage geht: „Warum schwimmt ein schweres Schiff aus Stahl, während ein kleines Stück Stahl untergeht?", dann stellen die Kinder vielleicht fest, dass es sich dabei um eine Frage handelt, die sie sich so noch nicht gestellt haben. Trotzdem erkennen sie, dass es stimmt. Die Kinder haben schon Schiffe schwimmen und Stahl im Wasser verschwinden sehen. Darüber sollen sie nachdenken. Wenn man mit einer Frage beginnt, vielleicht auch mit einem Konflikt, sehen die Schüler, dass sie diese Frage beantworten können, wenn sie sich darauf einlassen. Sie erkennen außerdem, dass sie dabei etwas lernen, selbst wenn sie die Frage nicht superspannend finden. Gerade deshalb muss man Schüler immer wieder mit Fragen konfrontieren, damit sie überlegen, ob sie bereits eine Antwort auf diese Fragen wissen. Häufig haben sie auch eine Antwort. Ein Kind sagt dann vielleicht, dass das Schiff einen Kapitän hat und deshalb schwimmt. Man kann den Kindern aber schnell zeigen, dass sie mit diesem Wissen an die Grenzen stoßen, und ihnen immer wieder neue, anregende Aufgaben geben, mit denen sie sich schrittweise an die richtigen Erklärungen annähern können, die dann dem entsprechen, was man als Lehrer als Lernziel fördert.

Man darf als Lehrer folglich nicht die Vorstellung haben, dass man ein ordentliches, sauberes Tafelbild aufbauen muss und dass die Schüler eine Stunde zuhören sollen und dann alles im Kopf haben. Das wird in der Fachsprache *direct transmission view* genannt. Oft findet Unterricht in dieser Form statt, auch bei Psychologieprofessoren in der Vorlesung noch, obwohl es eigentlich bessere Methoden gibt. Man muss wissen, dass Lernen konstruktiv ist. Das bedeutet, dass Kinder oder überhaupt Lernende alles an ihr Vorwissen anbinden. Man muss also zuerst herausfinden, was Kinder für Missverständnisse haben. Wenn man feststellt, dass eine Sache noch nicht so rübergekommen ist, wie man es sich wünscht, darf man nicht einfach den Unterrichtsstoff weiter durchziehen. Gute Lehrer wissen, wie Schüler lernen, sie zeigen sogenannte adaptive Expertise. Das heißt, sie lassen sich darauf ein, ihren Plan zu ändern, wenn sie merken, dass es noch Missverständnisse bei den Schülern gibt, mit denen sie als Lehrer nicht gerechnet haben.

Wer meint, Lernen oder Lehren funktioniere wie bei einem Roboter – ich komme in die Schule und muss nach 45 min die Tafel vollgeschrieben haben, und die Schüler sollen das in ihr Heft übertragen, dabei wird ihnen schon alles klar werden –, hat eine falsche Vorstellung von Lernen.

- **I:**

Dennoch schreiben Sie in einem Ihrer Artikel „Lern- und Denkstrategien sind lernbar, aber nicht direkt lehrbar". Wie können Lehrerinnen und Lehrer denn mit diesem Problem umgehen?

- **ES:**

Indem sie immer wieder anregende Aufgaben stellen. Wenn Schüler z. B. beim Lesen von Texten merken, dass sie einen schwierigen Text auch nach dem fünften Mal Lesen immer noch nicht verstanden haben, dann kann man mit ihnen besprechen, wie man sich Texte besser zugänglich macht – beispielsweise damit, sich die Überschriften anzuschauen, sozusagen als *advanced organizer*, der zeigt, worum es geht. Es gibt unterschiedliche Strategien, z. B. die SQ3R-Methode (Kasten 6.3), die in solchen Situationen helfen können.

Wenn man mit einer Klasse Lesestrategien anhand eines sehr einfachen Textes üben will und den Schülern sagt, dass sie sich Überschriften anschauen sollen, sagen die Schüler, dass ihnen alles doch ganz klar ist. Aber wenn Schüler einen herausfordernden Text bearbeiten sollen, sind sie dankbar für solche Tipps. Deshalb ist es wichtig, dass solche Lernstrategien in die Unterrichtsinhalte eingebaut werden und dass man keine isolierte Methodenwochen durchführt, wie es leider immer noch der Fall ist.

> **Kasten 6.3: Die SQ3R-Technik**
> Die SQ3R-Technik ist eine Technik, die beim Lesen von schwierigen Texten helfen soll. Sie wurde von Francis Robinson entwickelt. Mithilfe dieser Methode soll eine systematische Herangehensweise an längere Texte gefördert werden. SQ3R stellt dabei ein Akronym dar, das die jeweiligen Schritte beim Lesen benennt. *S* für *Survey*, *Q* für *Question* und drei *R*s für *Read*, *Recite* und *Review*.
>
> Im ersten Schritt (*Survey*) soll der Text zunächst überflogen werden, um dessen Aufbau und Struktur zu erkennen. Im Anschluss daran stellt man Fragen an den Text (*Question*). Dabei kann festgestellt werden, welche Informationen zum Thema schon vorliegen; gleichzeitig erfolgt die individuelle Zielsetzung, welche Fragen sich der Leser beantworten möchte. Daraufhin folgt der dritte Schritt: das Lesen des Textes (*Read*). Im Fokus stehen dabei Fachausdrücke und Definitionen, aber auch die Beantwortung der vorher formulierten Fragen. Wichtig ist, dass nach jedem Abschnitt des Textes eine Phase der Rekapitulation des Inhalts erfolgt; dies ist Schritt vier (*Recite*). Der Leser sollte sicherstellen, dass alle wichtigen Fragen beantwortet sind, sich gegebenenfalls Notizen machen oder wichtige Textteile markieren. Zum Abschluss sollten noch einmal die wesentlichen Punkte des gesamten Textes wiederholt werden (*Review*), um Zusammenhänge zwischen einzelnen Abschnitten herzustellen.
>
> Einige Studien (z. B. Martin, 1985) konnten zeigen, dass mit der Verwendung der SQ3R-Methode verglichen mit konventionellem Lesen bessere Leistungen einhergingen. Da die SQ3R-Methode jedoch sehr zeitintensiv ist, wird sie häufig auf die drei Rs (*Read, Recite, Review*) reduziert. McDaniel et al. (2009) konnten zeigen, dass selbst diese reduzierte Methode mit besseren Leistungen assoziiert war als das herkömmliche Lesen, das mehrmalige Lesen oder auch das Notizenmachen.

- **I:**

Sie haben zu dem ganzen Thema „Lernen" ein Buch zusammen mit Aljoscha Neubauer geschrieben: *Lernen macht intelligent* (Neubauer und Stern, 2007). Sie arbeiten aktuell an einem neuen Buch, inwiefern soll der Leser darin auf neue Fragen Antworten erhalten? (Das Buch inzwischen erschienen; Stern und Neubauer, 2013).

- **ES:**

Im Buch *Lernen macht intelligent* haben wir die Tatsache betont, dass Intelligenz zwar in den Genen verankert ist, dass man aber erst durch die geistigen Herausforderungen die Intelligenz erreichen kann, die in den Genen steht. Das und auch wie Intelligenz sich in der Kindheit entwickelt, haben wir bei diesem Buch in den Mittelpunkt gestellt.

In unserem neuen Buch betonen wir eher die Stabilität interindividueller Unterschiede. Wir bleiben zwar dabei, dass alle besser werden können, wenn die Lerngelegenheiten verbessert werden, dass aber gerade dann Unterschiede besonders deutlich werden. Dabei betonen wir auch die Wichtigkeit einer höheren Intelligenz für die Gesellschaft, sodass eine positive Einstellung zur Intelligenz gefördert wird. Man muss sich bewusst sein, dass es die Normalverteilung der Intelligenz gibt und dass den oberen 15 %, die eine Standardabweichung über dem Mittelwert liegen, eine besondere Aufmerksamkeit geschenkt werden sollte. Denn eine Gesellschaft profitiert davon, wenn Menschen, die gute Voraussetzungen mitbringen, auch verantwortungsvolle Posten übernehmen.

Ein weiteres Thema ist, wie die Umwelt und das Bildungssystem strukturiert sein sollten, damit Intelligenz optimal in Wissen und Kompetenzen umgesetzt werden kann. Das heißt, wir betonen, dass es Menschen gibt, die hochintelligent sind, und zwar nicht nur im Sinne von Hochbegabung. Denn als hochbegabt werden nur die oberen 2 % der Verteilung bezeichnet; zu denen gibt es genug Forschung. Hochbegabte unterscheiden sich gar nicht so stark von den nachfolgenden 10 %. Sie sind etwas intelligenter und mit größerer Wahrscheinlichkeit auch erfolgreich. Aber es gibt eben auch die oberen 15 % – die Verteilung ist kontinuierlich, deshalb kann man im Prinzip überall einen Einschnitt machen. Statistisch ist es interessant zu sehen, wie es jenseits der ersten Standardabweichung über dem Mittelwert aussieht.

Für das neue Buch haben wir die Literatur zu der Frage gesichtet, welchen Vorteil Menschen mit hoher Intelligenz haben, das heißt mit einem IQ über 115. Dabei findet man Vorteile, wo man sie zunächst gar nicht vermutet, z. B. bei der Lebensdauer. Im Gegensatz zu anderen Persönlichkeitsmerkmalen, bei denen häufig eine mittlere Ausprägung viele Vorteile bietet, ist eine hohe Intelligenz uneingeschränkt vorteilhaft. Bei dem Merkmal Ängstlichkeit sieht das anders aus. Hier haben Leute mit extremen Werten häufig Probleme. Denn wer überhaupt nicht ängstlich ist, hat große Chancen, frühzeitig zu sterben, weil er viele Risiken eingeht. Auch bei Introversion oder Extraversion sind mittlere Werte am besten. Dagegen ist Intelligenz etwas Positives, man geht also davon aus: „je mehr, desto besser". Das bedeutet jedoch nicht, dass man alle Probleme gelöst hat, wenn man sehr intelligent ist. Es muss anderes dazukommen, aber eine höhere Intelligenz schadet nie. Es ist wichtig, eine positive Einstellung dazu zu bekommen und auch festzustellen, dass es für eine Gesellschaft vorteilhaft ist, wenn die Hochintelligenten verantwortungsvolle Berufe übernehmen. Dazu gehört natürlich auch der Lehrerberuf. Finnland ist vor allen Dingen deshalb so gut, weil „Lehrer" der beliebteste Beruf ist. Dort wählen gerade Menschen, die einerseits ein hohes soziales Bewusstsein haben, aber auch hochintelligent sind, diesen Beruf. Es gibt keinen Grund zur Annahme, dass die finnischen Schüler intelligenter sind als die deutschen Schüler, aber es gibt gute Gründe zur Annahme, dass finnische Lehrer im Durchschnitt viel intelligenter sind als die Lehrer im Rest der Welt. Diese positive Einstellung zur Intelligenz versuchen wir in unserem Buch zu zeigen.

Es wird häufig so getan, als müsse man die Oberen vernachlässigen, wenn man sich um die Schwächsten kümmert. Andere Länder zeigen aber, dass das nicht so sein muss. Wenn man es gut anlegt, kann man Schüler im gesamten Intelligenzspektrum gut fördern. In diesem Buch geht es also noch stärker um die Intelligenzunterschiede als im ersten Buch.

- **I:**

An welche Leserschaft adressieren Sie dieses Buch?

- **ES:**

Eltern, Lehrer, gern auch Psychologen, es würde uns natürlich freuen, wenn Fachkollegen das übernehmen, und Studenten. Wir versuchen, das Buch relativ breit anzulegen, sodass auch Menschen, die Ahnung von Statistik haben, etwas mehr daraus holen können als Menschen, die weniger Ahnung von Statistik haben.

- **I:**

Wenn Sie sich vorstellen würden, dass Sie sich eine praktische Folge Ihrer Forschung wünschen dürfen, was würden Sie sich wünschen? Was sollte sich verändern?

- **ES:**

Natürlich der Schulunterricht – einerseits das Bewusstsein für Unterschiede und andererseits dass sich Lehrer, die sich über ein paar lernschwache Schüler beklagen, darüber bewusst sind, dass Intelligenz normalverteilt ist. Wenn ich Primarschullehrerin werde, dann muss ich wissen, dass ich in einer Klasse das ganze Spektrum der Intelligenz habe. Lernschwache Schüler sind keine kranken Kinder; es sind Kinder, die auch dazulernen können. Sie lernen allerdings nicht so schnell, und man muss sich darauf einstellen.

Man kann nicht behaupten, man wäre eine tolle Lehrerin, wenn man diese schwachen Kinder nicht hätte. Das wäre wie ein Arzt, der sagt: „Ich bin ein toller Arzt", wenn die Menschen, die zu ihm kommen, nicht krank sind. Das Bewusstsein, dass man sich auf Unterschiede einstellen muss, aber dennoch alle, das gesamte Spektrum, nach oben bringen kann, ist wichtig. Die Unterschiede bleiben zwar bestehen, sobald die Anwendung des Wissens in neuen Bereichen abverlangt wird, aber das muss mich nicht weiter stören. Die Normalverteilung ein Stück nach oben bringen, diese Botschaft versuchen wir eben zu vermitteln.

- **I:**

Frau Stern, wir sind damit am Ende unseres Interviews und bedanken uns ganz herzlich bei Ihnen für die Antworten auf unsere Fragen!

Video des Interviews (siehe ◘ Abb. 6.3):

◘ **Abb. 6.3**   Video 6.3 (▶ https://doi.org/10.1007/000-79t)

Zitierte und weiterführende Literatur

Bouchard, T. J., Jr., & McGue, M. (1981). Familial studies of intelligence: A review. *Science, 212*, 1055–1059.
Deary, I. (2012). Intelligence. *Annual Review of Psychology, 63*, 453–482.
Flynn, J. R. (1984). The mean IQ of Americans: Massive gains 1932 to 1978. *Psychological Bulletin, 95*, 29–51.

Referenzen

Herrnstein, R. J., & Murray, C. (1994). *The bell curve. Intelligence and class structure in American Life*. Free Press.
Leutner, D., Fleischer, J., Wirth, J., Greiff, S., & Funke, J. (2012). Analytisches und dynamisches Problemlösen im Lichte internationaler Schulleistungsuntersuchungen. *Psychologische Rundschau, 63*, 34–42.
Martin, M. A. (1985). Students' applications of self-questioning study techniques: An investigation of their efficacy. *Reading Psychology, 6*, 69–83.
McDaniel, M. A., Howard, D. C., & Einstein, G. O. (2009). The read-recite-review study strategy: Effective and portable. *Psychological Science, 20*, 516–522.
Neubauer, A., & Stern, E. (2007). *Lernen macht intelligent. Warum Begabung gefördert werden muss*. DVA.
Nisbett, R. E. (2009). *Intelligence and how to get it: Why schools and cultures count*. Norton & Company.
Sarrazin, T. (2010). *Deutschland schafft sich ab. Wie wir unser Land aufs Spiel setzen*. DVA.
Spinath, F. M., Spinath, B., & Borkenau, P. (2008). Soziale und genetische Determinanten der Lernfähigkeit. In W. Schneider & M. Hasselhorn (Hrsg.), *Handbuch der Pädagogischen Psychologie* (S. 105–115). Hogrefe.
Stemmler, G., Hagemann, D., Amelang, M., & Bartussek, D. (2012). *Differentielle Psychologie und Persönlichkeitsforschung*. Kohlhammer.
Stern, E., & Neubauer, A. (2013). *Intelligenz: Große Unterschiede und ihre Folgen*. DVA.
Sundet, J. M., Barlaug, D. G., & Torjussen, T. M. (2004). The end of the Flynn effect? A study of secular trends in mean intelligence test scores of Norwegian conscripts during half a century. *Intelligence, 32*, 349–362.

Wie stark trägt das gegliederte Schulsystem zur sozialen Ungleichheit bei?

Ulrich Trautwein

Inhaltsverzeichnis

7.1   Einleitung – 106

7.2   Interview mit Prof. Dr. Ulrich Trautwein, Professor für Empirische Bildungsforschung an der Universität Tübingen – 106

Zitierte und weiterführende Literatur – 117

Ergänzende Information Die elektronische Version dieses Kapitels enthält Zusatzmaterial, auf das über folgenden Link zugegriffen werden kann [https://doi.org/10.1007/978-3-662-65631-0_7]. Die Videos lassen sich durch Anklicken des DOI Links in der Legende einer entsprechenden Abbildung abspielen, oder indem Sie diesen Link mit der SN More Media App scannen.

© Der/die Autor(en), exklusiv lizenziert an Springer-Verlag GmbH, DE, ein Teil von Springer Nature 2023
B. Spinath (Hrsg.), *Empirische Bildungsforschung*, Meet the Expert: Wissen aus erster Hand,
https://doi.org/10.1007/978-3-662-65631-0_7

7.1 Einleitung

Birgit Spinath

Einer der überraschendsten und für viele auch erschreckendsten Befunde der ersten PISA-Erhebung 2000 war, dass in keinem anderen Land der Zusammenhang zwischen schulischen Leistungen der Kinder und dem soziökonomischen Status des Elternhauses so eng war wie in Deutschland. Wenngleich die Assoziation von soziökonomischem Status und Schulleistung nicht per se ein Anzeichen von Ungerechtigkeit im Bildungssystem ist, so gilt dies doch für einen außerordentlich starken Zusammenhang. In der Folge galt es zu klären, was die Ursachen für diesen starken Zusammenhang waren. Es liegt nahe, dazu die Besonderheiten des deutschen Schulsystems, wie die Gegliedertheit nach Schultypen, die frühe Trennung der Schülerschaft nach der 4. Klasse sowie die Art der Übergangsentscheidungen, als Ursachen in den Blick zu nehmen. Im Folgenden wird der aktuelle Forschungsstand dazu beleuchtet, inwiefern das gegliederte Schulsystem zur sozialen Ungleichheit beiträgt.

Prof. Ulrich Trautwein ist seiner Ausbildung nach Psychologe und hat eine Professur für Empirische Bildungsforschung inne. Zu seinen zentralen Forschungsthemen gehört die Effektivität des Bildungssystems. Im diesem Kontext sind dabei vor allem relevant seine Arbeiten zu Effekten der Gliederung in verschiedene Schultypen (Becker et al., 2012) und der Zusammensetzung der Schülerschaft (Dumont et al., 2013) sowie der Übergangsentscheidungen (Baeriswyl et al., 2006). Prof. Trautwein gehört zu den international führenden Bildungsforschern und stellt seine Expertise regelmäßig der Bildungspolitik zur Verfügung. Er ist Mitglied in verschiedenen Beiräten, unter anderem war er Mitglied des Expertenrats „Soziale Herkunft und Bildungserfolg" des Landes Baden-Württemberg.

7.2 Interview mit Prof. Dr. Ulrich Trautwein, Professor für Empirische Bildungsforschung an der Universität Tübingen

Das Interview führten Leona Erb, Annika Knoll und Vanessa Browning im Januar 2013.

- **Interviewerin:**

Sie sind Professor für Empirische Bildungsforschung an der Universität Tübingen. Einer Ihrer Forschungsschwerpunkte ist die Effektivität des Bildungssystems. Was hat Sie dazu bewogen, sich nach Ihrem Psychologiestudium der Empirischen Bildungsforschung zuzuwenden?

- **Prof. Ulrich Trautwein:**

Nun, die Psychologie, ganz besonders die Pädagogische Psychologie, ist natürlich mittendrin in der Empirischen Bildungsforschung. Ich würde sogar sagen, es ist der Kern der Empirischen Bildungsforschung. Von daher ist es nicht ein Abwenden von der Psychologie, sondern eigentlich eine vertiefte Hinwendung zur Psychologie – eine Vertiefung der Psychologie, allerdings in einem stark interdisziplinär geprägten Umfeld.

■ I:
Warum interessieren Sie sich für Fragen nach der Effektivität des Bildungssystems?

■ UT:
Da gibt es eine ganz einfache Antwort: Die Frage nach der Effektivität des Bildungssystems ist wissenschaftlich unheimlich interessant, denn sie erfordert das Zusammenspiel vieler unterschiedlicher Disziplinen. Gleichzeitig ist sie natürlich gesellschaftlich relevant. Es macht Spaß, hier zum Fortschritt beizutragen.

■ I:
Was ist soziale Ungleichheit, und wie zeigt sie sich im deutschen Bildungssystem?
(vgl. hierzu auch das Interview mit Prof. Martin Diewald und Prof. Rainer Riemann in ► *Kap. 5)*

■ UT:
Soziale Ungleichheit im Bildungserfolg drückt sich darin aus, dass der familiäre Hintergrund einer Schülerin bzw. eines Schülers mit ihrem/seinem Schulerfolg assoziiert ist. Die empirische Bildungsforschung, die Soziologie sowie die Erziehungswissenschaften verwenden üblicherweise mehrere Indikatoren für soziale Ungleichheit. Es wird häufig zwischen den ökonomischen Ressourcen, den kulturellen Ressourcen und den sozialen Ressourcen einer Herkunftsfamilie unterschieden. Ökonomische, kulturelle und soziale Ressourcen gehen mit unterschiedlichen Hilfen für die Kinder einher, um im Bildungssystem erfolgreich zu sein.

Der zweite Teil Ihrer Frage bezieht sich darauf, wie sich diese Ungleichheit ausdrückt. Wir unterscheiden typischerweise zwischen zwei Indikatoren. Zum einen sind dies unterschiedliche Schulleistungen, also Unterschiede, die man mit Schulleistungsstudien wie PISA messen kann, zum anderen Unterschiede in der sogenannten „Bildungsbeteiligung": Hat jemand eine Hauptschule besucht, einen mittleren Bildungsabschluss erreicht oder sogar nach dem Abitur noch ein Studium absolviert.

■ I:
Häufig wird die Unterscheidung zwischen primären und sekundären Effekten sozialer Ungleichheit getroffen. Was ist damit gemeint?

■ UT:
Schülerinnen und Schüler aus Familien mit günstigem sozialen Hintergrund zeigen häufig die besseren Schulleistungen und wechseln entsprechend auch häufiger auf das Gymnasium bzw. generell die höheren Schulformen. Das wird der primäre Herkunftseffekt genannt. Der sekundäre Herkunftseffekt drückt aus, dass selbst dann, wenn die Schulleistungen gleich sind, derjenige Schüler oder diejenige Schülerin, der oder die aus der Familie mit dem günstigeren sozialen Hintergrund kommt, die größere Chance hat, aufs Gymnasium überzugehen bzw. generell auf die höheren Schulformen. Sekundäre Herkunftseffekte werden besonders stark kritisiert, da sie deutlich gegen das Gerechtigkeitsempfinden vieler Menschen verstoßen. Aber auch die primären Herkunftseffekte sind natürlich etwas, worüber eine Gesellschaft nachdenken muss – in welcher Größe sind sie akzeptabel, und wie kann man Kinder mit eher ungünstigem sozialen Hintergrund frühzeitig fördern?

- **I:**

  Ein Befund von PISA 2000 war, dass in keinem anderen Land der Zusammenhang zwischen schulischen Leistungen der Kinder und dem soziökonomischen Status des Elternhauses so eng war wie in Deutschland. Welche Erklärungsansätze gab es dafür? *(vgl. hierzu auch das Interview mit Prof. Hans Anand Pant und Prof. Petra Stanat in* ▶ Kap. 2*)*

- **UT:**

  Das war in der Tat ein sehr überraschender Befund, für viele in Deutschland auch ein erschreckender Befund, Spitzenreiter zu sein bei einer Kategorie, in der man lieber nicht Spitzenreiter sein möchte. Es gab eine Reihe unterschiedlicher Erklärungsansätze, ich möchte nur zwei nennen: Der eine Ansatz betonte, dass wir deutlich zu viele Schülerinnen und Schüler haben, die nicht die schulischen Mindestqualifikationen erreichen bzw. die Leistungen haben, nach denen man sie in eine Risikogruppe klassifizieren würde. Die andere Erklärung war die, dass wir mit der Aufteilung auf mehrere Schultypen diese Tendenzen der sozialen Disparitäten verstärken würden.

- **I:**

  Im Unterschied zu vielen anderen Ländern werden Schülerinnen und Schüler in Deutschland schon nach der 4. Klasse entsprechend ihrer Leistung auf drei unterschiedliche Schulformen aufgeteilt. Was war die ursprüngliche Idee hinter dieser frühen Trennung?

- **UT:**

  Lassen Sie mich auch da wieder nur zwei Aspekte thematisieren. Der eine Aspekt ist natürlich: Wenn man Schülerinnen und Schüler gleicher Leistungsstärke zusammensteckt, macht das vermeintlich das Lehren einfacher, und es macht es einfacher, auf die Bedürfnisse der Schülerinnen und Schüler einzugehen, also sozusagen Leistungsdifferenzierung als erster Schritt hin zur Individualisierung.

  Die zweite Idee, die häufig verbalisiert wird, ist diejenige, dass Schülerinnen und Schüler unterschiedliche Typen von Begabungen haben. In Deutschland kursierte beispielsweise die Unterscheidung zwischen Hand, Herz und Hirn. Das heißt, es gibt Leute, die nach dieser Typologie eher handwerklich oder mit den Händen generell begabt sind, andere, bei denen das Herz eine große Rolle spielt, z. B. zwischenmenschliche Kontakte, und eben die Begabungen, die stärker auf den Intellekt abzielen. Obwohl solche Klassifikationen wissenschaftlich nur schwer zu halten sind, haben sie doch einige Bedeutung auch hier in Deutschland gehabt.

- **I:**

  Wie spiegelte sich diese Unterscheidung in den früheren Lehrplänen wider?

- **UT:**

  Man kann sagen, dass Schulformen tatsächlich früher sehr distinkte Lehrpläne aufwiesen. Bis hinein in die 1960er-Jahre war es beispielsweise so, dass der Hauptschullehrplan nicht wissenschaftlich orientiert war, sondern stark ausgerichtet auf eine berufliche Eignung bzw. auf das, was man den Personen später zutraute zu tun.

Wie stark trägt das gegliederte Schulsystem zur sozialen Ungleichheit bei?

- **I:**

Welche Effekte der frühen Trennung sind empirisch nachgewiesen?

- **UT:**

Es gibt tatsächlich einige Hinweise darauf, dass die frühe Trennung, wie sie in Deutschland und auch in manchen anderen Ländern praktiziert wird, potenziell negative Effekte hat im Hinblick auf die sozialen Disparitäten des Kompetenzerwerbs. Die frühe Trennung könnte durchaus dazu beitragen, dass die sozialen Disparitäten hier ansteigen (Kasten 7.1).

> **Kasten 7.1: Warum kann eine frühe Differenzierung im Schulsystem soziale Disparitäten des Kompetenzerwerbs verstärken?**
>
> Eine frühe Leistungsdifferenzierung im Schulsystem, also beispielsweise eine Aufteilung in Hauptschule, Realschule und Gymnasium, kann soziale Disparitäten unter anderem durch das Zusammenwirken von zwei Mechanismen verstärken. Erstens gibt es empirische Belege dafür, dass beim Übertritt in die Sekundarschule sekundäre soziale Disparitäten zum Tragen kommen. In anderen Worten: Auch bei gleichem Leistungsniveau haben Schülerinnen und Schüler mit günstigem sozialen Hintergrund eine höhere relative Wahrscheinlichkeit auf den Besuch der „höheren" Schulformen. Zweitens finden sich in empirischen Studien – wenn auch nicht durchgängig – Belege für einen „Schereneffekt" (◘ Abb. 7.1), also eine besonders günstige Leistungsentwicklung in den „höheren" Schulformen. Wenn also besonders viele Schülerinnen und Schüler aus den „höheren" sozialen Schichten in die „höheren" Schulformen übergehen und dort besonders viel lernen, so führt dies dazu, dass die sozialen Disparitäten des Kompetenzerwerbs zunehmen.

- **I:**

Ist diese frühe Trennung oder auch die Trennung generell sinnvoll?

- **UT:**

Man kann sich Schulsysteme vorstellen, die mit einer Trennung gut funktionieren, auch mit einer frühen Trennung. Man weiß aber natürlich auch, dass viele Systeme gut funktionieren, ohne eine solche Trennung zu haben. Die entscheidende Frage ist: Wie wird das jeweils ausgestaltet? Auch Systeme, die keine frühzeitige externe Differenzierung haben, besitzen häufig versteckt doch eine interne Differenzierung, die

◘ Abb. 7.1 Schematische Darstellung des „Schereneffekts" im Schulsystem

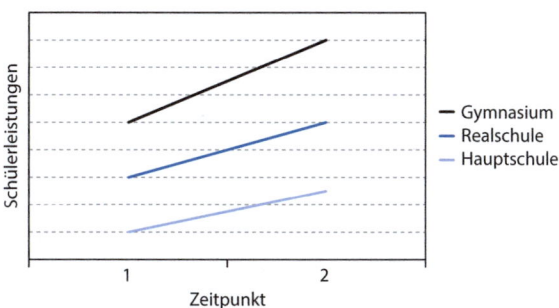

teilweise noch schädlicher ist als das, was an externer Differenzierung stattfindet. Es spricht sicherlich nichts dagegen, auch in Deutschland darüber nachzudenken, wie man diese Differenzierung verändert oder teilweise auch weniger Differenzierung schafft. Man muss sich gleichzeitig immer überlegen, dass jeder Umbau eines Bildungssystems, gerade auch ein größerer Umbau, gewaltige Nebenkosten hat. Man kann sich eine gewisse Zeit lang nicht auf die Kernaufgaben konzentrieren, sondern hat mit anderen Dingen zu tun, und man wird sich bei jeder dieser Entscheidungen überlegen, inwieweit auch ein kurzfristiger Schaden in Kauf genommen werden möchte, um langfristig positive Konsequenzen zu bekommen.

- **I:**

Am Ende der Grundschulzeit erhalten Schülerinnen und Schüler von ihren Lehrerinnen und Lehrern Übertrittsempfehlungen, die in erster Linie auf den Schulnoten beruhen. Wie gut sind diese Übergangsempfehlungen?

- **UT:**

Übertrittsempfehlungen werden manchmal als Lotteriespiele bezeichnet. Das ist sicherlich nicht der Fall. Die Übertrittsempfehlungen korrelieren tatsächlich substanziell mit der Leistung, die Schülerinnen und Schüler in standarisierten Schulleistungstests zeigen. Gleichzeitig würden wir von der psychometrischen Warte aus sagen, dass Schulnoten nicht in dem Maße den Gütekriterien für Messungen genügen, wie es für Entscheidungen mit so großer Tragweite wünschenswert wäre. Daher ist es durchaus nicht unproblematisch, wenn Übertrittsempfehlungen allein auf Schulnoten basieren.

- **I:**

Tragen die Übergangsempfehlungen zur sozialen Ungleichheit bei?

- **UT:**

Das scheint tatsächlich der Fall zu sein. Der angenommene Mechanismus ist wie folgt: Wir haben keine perfekten Übertrittsempfehlungen. Dabei findet man insbesondere, dass sozial Schwächere bei gleicher Schulleistung geringere, niedrigere Empfehlungen erhalten und durch diese Empfehlungen sozusagen wiederum in die niedrigeren Schulformen überwechseln, dort möglicherweise eine weniger günstige oder weniger gute Förderung erhalten und sich deshalb notwendigerweise Unterschiede sowohl in der Bildungsbeteiligung als auch in der Leistung zeigen.

- **I:**

Es hat sich gezeigt, dass das deutsche Schulsystem nach unten wesentlich durchlässiger ist als nach oben. Woran liegt das?

- **UT:**

Da möchte ich ein bisschen differenzieren. Was wir tatsächlich feststellen, ist, dass innerhalb der Sekundarstufe I die Durchlässigkeit nach unten sehr hoch ist, viel höher als die Aufwärtsmobilität. Allerdings gibt es durchaus eine Öffnung nach oben, die findet aber an Gelenkstellen statt und nicht innerhalb der Sekundarstufe I. Wir unterscheiden hier die horizontale Durchlässigkeit von der vertikalen Durchlässigkeit. Die vertikale Durchlässigkeit ist bei diesen Übergangsschwellen nach oben hin quantitativ wesentlich stärker ausgeprägt. Warum ist die Durchlässigkeit nach unten, insbesondere in der Sekundarstufe I, viel größer als die Aufwärtsmobilität? Das hat teilweise organisatorische Gründe, teilweise wahrscheinlich auch Mentalitätsgründe. Es ist einfacher und wahrscheinlich unproblematischer, ohne zusätzliche Maßnahmen möglich, „hinunter" zu wechseln. Nach oben zu wechseln, ist häufig schwieriger. Das fängt schon an bei der Fremdsprachenfolge und geht weiter mit vielen anderen Voraussetzungen, die nachgeholt werden müssen. Von daher hat sich die Idee, die auch in den 1960er- und 1970er-Jahren stark favorisiert wurde, Aufwärtsmobilität zu schaffen innerhalb der Sekundarstufe I, nur begrenzt bewährt.

- **I:**

In Baden-Württemberg wurde die Übertrittsentscheidung gänzlich in die Hände der Eltern gelegt. Ist das ein sinnvoller Lösungsansatz, um der sozialen Ungleichheit beim Schulwechsel zu begegnen?

- **UT:**

Wenn man Eltern fragt „Was wünschen Sie sich an Übertritten?" bzw. „Wie entscheiden Sie sich?" und wenn man Lehrerinnen und Lehrer nach ihren Übertrittsempfehlungen befragt, so fallen in empirischen Studien die sozialen Ungleichheiten bei den elterlichen Empfehlungen/Entscheidungen größer aus als bei den Lehrerinnen und Lehrern. Das würde darauf hindeuten, dass Baden-Württemberg einen gefährlichen Weg geht, da zumindest die Gefahr besteht, dass die sozialen Disparitäten sogar größer werden durch die Freigabe dieser Entscheidung. Das ist natürlich nicht gottgegeben. Baden-Württemberg glaubt, mit der intensiven Beratung der Eltern diesem Prozess entgegenzusteuern. Ob dies tatsächlich gelingt, ist eine offene Frage. Ich kenne keine empirische Studie, die das genauer untersucht.

- **I:**

Was führt dazu, dass sich auf diese Weise die Effekte sozialer Ungleichheit noch verstärken?

- **UT:**

Generell ist die Frage: Was passiert bei so einer Übertrittsentscheidung? Es gibt unterschiedliche Theorien dazu. Viele Theorien besagen, dass Eltern im Großen und Ganzen ähnliche Dinge bedenken wie „Was bedeutet das für mein Kind?", „Welche Vor- und Nachteile hat das?", „Kann mein Kind das schaffen?", dass aber, je nach sozialer Herkunft, die Werte, die in solche Überlegungen eingehen, unterschiedlich sind, beispielsweise das Thema „Statusverlust": Für Kinder aus Ärztehaushalten wäre es in gewisser Weise für die soziale Stellung der Familie schlimmer, wenn das Kind nicht auf das Gymnasium geht als für eine Familie aus dem Bereich des Handwerks. Das heißt, die Überlegungen sind ähnliche, aber die Werte, die eingehen, sind unterschiedliche. Von daher kommt für die Familien etwas Unterschiedliches heraus. Diese Überlegungen der Eltern müssen sich die Lehrerinnen und Lehrer nicht machen.

Wir nehmen an, dass Lehrerinnen und Lehrer sich eher überlegen: „Wird das Kind denn wahrscheinlich die Sekundarstufe I gut schaffen?" In diese Überlegung geht auch mit ein, ob die Familie entsprechend unterstützend wirken kann. Und hieraus resultiert das Ergebnis, dass sich Lehrerinnen und Lehrer bei gleicher Schulleistung am Ende der Klasse viel eher dafür entscheiden, Kinder mit gutem sozialen Hintergrund auf das Gymnasium zu empfehlen als andere Kinder und dass sie mit dieser Empfehlung oftmals gar nicht unrecht haben. Das heißt, wir haben den Effekt, dass innerhalb der Sekundarstufe I doch mehr Kinder mit ungünstigem sozialen Hintergrund es nicht schaffen und diese Ergebnismuster den Lehrerinnen und Lehrern jedenfalls teilweise recht gibt.

Nun haben wir natürlich einen Befund, der aus zweierlei Gründen problematisch ist. Erstens können die Lehrerinnen und Lehrer für einzelne Kinder nicht wissen, bei wem es nun klappen würde und bei wem nicht. Von daher ist es wirklich so, dass Lehrerinnen und Lehrer aufgrund der gezeigten Leistung und des Potenzials entscheiden sollten. Und zweitens haben wir es da in gewisser Weise mit einem Armutszeugnis für das Schulsystem zu tun. Es kann eigentlich nicht sein, dass Schülerinnen und Schüler mit einem hohen Potenzial unterschiedlich große Chancen haben, die Sekundarstufe I zu meistern, bloß weil sie aus unterschiedlichen Familien kommen. Hier besteht Handlungsbedarf. Der Expertenrat „Soziale Herkunft und Bildungserfolg" des Landes Baden-Württembergs hat im Jahr 2011 empfohlen, dass man für die Sekundarstufe I gerade auch bei Kindern mit ungünstigem sozialen Hintergrund so etwas wie eine Fördergarantie ausspricht. Das heißt, dass Schulen sich verpflichten müssen, dafür zu sorgen, dass Schülerinnen und Schüler nicht unter die Räder kommen, sondern es tatsächlich schaffen, und dass es eine Fördergarantie wäre, die auch den Eltern, die sich überlegen, ob sie es wirklich riskieren möchten, bzw. ihren Lehrerinnen und Lehrern am Ende der Grundschule signalisiert: Begabte Kinder werden es in diesem Land tatsächlich auch schaffen.

- **I:**

Wurde diese Empfehlung von der Politik aufgegriffen?

- **UT:**

Der Expertenrat legte seine Ergebnisse quasi beim Wechsel der Regierung vor, und die neue Regierung hat die Empfehlung nicht mit allergrößter Priorität behandelt.

- **I:**

Im Zusammenhang mit der 2011 veröffentlichten Studie „Herkunft zensiert" der Vodafone-Stiftung fordern Sie, dass die Leistungsmessung als zentraler Filtermechanismus im Bildungssystem überdacht werden muss. Was genau meinen Sie damit?

- **UT:**

Damit waren mehrere Aspekte gemeint. Wenn wir eine Übergangsentscheidung treffen bzw. die Lehrerinnen und Lehrer diese Übergangsentscheidung treffen, dann muss man sagen, dass das ein diagnostischer Prozess ist, der so gut wie möglich ablaufen soll. Das heißt, er muss professionalisiert sein. Das bedeutet einerseits natürlich, dass diejenigen, die diese Entscheidung treffen, über die entsprechenden Instrumente verfügen müssen, um eine sinnvolle Entscheidung treffen zu können. Sie müssen auch gut ausgebildet sein etc. Wir haben vor allem darauf hingewiesen, dass bei gleichen Leistungen, wie sie in Schulleistungstests gezeigt werden, die Noten bei den sozial Schwächeren auch niedriger ausfallen. Das heißt nicht unbedingt, dass die

Lehrerinnen und Lehrer dort falsch entscheiden. Es kann sein, dass die Schülerinnen und Schüler mit ungünstigem familiären Hintergrund in Mitarbeit, Verhalten etc. nicht die gleichen Leistungen zeigen wie die anderen Schülerinnen und Schüler, dass die Noten da in gewisser Weise gerecht sind. Das würde aber trotzdem bedeuten, dass man sich überlegt: Was genau sollte denn übergangsrelevant und entscheidend sein? Und müsste man Schülerinnen und Schüler, die bei gleicher Begabung nicht das entsprechende Verhalten zeigen, nicht auch in dieser Hinsicht fördern? Im Großen und Ganzen sollte man noch einmal genau überlegen, was es ist, was übergangsrelevant sein soll, welche Kompetenzen, Begabungen etc. Zweitens wäre zu überlegen: Wie können wir diese Merkmale bei allen Schülerinnen und Schülern frühzeitig fördern?

- **I:**

Was wurde in Deutschland bereits getan, um den Problemen der frühen Trennung und der mangelnden Aufwärtsmobilität zu begegnen?

- **UT:**

Ein Beispiel ist die vertikale Öffnung von Schulkarrieren. Es ist in fast allen Bundesländern in Deutschland inzwischen sehr gut möglich, nach dem Erreichen eines bestimmten Schulabschlusses den nächsten anzugehen. Das heißt, Hauptschülerinnen und Hauptschüler können den mittleren Schulabschluss angehen, später auch noch das Abitur. In Baden-Württemberg beispielsweise war es in der Tat so, dass über viele Jahre rund jeder zehnte Abiturient auch irgendwann einmal die Hauptschule von innen gesehen hatte. Dies ist also ein klarer Beleg für Aufwärtsmobilität, die tatsächlich stattfindet. Diese ist quantitativ relativ stark, allerdings zwischen den Bundesländern durchaus unterschiedlich ausgeprägt.

- **I:**

Welche Rolle spielen hierbei die beruflichen Gymnasien?

- **UT:**

Die beruflichen Gymnasien sind in Baden-Württemberg das hervorstechende Merkmal. Die beruflichen Gymnasien geben den Schülerinnen und Schülern die Möglichkeit, die allgemeine Hochschulreife zu erwerben. In Baden-Württemberg ist es so, dass fast jeder dritte Abiturient, fast jede dritte Abiturientin, das Abitur an diesen beruflichen Gymnasien erwirbt. Und die Mehrzahl der Schülerinnen und Schüler des beruflichen Gymnasiums kommt von der Realschule oder über einen weiteren Umweg von der Hauptschule. Wir haben vor Kurzem untersucht, inwieweit sich die Schülerschaft an beruflichen Gymnasien vom sozialen Hintergrund her unterscheidet bzw. der Schülerschaft am allgemeinbildenden Gymnasium ähnlich ist. Was man findet, ist in gewisser Weise auch der erwünschte Effekt, dass vermehrt Schülerinnen und Schüler mit einer nicht ganz so bildungsnahen Herkunft diese Gymnasien besuchen. Gleichzeitig, wenn man sich am Ende der Realschule anschaut, wer denn eher auf berufliche Gymnasien übergeht, scheint sich doch wieder der bekannte Effekt anzudeuten, dass die Schülerinnen und Schüler aus sozial besser gestellten Familien einen Tick häufiger diesen Wechsel riskieren bzw. schaffen.

- **I:**

Gibt es bereits Befunde zum Erfolg dieser Maßnahmen?

- **UT:**

Wir wissen inzwischen in der Tat, dass diese Öffnung zahlenmäßig gut genutzt wird. Die Frage ist: Werden dadurch die sozialen Disparitäten tatsächlich vermindert? Die Antwort auf diese Frage ist nicht ganz so einfach zu geben. Man hat aber zwei Tendenzen: Erstens werden diejenigen, die höhere Schulabschlüsse erreichen, in der Tat von ihrer Herkunft her „bunter", „breiter". Es gibt also durch diese Maßnahme vermehrt auch Schülerinnen und Schüler aus bildungsfernen Familien, die die höheren Bildungsabschlüsse erreichen. Das heißt, in diesem Sinne zeigt sich eine wünschenswerte Öffnung, eine soziale Verbreiterung. Auf der anderen Seite gibt es aber auch Hinweise, dass, wie bei jedem anderen Übergang im Bildungssystem, erneut soziale Disparitäten zum Tragen kommen. Das würde so aussehen, dass eben eine solche Öffnung doch auch überdurchschnittlich häufig von Schülerinnen und Schülern mit günstigem sozialen Hintergrund genutzt würde. Das würde dann die sozialen Disparitäten, die anhand des erreichten Bildungserfolgs und des sozialen Hintergrunds gemessen werden, sogar eher noch erhöhen und verstärken (Kasten 7.2).

> **Kasten 7.2: Kommt es bei den Übertrittentscheidungen am Ende der Sekundarstufe I zu sozialen Disparitäten?**
>
> „Sackgassen" im Bildungssystem wurden in den letzten Jahrzehnten massiv abgebaut; inzwischen können Schülerinnen und Schüler mit dem Hauptschulabschluss bzw. dem mittleren Abschluss in allen Bundesländern über den Besuch weiterer Schulen eine Hochschulzugangsberechtigung erwerben. Mit dieser Öffnung von Bildungswegen im Anschluss an die Sekundarstufe I ist die Hoffnung verbunden, dass soziale Disparitäten verringert werden können. Tatsächlich zeigt sich, dass viele Schülerinnen und Schüler mit weniger günstigem sozialen Hintergrund von dieser Öffnung profitieren. Aber es gibt auch Hinweise darauf, dass diese Öffnung von Bildungswegen die sozialen Disparitäten des Bildungserfolgs sogar noch erhöhen könnte. ◘ Abb. 7.2 veranschaulicht dies anhand des Übergangs in die gymnasiale Oberstufe in Baden-Württemberg (Trautwein et al., 2011). Schülerinnen und Schüler, die mit dem mittleren Bildungsabschluss von der Realschule in die gymnasiale Oberstufe wechseln, weisen einen weniger günstigen sozialen Hintergrund auf als „typische" Gymnasiasten. Innerhalb der Gruppe der Realschüler gehören sie jedoch tendenziell zu den sozial privilegierteren.

- **I:**

Im Vergleich zu PISA 2000 ist der Zusammenhang zwischen schulischen Leistungen der Kinder und dem sozioökonomischen Status des Elternhauses in Deutschland heute nicht mehr so eng und liegt im internationalen Vergleich im Durchschnitt. Wie erklären Sie sich diese Veränderung? *(vgl. hierzu auch das Interview mit Prof. Hans Anand Pant und Prof. Petra Stanat in ▸ Kap. 2)*

Wie stark trägt das gegliederte Schulsystem zur sozialen Ungleichheit bei?

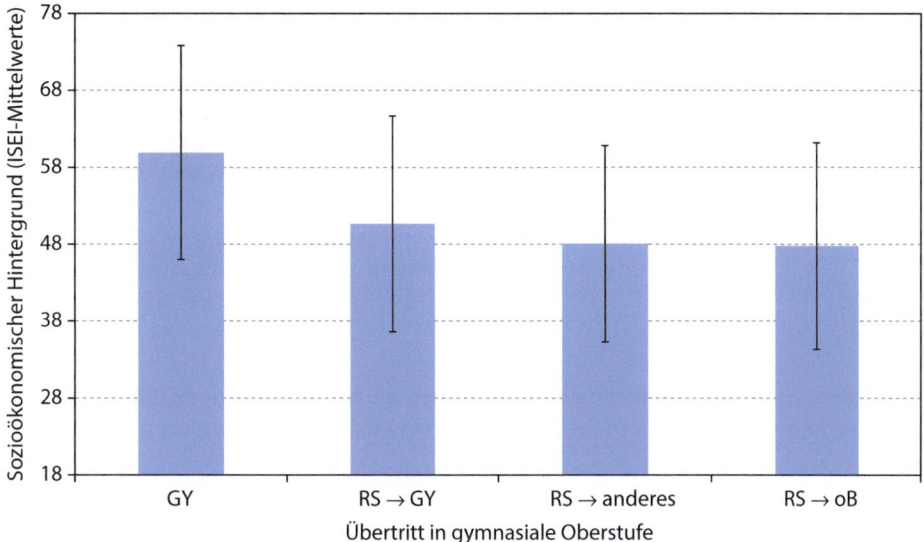

◻ **Abb. 7.2** Sozioökonomischer Hintergrund (ISEI-Wert) und Übertritt in die gymnasiale Oberstufe. GY = Schüler/innen, die in der 10. Klassenstufe das Gymnasium besuchten; $RS \rightarrow GY$: Schüler/innen, die nach der 10. Klassenstufe an einer Realschule in eine gymnasiale Oberstufe wechselten; $RS \rightarrow$ *anderes*: Schüler/innen, die nach der 10. Klassenstufe an der Realschule trotz Berechtigung nicht in die gymnasiale Oberstufe wechselten; $RS \rightarrow oB$: Schüler/innen, die nach der 10. Klassenstufe an der Realschule nicht über eine Berechtigung für den Übertritt in die gymnasiale Oberstufe verfügten. (Nach Daten von Trautwein et al., 2011)

- **UT:**

Auch hier gibt es wieder mehrere Erklärungsansätze. Ich möchte nur zwei nennen. Der eine scheint relativ gut belegt zu sein: Wir haben es in Deutschland geschafft, dass gerade im unteren Bereich die Schulleistungen besser wurden. Die Risikogruppe beim Lesen und in Mathematik ist kleiner geworden. Alleine durch die Anhebung dieses Sockels sorgt man dafür, dass die sozialen Gradienten flacher werden. Das ist ein Aspekt. Ein anderer Aspekt könnte sein, dass es in Schulleistungsstudien wie PISA immer auch Messfehler gibt. Wir wissen nicht, inwieweit auch Messfehler dazu beigetragen haben, dass wir am Anfang so besonders schlecht dastanden und jetzt erstaunlicherweise im Vergleich wieder im Mittelfeld liegen.

- **I:**

Welches internationale Schulsystem schafft es in Ihren Augen am besten, die Chancengleichheit zu maximieren?

- **UT:**

In diesem Zusammenhang wird sehr häufig Finnland genannt. In der Tat ist Finnland ein sehr gutes Beispiel dafür, wie man Chancengleichheit und insgesamt sehr hohe Leistungen gleichermaßen fördern kann. Finnland weist in beiden Bereichen sehr gute Werte aus. Von daher kann man sagen, es ist in gewisser Weise ein Vorbild. Gleichzeitig muss man darauf verweisen, dass jedes Schulsystem auch unterschiedliche historische und gesellschaftliche Bedingungen hat. Finnland beispielsweise hat sicherlich nicht die gleichen Herausforderungen im Bereich Migration, wie sie

Deutschland hat. Auch sonst gibt es kulturelle Unterschiede. Das heißt also, es ist nicht nur das Schulsystem, sondern auch der gesamtgesellschaftliche Kontext, der einen Effekt darauf hat, wie stark soziale Disparitäten ausgeprägt sind. Vielleicht sollte man auch noch erwähnen, weil wir so viel über die Ungerechtigkeit im Bildungssystem sprachen, dass das Bildungssystem im Vergleich zu manchen anderen beruflichen Übergängen sozial „gerecht" ist. Wir wissen, dass gerade beim Übertritt in die Ausbildung sozial Schwächere, gerade auch Schülerinnen und Schüler mit Migrationshintergrund, vor ganz gewaltigen Hürden stehen. Diese sind größer und von ihrem Ungerechtigkeitspotenzial noch wichtiger als das, was in der Schule passiert.

- **I:**

Wie schätzen Sie die Chancen ein, dass in den nächsten zehn Jahren die durch das Schulsystem verursachte soziale Ungleichheit entscheidend verringert wird?

- **UT:**

Da muss ich passen, ich bin Empiriker und kein Wahrsager. Das ist wirklich sehr schwierig abzuschätzen. Es sind ja unheimlich viele Faktoren, die dort mit hineinspielen. Das sind Schulsystemfragen, die eine Rolle spielen können, gleichzeitig sind es aber auch Fragen, die die Lehrerausbildung betreffen, sowie Mentalitätsfragen. Bei einem solchen Zusammenspiel vieler Faktoren ist eine Abschätzung dessen, was passieren wird, mit extrem großer Unsicherheit behaftet.

- **I:**

Wenn Sie drei Dinge mit sofortiger Wirkung am deutschen Schulsystem ändern könnten, um es sozial gerechter zu machen: Welche Veränderungen wären das?

- **UT:**

Wenn wir uns überlegen, wie soziale Disparitäten zustande kommen, fallen uns natürlich wieder die primären und sekundären Disparitäten ein. In der Tat wäre es sehr wichtig, an den primären Disparitäten zu arbeiten, also an den schon früh auftretenden Leistungsunterschieden, die nicht gottgegeben sind, oder um es psychologischer zu formulieren, die nicht oder nur zu einem bestimmten Anteil genetisch vorgegeben sind. Das hieße frühe Förderung im Schul- bzw. im gesamten Bildungssystem, denn das Bildungssystem sollte selbstverständlich auch die Frühförderung, den Kindergartenbereich, einbeziehen. Frühe Diagnostik von Leistungsschwächen und adäquate Förderung wären hier ganz wichtige Faktoren. Der zweite Faktor sind die sekundären Disparitäten. Natürlich sind nach wie vor die Übergänge als Schlüssel- oder Gelenkstellen entscheidend. Hier braucht man genauere Ideen darüber, was wir tatsächlich in einem Schulsystem wollen, und dann einen professionelleren Umgang mit unseren Zielen, das heißt professionellere Diagnostik, bessere Übertrittsentscheidungen. Ein dritter Faktor, und in gewisser Weise kommen wir da zurück zu Ihrer Anfangsfrage „Wie kommt man von der Psychologie in die empirische Bildungsforschung?": Soziale Disparität ist ganz wesentlich eine Kopfsache. Es sind psychologische Prozesse, die zu sozialen Disparitäten im Lernerfolg führen – unter anderem Erwartungseffekte bei Lehrerinnen und Lehrern, Einstellungseffekte bei Eltern etc. Wenn man das alles auf einen Schlag verändern könnte, bräuchten wir keine Psychologen mehr – das kann ich mir nicht wünschen –, aber selbstverständlich ist das ein

Wie stark trägt das gegliederte Schulsystem zur sozialen Ungleichheit bei?

◘ **Abb. 7.3** Video 7.3 (▶ https://doi.org/10.1007/000-79v)

Gebiet, auf dem wir ganz intensiv arbeiten müssen. Beispielsweise sollten angehende Lehrerinnen und Lehrer mehr über soziale Disparitäten erfahren. Auch müssen wir über die Einstellungen von Psychologinnen und Psychologen und von Lehrkräften sprechen und überlegen, was sie dazu beitragen, dass soziale Disparitäten so stabil sind, und wie wir die Disparitäten vermindern können.

- **I:**

Vielen Dank für das Interview!
Video des Interviews (siehe ◘ Abb. 7.3):

Zitierte und weiterführende Literatur

Baumert, J., Maaz, K., & Trautwein, U. (Hrsg.). (2009). *Bildungsentscheidungen (Sonderheft 12 der Zeitschrift für Erziehungswissenschaft)*. VS Verlag für Sozialwissenschaften.

Becker, M., Lüdtke, O., Trautwein, U., Köller, O., & Baumert, J. (2012). The differential effects of school tracking: Do academic-track schools make students smarter? *Journal of Educational Psychology, 104*, 682–699.

Boudon, R. (1974). *Education, opportunity, and social inequality: Changing prospects in Western society*. Wiley.

Maaz, K., Trautwein, U., Lüdtke, O., & Baumert, J. (2008). Educational transitions and differential learning environments: How explicit between-school tracking contributes to social inequality. *Child Development Perspectives, 2*, 99–106.

Trautwein, U., Nagy, G., & Maaz, K. (2011). Soziale Disparitäten und die Öffnung des Sekundarschulsystems: Eine Studie zum Übergang von der Realschule in die gymnasiale Oberstufe. *Zeitschrift für Erziehungswissenschaft, 14*, 455–463.

Referenzen

Baeriswyl, F., Wandeler, C., Trautwein, U., & Oswald, K. (2006). Leistungstest, Offenheit von Bildungsgängen und obligatorische Beratung der Eltern: Reduziert das Deutschfreiburger Übergangsmodell die Effekte des sozialen Hintergrunds bei Übergangsentscheidungen? *Zeitschrift für Erziehungswissenschaft, 9*, 373–392.

Becker, M., Lüdtke, O., Trautwein, U., Köller, O., & Baumert, J. (2012). The differential effects of school tracking: Do academic-track schools make students smarter? *Journal of Educational Psychology, 104*, 682–699.

Dumont, H., Neumann, M., Maaz, K., & Trautwein, U. (2013). Die Zusammensetzung der Schülerschaft als Einflussfaktor für Schulleistungen: Internationale und nationale Befunde. *Psychologie in Erziehung und Unterricht, 60*, 163–183.

Was sind die Kosten versäumter Bildungschancen?

C. Katharina Spieß

Inhaltsverzeichnis

8.1 Einleitung – 120

8.2 Interview mit Prof. C. Katharina Spieß, Leiterin der Abteilung Bildungspolitik am DIW Berlin und Professorin für Familien- und Bildungsökonomie an der Freien Universität Berlin – 120

Zitierte und weiterführende Literatur – 133

Ergänzende Information Die elektronische Version dieses Kapitels enthält Zusatzmaterial, auf das über folgenden Link zugegriffen werden kann [https://doi.org/10.1007/978-3-662-65631-0_8]. Die Videos lassen sich durch Anklicken des DOI Links in der Legende einer entsprechenden Abbildung abspielen, oder indem Sie diesen Link mit der SN More Media App scannen.

© Der/die Autor(en), exklusiv lizenziert an Springer-Verlag GmbH, DE, ein Teil von Springer Nature 2023
B. Spinath (Hrsg.), *Empirische Bildungsforschung*, Meet the Expert: Wissen aus erster Hand, https://doi.org/10.1007/978-3-662-65631-0_8

8.1 Einleitung

Birgit Spinath

Bildung ist eine der wichtigsten Möglichkeiten zur Verringerung von sozialer Ungleichheit. Je früher im Lebenslauf ungleiche Bildungschancen ausgeglichen werden, desto stärker sollten die Effekte auf das spätere Leben sein. Umso erstaunlicher ist es, dass Deutschland im internationalen Vergleich relativ wenig in die frühkindliche Bildung investiert und es nur wenige vorschulische Angebote gibt. Dies trifft insbesondere auf die sehr frühe Bildung in den ersten drei Lebensjahren zu. Die Bildungsökonomie beschäftigt sich unter anderem mit der Frage nach der Effizienz von Investitionen in die Bildung. Welche Rendite erhält der Einzelne oder die Gesellschaft von Investitionen in die frühkindliche Bildung? Lassen sich die angenommenen Effekte frühkindlicher Bildung tatsächlich nachweisen? Wer nimmt die Angebote in Anspruch und wer nicht? Welche Anreize müssen geschaffen werden, damit die Angebote angenommen werden? Welche Effekte werden für das neu eingeführte Betreuungsgeld erwartet? Diese und weitere Fragen werden im folgenden Interview beantwortet.

Prof. C. Katharina Spieß studierte Volkswirtschaftslehre und Politische Wissenschaften und hat eine Professur für Familien- und Bildungsökonomie an der Freien Universität Berlin inne. Gleichzeitig ist sie Leiterin der Abteilung Bildungspolitik am Deutschen Institut für Wirtschaftsforschung (DIW Berlin). Ihre Forschungsschwerpunkte liegen vorrangig in dem Bereich der Bildungs- und Familienökonomie. Im Kontext hier sind insbesondere ihre Arbeiten zu Inanspruchnahme (Schober und Spieß, 2012), Effektivität und Effizienz (Spieß, 2010, 2013) frühkindlicher Bildungs- und Betreuungsangebote relevant. Prof. Spieß gehört zu den führenden Expertinnen auf diesen Gebieten und stellt ihre Expertise regelmäßig der Bildungspolitik zur Verfügung. So war sie Mitglied der Sachverständigenkommission für den Siebten Familienbericht der Bundesregierung und Mitglied der Sachverständigenkommission für den 14. Kinder- und Jugendbericht der Bundesregierung. Derzeit ist sie Mitglied des wissenschaftlichen Beirats für Familienfragen beim Bundesministerium für Familie, Senioren, Frauen und Jugend.

8.2 Interview mit Prof. C. Katharina Spieß, Leiterin der Abteilung Bildungspolitik am DIW Berlin und Professorin für Familien- und Bildungsökonomie an der Freien Universität Berlin

Das Interview führten David Heuberg und Pauline Klein im Februar 2013.

- **Interviewer/in:**

Wie ist Ihr persönliches Interesse für das Thema frühkindliche Bildung entstanden?

- **Prof. C. Katharina Spieß:**

Ich habe als Volkswirtin ein großes Interesse an dem Thema „Bildung", weil Bildung eine der wichtigsten Ressourcen der deutschen Volkswirtschaft ist. Gerade in rohstoffarmen Volkswirtschaften ist Bildung ein entscheidender Faktor – insofern ist es für die Volkswirtin in sehr wichtig, sich damit zu beschäftigen, wie Bildung produziert wird und wie Bildungsprozesse funktionieren.

Dass gerade die frühkindliche Bildung für Volkswirte so spannend ist, hängt damit zusammen, was Volkswirte fragen: Wie können knappe Ressourcen am effizientesten eingesetzt werden? Anders ausgedrückt: Wie erreiche ich mit einem gegebenen Input einen maximalen Output – oder andersherum: Wie erreiche ich einen gegebenen Output mit einem minimalen Input?

Wenn man nun diese Effizienzfragen im Bereich der Bildung stellt, dann landet man sehr schnell in der frühen Kindheit. Denn Investitionen in die frühkindliche Bildung sind die effizientesten, wenn man den Lebenszyklus betrachtet; sie erbringen die höchste Rendite. Aus diesem Grund beschäftige ich mich mit der frühen Kindheit und den Fragen: Wann im Lebenszyklus sind Bildungsinvestitionen am effizientesten? Und wie können unsere knappen Ressourcen am effizientesten eingesetzt werden?

- I:

Als Sie selbst studierten, existierte noch kein Lehrstuhl für Bildungsökonomie, wie Sie ihn innehaben. Womit beschäftigt sich die Bildungsökonomie im Allgemeinen, und womit beschäftigen Sie sich im Speziellen?

- CKS:

Als ich anfing zu studieren, existierten sehr wenige Lehrstühle für Bildungsökonomie – in der Tat aber noch keiner mit einem Fokus auf die frühe Kindheit. Generell beschäftigt sich die Bildungsökonomie z. B. mit Effizienz- oder Systemfragen, etwa der Frage, wie Bildung finanziert wird. Ein klassischer Ansatz der Bildungsökonomie, der maßgeblich mit Mincer (1974) verbunden ist, ist die Berechnung von Bildungsrenditen: Um herauszufinden, wie viel Bildung letztlich wert ist, ermittelt man, wie groß die Lohn- und Einkommenszuwächse durch zusätzliche Bildungsjahre ausfallen. Auch der Nobelpreisträger Becker (1964) hat schon sehr früh Theorien zu Investitionen in Humankapital aufgestellt.

Neu ist nun, dass Ökonomen wie ich den Akzent in der frühkindlichen Bildung setzen – ein Gedanke, der vor allem aus den USA kommt. Tatsächlich bin ich dort als Doktorandin mit der Literatur zum Thema in Kontakt gekommen. Ich fand das extrem spannend und war der Meinung, dass man sich dieselben Fragen auch für Deutschland mit einem anderen System stellen sollte. Wir bleiben also nicht mehr dabei auszurechnen, wie sich die Zahl der Schuljahre auf den späteren Lohn auswirkt, stattdessen gehen wir davon aus, dass Bildungsprozesse – auch solche, die sich in der Schule auswirken – schon weit vor der Schulzeit beginnen. Inzwischen gibt es sogar Ökonomen, die sich mit Prozessen in der Schwangerschaft beschäftigen.

- I:

Was genau ist denn frühkindliche Bildung? Können Sie uns den Unterschied zu frühkindlicher Betreuung genauer erklären?

- CKS:

Aus volkswirtschaftlicher Perspektive kann man die Betreuung von der Bildung gut abgrenzen: Ein betreutes Kind ist erst einmal in einer Institution verwahrt, das bedeutet: Jemand achtet anstelle der Eltern darauf, dass ihm nichts zustößt. Die Betreuungszeit wird dann bewertet mit dem Lohn, den die Eltern des Kindes während dieser Zeit erzielen können. Von reiner Betreuung profitieren also „nur" die Eltern – das Kind nicht unbedingt.

Was frühkindliche Bildung ist, ist schwerer zu fassen; ein Psychologe würde sie sicher anders definieren als ein Volkswirt. Aus volkswirtschaftlicher Sicht ist sie aber von der Betreuung klar abzugrenzen und auf das Kind fokussiert: Es kann etwas davon haben, wenn es zusätzlich gebildet wird, wenn es sozialisiert wird, wenn es Erziehung erfährt und Ähnliches. Es wäre aber sicherlich falsch zu sagen, von der Betreuung profitierten nur die Eltern und von der Bildung nur das Kind – auch die Bildung ihres Kindes nutzt den Eltern. So weiß man, dass z. B. die Arbeitsmarktproduktivität von Eltern steigt, wenn sie wissen, dass die Betreuung mit Bildung und Erziehung gekoppelt ist. Bei Bildung spielt Qualität eine große Rolle, bei Betreuung nicht so sehr.

- **I:**

Sie haben in Bezug auf Deutschland den Begriff „Achillesferse frühkindliche Bildung" geprägt (*Wirtschaftsdienst* 2009). Was ist damit gemeint?

- **CKS:**

In meinen Augen ist die frühkindliche Bildung in fast allen Bildungssystemen eine Achillesferse, eine Schwachstelle: Sie wird zu wenig beachtet. In die frühkindliche Bildung wird auch zu wenig investiert, obwohl der US-Nobelpreisträger James Heckman gerade in neueren Arbeiten zeigen konnte, dass, wenn man frühzeitig in Bildung investiert, auch spätere Investitionen in die Bildung sehr viel rentabler sind, als wenn man nicht frühkindlich investiert (Cunha et al., 2006). Heckman hat dafür den Ausdruck „skills beget skills" geprägt, also „Fähigkeiten produzieren wiederum Fähigkeiten". Das bedeutet, dass spätere Bildungsinvestitionen noch effizienter sind, wenn sie mit frühkindlichen Bildungsinvestitionen verbunden werden.

Deshalb ist genau dort die Achillesferse, in die man hineinstechen und sehr viel Positives bewirken kann. Stattdessen wird für die frühkindliche Bildung in allen Bildungssystemen am wenigsten getan, gemessen an den öffentlichen Investitionen (◘ Tab. 8.1).

Es ist eine wichtige Frage der Bildungsökonomie, wie viel eine Volkswirtschaft in die unterschiedlichen Bildungsbereiche investiert, also in den frühkindlichen, den Elementar- und Primärbereich, die Sekundarstufen und den Tertiär-, also Hochschulbereich. Für Deutschland gilt, dass relativ viel in den Sekundarstufen-II- und den Hochschulbereich, aber unterdurchschnittlich in den Bereich der frühkindlichen Bildung investiert wird. Dieser Bereich wurde in Deutschland lange stiefmütterlich behandelt, erst in den letzten Jahren gab es Veränderungen. Schwachstellen existieren allerdings noch immer.

Tab. 8.1 Ausgaben für formale Bildungseinrichtungen in Prozent des BIP (2009). (Adaptiert nach Spieß, C. K. (2013). Investitionen in Bildung: Frühkindlicher Bereich hat großes Potential, in: DIW Wochenbericht, 26, 40–48.)

	Kindertagesbetreuung fü Kinder < 3 Jahre	Elementarbereich	Primar- und Sekundarbereich I	Sekundarbereich II	Tertiärbereich
Belgien	0,1	0,6	1,5	2,9	1,5
Dänemark	0,7	1	3,4	1,3	1,9
Deutschland	0,1	*0,6*	*2,1*	*1,1*	*1,3*
Finnland	0,8	0,4	2,5	1,6	1,9
Frankreich	0,4	0,7	2,6	1,4	1,5
Irland	0	0,1	3,4	0,9	1,6
Italien	0,2	0,5	2	1,2	1
Niederlande	0,5	0,4	2,8	1,3	1,7
Norwegen	0,9	0,4	2,8	1,4	1,4
Österreich	0,4	0,6	2,4	1,4	1,4
Portugal	0	0,6	2,7	1,2	1,4
Schweden	0,9	0,7	2,8	1,4	1,8
Schweiz	0,1	0,2	2,7	1,7	1,3
Spanien	0,6	0,9	2,6	0,8	1,3
UK	0,5	0,3	3	1,5	1,3
OECD	0,3	*0,5*	*2,6*	*1,3*	*1,6*

- **I:**

Wie hängen in Deutschland die frühkindliche Bildung und die Wirtschaft zusammen?

- **CKS:**

In jeder modernen Volkswirtschaft ist gutes Humankapital wichtig; es ist eine zentrale Ressource von westlichen Industrienationen, um eine funktionierende Volkswirtschaft zu haben und ein hohes Bruttoinlandsprodukt zu produzieren.

In Deutschland diskutiert man, wie auch in anderen westlichen Industrienationen, den demografischen Wandel: Zum einen bahnt sich ein Fachkräftemangel an, was für die Wirtschaft zu Problemen führen kann. Zum anderen sieht man durch den

Alterungsprozess in der Gesellschaft die sozialen Sicherungssysteme in Gefahr. Die frühkindliche Bildung ist nun eine Stellschraube, an der man drehen kann, um diesen Herausforderungen zu begegnen. Denn die Produktivität im Erwachsenenalter kann durch gute frühkindliche Investitionen steigen, und wir können dadurch dem Fachkräftemangel langfristig anders begegnen. Bestimmte Probleme, die durch den demografischen Wandel verursacht werden, können so abgeschwächt werden. Hinzu kommt, dass durch eine gute frühkindliche Bildung und Betreuung Mütter und Väter erwerbstätig sein können.

- **I:**

Sie berichten von positiven Auswirkungen auf den Entwicklungsstand und die späteren Bildungsleistungen, wenn Kinder in einer Kindertageseinrichtung waren (z. B. Spieß und Büchner, 2009). Wie sehen diese positiven Auswirkungen genau aus?

- **CKS:**

Zunächst einmal: Es gibt eine sehr umfangreiche Literatur darüber, was Kindertageseinrichtungen bewirken können – und die Ergebnisse sind durchaus unterschiedlich. Es kommt nämlich sehr darauf an, wann Kinder in Kindertageseinrichtungen kommen, wie lange sie in Kindertageseinrichtungen sind und ob diese Betreuungsverhältnisse stabil sind. Außerdem – und das ist ganz zentral -kommt es auf die pädagogische Qualität an, also auf die Bildungsqualität einer Kindertageseinrichtung.

Man kann deshalb nicht pauschal sagen: „Kindertageseinrichtungen sind immer gut, für jedes Kind und egal, in welcher Qualität." In Studien aus früheren Jahren konnten wir zwar z. B. zeigen, dass für Kinder mit Migrationshintergrund die Wahrscheinlichkeit, auf ein Gymnasium zu gehen, mit dem Besuch einer Kindertagesstätte zunimmt. Gleichwohl haben diese älteren Arbeiten keine Selektionsprozesse in freiwillige Bildungseinrichtungen – wie Kindertageseinrichtungen – berücksichtigt. In der neueren Bildungsökonomie möchte man dagegen zunehmend tatsächliche Kausaleffekte der frühkindlichen Bildung identifizieren. Voraussetzung ist hier allerdings die statistische Kontrolle der Selektion, sonst vermischen sich der Effekt der Kindertageseinrichtung selbst und der Effekt, der darauf zurückgeht, dass Eltern mit einem stärkeren Bildungsstreben ihre Kinder eher in einer solchen Einrichtung anmelden. Mit diesem neuen Forschungsansatz ergeben sich, auch für den deutschen Markt, unterschiedliche Effekte. Nur zum Teil zeigen sich besonders positive Effekte bei bildungsfernen Familien.

Vor allem in der US-amerikanischen Bildungsforschung, die hier dank der Datenlage bereits weiter ist als die deutsche, gibt es methodisch hochwertige Studien. Es handelt sich dabei um echte Kosten-Nutzen-Analysen, die vergleichen, wie viel ein Programm gekostet und wie viel es genutzt hat. Wir Ökonomen bewerten diesen Nutzen dann möglichst monetär, um ihn den Kosten direkt gegenüberstellen und eine echte Rendite errechnen zu können.

Das berühmteste Beispiel für eine Kosten-Nutzen-Analyse ist das sogenannte Perry-Preschool-Projekt (z. B. Schweinhart et al., 2005), eine Studie, die in den 1960er-Jahren in den USA angefangen hat und noch immer läuft: Gerade wird wieder eine Befragung der inzwischen fast 60-jährigen Teilnehmer geplant. Berühmt ist

Was sind die Kosten versäumter Bildungschancen?

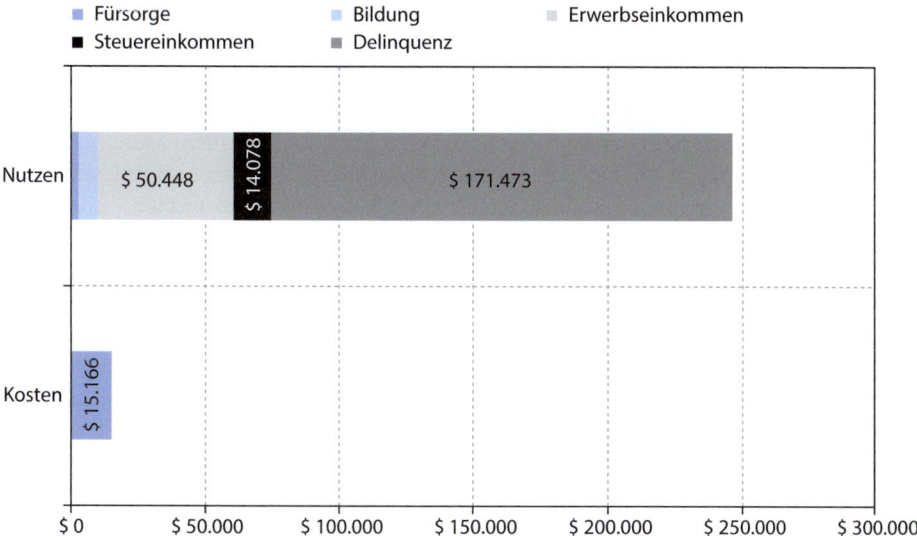

Abb. 8.1 Kosten und Nutzen des Perry-Preschool-Projekts (pro Teilnehmer/in in Dollar von 2000, jährliche Diskontierungsrate 3%). (Adaptiert nach Schweinhart et al., 2005)

die Studie nicht nur für ihre lange Dauer, sondern auch dafür, dass es sich um ein echtes Experiment mit randomisierter Gruppenzuteilung handelt. Die Kontrollgruppe und Experimentalgruppe waren sehr ähnlich. Auf diese Weise konnten Selektionsprozesse kontrolliert werden.

So wurde z. B. einerseits errechnet, wie Klassenwiederholungen durch bessere frühkindliche Bildung verringert werden konnten – das spart Kosten –, und andererseits, wie viele zusätzliche reguläre Schuljahre Kinder absolvieren (◘ Abb. 8.1). Wenn man nur Letzteres monetär bewertet, ergibt sich zunächst ein negativer Nutzen, also zusätzliche Kosten. Allerdings wurden auch die dadurch erreichten Einkommenssteigerungen – und damit Steuermehreinnahmen, ein wichtiger volkswirtschaftlicher Vorteil – sowie die geringere Abhängigkeit von sozialer Fürsorge beziffert. Ein großer Bereich des Perry-Preschool-Projekts sind auch die niedrigeren Aufwendungen für die Kriminalitätsbekämpfung, die durch die Abnahme der Delinquenz möglich wurden.

In anderen Studien wurde etwa monetär bewertet, wie eine frühkindliche Bildungsinvestition zu einer besseren Gesundheit führt, gemessen an verringertem Zigarettenkonsum oder der Abnahme von Teenagerschwangerschaften.

Der originäre Beitrag der Ökonomie zu den Bildungswissenschaften ist in allen diesen Fällen die Effizienzanalyse. In anderen Disziplinen, wie der Psychologie oder der Soziologie, wird viel Effektivitätsforschung betrieben, die fragt, was herauskommt. Wir Ökonomen setzen das in Beziehung zu dem zuvor Investierten, um die optimale Nutzung knapper Ressourcen zu ermöglichen.

- I:

Gibt es in Deutschland überhaupt für jedes Kind die Möglichkeit, eine Kindertageseinrichtung zu besuchen?

- **CKS:**

In Deutschland gibt es seit 1996 einen einklagbaren Rechtsanspruch auf einen Platz in einer Kindertageseinrichtung für alle Kinder ab dem dritten Geburtstag. Der bundesweiten Rechtsprechung zufolge bezieht sich dieser Anspruch i. d. R. nur auf einen Halbtagsplatz. Sehr häufig besteht durchaus Bedarf an einem Ganztagsplatz. Einen Rechtsanspruch darauf gibt es allerdings nur in einzelnen Bundesländern. Damit ist sehr unterschiedlich, welchen Zugang Kinder ab dem vierten Lebensjahr zu frühkindlicher Bildung haben.

Anders sieht es im Bereich der Unter-Dreijährigen aus: Hier gibt es erst ab August 2013 einen grundsätzlichen Rechtsanspruch. Uns allen ist allerdings aus der öffentlichen Diskussion und den Medien bekannt, dass nicht allen Eltern mit einem Bedarf ein Platz zur Verfügung stehen wird, denn das können insbesondere viele westdeutsche Kommunen nicht leisten. Die Schaffung dieser Plätze bleibt also eine große politische Aufgabe. Der Osten Deutschlands ist hier sehr viel weiter. Nach allen Prognosen können dort ausreichend Plätze bereitgestellt werden.

Wichtig ist aber: Es kann nicht einfach darum gehen, Plätze zu schaffen und Kindertageseinrichtungen für jede Altersgruppe zu öffnen, sondern es muss darum gehen, qualitativ hochwertige Betreuungsplätze zur Verfügung zu stellen – gerade auch für Kinder unter drei Jahren. In Deutschland besteht ein riesiger Nachholbedarf in der Ausbildung für die Bildung und Betreuung dieser sehr jungen Kinder und der Qualität dieser Bildung und Betreuung.

- **I:**

Können Sie zu der Bestandsaufnahme bezüglich der Qualität der deutschen Kindertageseinrichtungen noch mehr sagen?

- **CKS:**

Leider gibt es bundesweit kaum repräsentative Studien, die die Qualität deutscher Kindertageseinrichtungen wirklich gut und solide messen. Zu sogenannten Strukturmerkmalen von Qualität, wie Gruppengrößen und Kind-Betreuer-Schlüssel, liegen zwar Informationen vor. Das sind aber nur wenige Merkmale, die den Bildungsprozess selbst nicht abbilden. Wir wissen aber aus der Bildungsforschung, dass gerade die Prozessqualität, also die Interaktion des Erziehenden mit dem Kind, eine sehr wichtige Komponente ist.

Eine der Studien, die auch den Prozess umfassend in den Blick nehmen, ist die neue „Nationale Untersuchung zur Bildung, Betreuung und Erziehung in der frühen Kindheit" (NUBBEK; Tietze et al., 2012). Die Ergebnisse wurden im letzten Jahr präsentiert und zeigen auf, dass die Qualität der deutschen Kindertageseinrichtungen eher im Mittelfeld liegt und dass ein immenser Nachholbedarf besteht, um von dieser mittelmäßigen zu einer sehr guten Qualität zu kommen.

- **I:**

Welche strukturellen Reformen schlagen Sie auf dem Gebiet der frühkindlichen Bildung in Deutschland vor?

- **CKS:**

Ich würde an unterschiedlichen Stellen ansetzen: Um die genannte hohe Bildungsrendite überhaupt realistisch erzielen zu können, ist zunächst einmal die pädagogische Qualität zentral. Aus der frühkindlichen Pädagogik wissen wir, dass es in Deutschland bezüglich Bildungsstandards einen gewissen Grundkonsens gibt. Deshalb halte ich es für sinnvoll, sich bundesweit einheitlichen Mindeststandards zu verpflichten. Das würde verhindern, dass für ein Kind in Schleswig-Holstein andere Mindeststandards gelten als für ein Kind in Bayern.

Einheitliche Bundesmindeststandards sollten auch für Qualitätssicherungsverfahren und deren Implementierung gelten. Eltern müssen außerdem Instrumente in die Hand bekommen, mit denen sie gute von schlechter Qualität unterscheiden können, ohne selbst Bildungsexperten zu sein. Das sollte ein einfaches System sein, das Eltern schnell Hinweise auf bessere Einrichtungen und solche mit einem speziellen Fokus gibt, sodass sie entscheiden können, welche Kindertagesstätte am besten passt.

Um an internationale Standards herankommen zu können, ist auch die Weiterentwicklung der Lehrinhalte in der Aus- und Weiterbildung der Erzieherinnen und Erzieher notwendig: Aus geschichtlichen Gründen liegt der Schwerpunkt in Deutschland bisher primär auf der Betreuung von Über-Dreijährigen.

Neben einheitlichen Mindeststandards plädiere ich auch für eine stärkere Beteiligung des Bundes an der Finanzierung von Kindertageseinrichtungen. Tatsächlich hat dieser Paradigmenwechsel bereits begonnen. Das ist wichtig für die Nachhaltigkeit der Maßnahmen, weil die Finanzierung so nicht mehr allein von Schwankungen in den kommunalen Haushalten und dem politischen Willen der einzelnen Bundesländer abhängig ist.

Bisher waren die Kommunen teilweise überlastet, und die Qualität der frühkindlichen Betreuung und Bildung war damit abhängig vom Wohnort – mithin dem Zufall überlassen. Zudem konnten die Bundesländer selbst entscheiden, ob sie Bundesmittel an die Kommunen weiterleiten. Künftig sollten die Mittel zweckgebunden sein. Ein typisches Beispiel für eine zweckgebundene Transferleistung des Bundes ist das BAföG, das nur Studierende erhalten können, sodass das Geld dort ankommt, wo es hin soll.

Ein weiterer – typisch ökonomischer – Aspekt ist die Steuerung eines Kinderbetreuungssystems durch die Art der Verteilung der Mittel. Zum einen ist eine sogenannte Objektfinanzierung denkbar; dabei geht das Geld direkt an die Träger der Einrichtungen. Die Alternative ist eine Subjektfinanzierung, bei der die Eltern mit den erforderlichen Mitteln ausgestattet werden. Dass diese unterschiedlichen Mechanismen unterschiedliche Effekte produzieren, ist etwa für den Wohnungsbau, aber eben auch für Kindertageseinrichtungen belegt.

Tatsächlich gibt es auch Abstufungen zwischen den beiden genannten Mechanismen. So entstanden noch vor etwa 20 Jahren durch reine Objektfinanzierung Anreize, sich weniger an den Subjekten, also Eltern und Kindern, zu orientieren: Plätze wurden auch dann finanziert, wenn sie nicht belegt waren. Inzwischen ist demgegenüber die subjektbezogene Objektfinanzierung der Standard, die Träger erhalten also nur noch für tatsächlich belegte Plätze Geld.

Wir Ökonomen würden aber noch einen Schritt weiter- und zu einer vollständigen Subjektfinanzierung übergehen. Ein gutes Beispiel für die durch das direkte Ansetzen am Subjekt verbesserten Steuerungsmöglichkeiten ist Berlin: Hier werden an die Eltern je nach Bedarf Kinderbetreuungsgutscheine vergeben. Diesen Bedarf müssen die Eltern nachweisen. Wie viel Geld ihnen zusteht, richtet sich nach Erwerbstätigkeit, Einkommen und Steuerlast (Migrationshintergrund und Förderbedarf können auch berücksichtigt werden) – Variablen also, die bei einer Objektförderung schwieriger zu erfassen sind. Auf diesem Wege kann Missbrauch öffentlicher Gelder eher vermieden werden: Es wird verhindert, dass Personengruppen, die tatsächlich keinen Ganztagsplatz brauchen, einen der knappen Plätze blockieren, weil sie die „besseren Ellbogen" haben.

Mit diesen Chancen durch eine Bedarfsermittlung durch den Staat gehen allerdings auch ein höherer Planungsbedarf und eine Verantwortung einher, das hat sich etwa in Hamburg gezeigt. Dort orientierte sich der Bedarf für einen kurzen Zeitraum ausschließlich an der Erwerbstätigkeit, sodass eine Mutter, die in Elternzeit ging, ihr Kind wieder aus der Kindertageseinrichtung herausnehmen musste – eine offensichtliche Fehlsteuerung.

Es existieren zwar noch andere Steuerungsmöglichkeiten, etwa solche über Steuern. Sie funktionieren jedoch nicht so gut.

Schließlich würde ich die Förderung privat-gewerblicher Träger stärken. Seit einigen Jahren ist es den Bundesländern freigestellt, ob sie öffentliche Mittel auch an solche Träger weitergeben – die Mehrheit der Bundesländer verzichtet jedoch darauf. Das führt dazu, dass privat-gewerbliche Anbieter in Nischen im Hochpreissegment ausweichen müssen, was automatisch zu Selektion führt. Es gibt solche Beispiele für Kindertageseinrichtungen, die sehr teuer sind, die aber dann auch nur von Kindern einkommensstarker Haushalte genutzt werden können.

Parallel dazu besteht in Deutschland ein Mangel an öffentlich finanzierten Plätzen in Kindertageseinrichtungen. Ähnliche Probleme gab es in den USA, Schweden und Finnland: Der Markt kam nicht „in die Gänge". In Finnland wurden daraufhin Gutscheine speziell für privat-gewerbliche Anbieter ausgegeben.

Ich würde mehr solchen Anbietern die Chance lassen, Kindertageseinrichtungen zu betreiben. So lässt sich ein zusätzliches Marktsegment schaffen. Dafür ist auch Hamburg ein gutes Beispiel: Hier ließ sich förmlich beobachten, wie sich der Markt differenzierte und viele unterschiedliche Modelle und Angebote entstanden, weil der Wettbewerb indirekt gefördert wurde.

Dieser Wettbewerb muss selbstverständlich reguliert werden. Wie immer bei der Vergabe öffentlicher Mittel müssen sowohl alle relevanten Standards als auch Gebührenordnungen eingehalten werden, sodass die Gefahr horrender Preise nicht besteht. Wenn man den Markt sich selbst überlässt, kommt es zu sogenannter „adverser Selektion", das heißt dass nur noch Dienstleister, welche eine schlechte Qualität anbieten, in dem Markt verbleiben bzw. bestehen (Akerlof, 1970). Das zeigt sich in der Theorie wie in der Empirie, etwa in Australien: In einem Markt für Kindertageseinrichtungen ohne Regulation und Kontrolle entstehen Akteure, die Kinderbetreuung noch „im Keller der kleinsten Klitsche" anbieten. Die Notwendigkeit der Regulierung gilt aber gleichermaßen für öffentliche wie für private Träger, und zwar in allen Märkten für Humandienstleistungen. Auch in der medizinischen Versorgung etwa ist vollkommen klar, dass wir eine Ärzteordnung brauchen, weil der Patient nicht wissen kann, ob ein Arzt gut ist oder nicht. Ähnliches gilt wiederum für Kindertageseinrichtungen – Studien aus den USA zeigen hier, dass Eltern die Qualität der Einrichtungen systematisch überschätzen.

Was sind die Kosten versäumter Bildungschancen?

▪ **I:**

Sie berichten, dass vor allem Kinder aus bildungsfernen Familien und solche mit Migrationshintergrund keine Kindertageseinrichtungen nutzen. Welche Möglichkeiten gibt es, um diese Zielgruppe besser zu erreichen?

▪ **CKS:**

In der Tat kann man im deutschen Kinderbetreuungssystem beobachten, dass gerade Gruppen, bei denen eine außerfamiliäre Förderung anscheinend besonders effizient ist, unterrepräsentiert sind. Dieser Befund wird auch vom Statistischen Bundesamt immer wieder festgestellt.

Allerdings liegt das zum Teil an Zugangskriterien: Wenn sich der Bedarf an der Erwerbstätigkeit orientiert, bestimmte Gruppen – wie etwa Mütter mit Migrationshintergrund – aber eine geringere Wahrscheinlichkeit haben, erwerbstätig zu sein, dann sind sie im Betreuungssystem unterrepräsentiert. Wir haben also den Faktor Erwerbstätigkeit in neueren Studien kontrolliert und sind zu einem kleineren Effekt und einem differenzierteren Bild gekommen: Kinder, die etwa nur einen Elternteil mit Migrationshintergrund haben, sind nicht signifikant unterrepräsentiert; solche, deren Eltern beide einen derartigen Hintergrund haben, schon (◘ Abb. 8.2). Zunächst sollte also genau betrachtet werden, welche Gruppen wirklich unterrepräsentiert sind – um dann zu klären, weshalb.

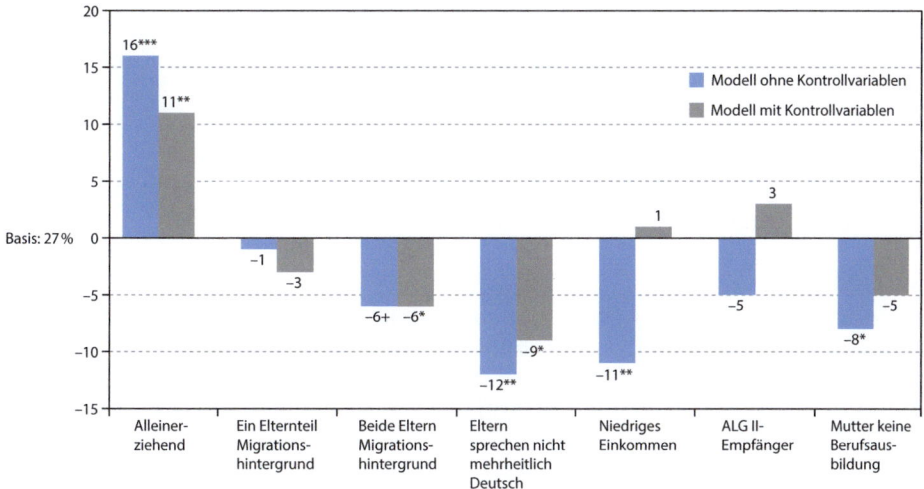

◘ **Abb. 8.2** Marginale Unterschiede in der Wahrscheinlichkeit der Nutzung einer formalen Förderung und Betreuung nach Gruppen – Kinder unter drei Jahren in Westdeutschland (in Prozentpunkten). Die marginalen Effekte basieren auf Probit-Regressionen. Die drei Gruppen, in denen einer oder beide Elternteile Migrationshintergrund haben bzw. nicht mehrheitlich Deutsch sprechen, sind alternative Spezifikationen und werden nicht im gleichen Modell berücksichtigt. Die Modelle mit Kontrollvariablen berücksichtigen Alter des Kindes, Anzahl der Kinder im Haushalt, jüngere Geschwister der Kinder, Berufsausbildung der Mutter, Ausbildungs- und Erwerbstätigkeit, logarithmiertes Nettohaushaltseinkommen, lokale Nutzungsquote formaler Förderung, lokale Arbeitslosenquote und Wohnnähe zur Großmutter. Basiswerte beziehen sich auf ein Kind, das keiner der vier spezifischen Gruppen angehört und durchschnittliche Merkmale bei allen Kontrollvariablen aufweist. $+ = p < 0{,}1$, $*** = p < 0{,}001$, $** = p < 0{,}01$, $* = p < 0{,}05$. (Schober und Spieß, 2012, S. 24)

Man könnte nun mit Einführung eines generellen Rechtsanspruchs davon ausgehen, dass sich die Unterschiede ausgleichen. Ich glaube allerdings nicht, dass es schnelle Veränderungen geben wird, weil ich vermute, dass es weitere wichtige Einflussfaktoren gibt: Einstellungen sowie Informationen über die Bedeutung frühkindlicher Bildung und die Möglichkeiten der Betreuung.

Nicht nur für Migranten-, sondern auch für bildungsferne Familien, deren Kinder ebenfalls – teils unabhängig von der Erwerbstätigkeit der Eltern – unterrepräsentiert sind, sollte es deshalb eine bessere Informationspolitik geben. Es sollte klar werden, was frühkindliche Bildung bedeutet und was sie bewirken kann. Zudem sollten diese Familien Zugang zu Einrichtungen erhalten, in denen sie sich mit ihren Perspektiven und kulturellen Vorstellungen aufgenommen und wohl fühlen.

Es handelt sich um einen vielseitigen Prozess, in dem sich auch eine finanzielle Steuerung anbietet. Einige Kommunen etwa messen Gruppen, die sie besonders fördern möchten, einen höheren Förderwert zu. Bei einer subjektbezogenen Objektförderung können stattdessen einzelne Stadtteile mit einem höheren Anteil an bildungsschwachen Familien oder solchen mit Migrationshintergrund stärker gefördert werden, um diesen mehr Bildung zukommen zu lassen.

Diese Differenzierung sollte in Deutschland weiter gestärkt werden. Bisher waren die politischen Maßnahmen eher flächendeckend, man könnte negativ auch sagen „mit der Gießkanne einmal drüber". Das führt zu Mitnahmeeffekten: Einkommensstarke Gruppen dürfen sich über einen kostenlosen Platz in einer Kindertageseinrichtung freuen, obwohl sie, wie man aus Studien weiß, durchaus bereit wären, Gebühren zu zahlen. Man verschenkt also Zahlungsbereitschaft, und das ist Verschwendung, weil die Mittel zur Finanzierung dieser Plätze nicht mehr zur Förderung schwächerer Gruppen zur Verfügung stehen.

- **I:**

Wir haben bisher nur von Kindertageseinrichtungen gesprochen. Gibt es noch andere Möglichkeiten, die Bildung im frühkindlichen Bereich zu fördern?

- **CKS:**

Ja. Frühkindliche Bildung findet, das sollte man sich klarmachen, nicht nur in der Kindertageseinrichtung statt. Alle Studien zeigen, dass nach wie vor der wichtigste Einflussfaktor die Familie ist; sie klärt den höchsten Varianzanteil an Zielvariablen kindlicher Entwicklung auf. Es gibt außerdem noch andere sogenannte nonformale Bildungsangebote, z. B. Eltern-Kind-Gruppen, Kinderturnen oder musikalische Früherziehung. Ein Großteil der Kinder unter drei Jahren nutzt diese Möglichkeiten, und das Angebot wächst.

Allerdings sind hier auch die Selektionseffekte noch stärker: Im nonformalen Bildungsbereich sind vor allem bildungsnahe und einkommensstarke Familien ohne Migrationshintergrund vertreten; die Ungleichheit zu Beginn des Lebens nimmt zu. Hier könnte ein gut entwickelter Bildungsgutschein, der auch anderen Gruppen diese Möglichkeiten öffnet, ebenfalls Abhilfe schaffen.

Sehr wichtig ist aber auch die Entwicklung von Kindertageseinrichtungen in Richtung von sogenannten Familienzentren oder Eltern-Kind-Zentren, gerade in Deutschland. Besonders in der frühkindlichen Bildung – anders etwa als in der Hochschulbildung – ist die Interaktion von außer- und innerfamiliärer Bildung und Betreuung entscheidend.

Es war dabei sicher richtig, dass man sich jahrzehntelang stark am Kind orientiert hat; dadurch kam die Arbeit mit den Eltern teilweise zu kurz. Aus dem angloamerikanischen Raum gibt es viele Beispiele – etwa das britische Sure Start Programm oder die Early Excellence Centres –, die zeigen, dass frühkindliche Bildung insbesondere dann effektiv sein kann, wenn sie mit den Familien arbeitet. Eltern sollten also noch stärker in Kindertageseinrichtungen integriert werden, ihnen sollten Bildungs- und Erziehungspartnerschaften angeboten werden.

Hier in Berlin gibt es schöne Ansätze von Familienzentren, die das Kind in und mit seiner Familie wahrnehmen. Das äußert sich nicht im Sinne der alten Kinderladenbewegung, die Eltern die Möglichkeit gab, sich am Kochen und Putzen zu beteiligen, sondern durch pädagogische Arbeit mit den Eltern und eventuell die Einbeziehung von Logopädie und Ergotherapie. So wird ein Zentrum geschaffen, in dem sich die Familie wiederfinden kann.

- **I:**

Ihr Kollege Ludger Wößmann prognostiziert 2,8 Billionen Euro Zuwachs des Bruttoinlandsprodukts bis zum Jahr 2090, wenn man erfolgreiche Reformen an den deutschen Schulen umsetzt. Haben Sie ähnliche Prognosen für Reformen und Investitionen in der frühkindlichen Bildung von heute?

- **CKS:**

Nein, ich habe solche gesamtwirtschaftlichen Modelle für die frühkindliche Bildung nicht gerechnet. Vermutlich fallen die Effekte für frühkindliche Bildung allerdings eher höher aus, weil sie im Lebenslauf betrachtet noch effizienter ist als Schulbildung.

Ein Beispiel für die zuvor beschriebenen Kosten-Nutzen-Analysen ist das amerikanische Chicago Child Parent Program (Reynolds et al., 2011): Es konnte zeigen, dass eine Intervention in der frühen Kindheit eine größere Rendite erbringt als solche in der Schulzeit – die Rendite ist sogar größer als bei Interventionen zu beiden Zeitpunkten. Ich glaube aber keinesfalls, dass Schulreformen dadurch obsolet werden. Im Gegenteil, es gilt wieder: „Fähigkeiten produzieren Fähigkeiten." Wer Fähigkeiten schon früher angelegt hat, kann später besser arbeiten; Schulreformen würden durch Maßnahmen in der frühen Kindheit noch besser wirken.

- **I:**

Seit 2007 sitzen Sie im wissenschaftlichen Beirat des Familienministeriums. Würden Sie manchmal gern die Seiten wechseln und als Politikerin selbst über Gesetzesinitiativen entscheiden?

- **CKS:**

Wenn ich ehrlich bin: nein. Da bin ich als Wissenschaftlerin in einer besseren Lage, weil ich unabhängig von politischen Erfordernissen und der Notwendigkeit, vielfach Kompromisse schließen zu müssen, neutral erforschen kann, in welcher Phase des Lebenszyklus Reformen ansetzen sollten. Dabei kann ich langfristig denken und muss mich nicht ins politische Tagesgeschäft einbringen.

Anderes gilt für Politiker: Die Rendite von Investitionen in die frühe Kindheit kommt volkswirtschaftlich voll zum Tragen, wenn das Kind 20 bis 30 Jahre später in den Arbeitsmarkt eintritt. Amortisiert haben sich die Ausgaben also erst später. Das sind allerdings Zeiträume, auf die sich kein Kämmerer einlässt. Aus diesem Grund hat es die frühkindliche Bildung oft schwer, politische Befürworter zu finden; auch deshalb werden hier vermutlich wenige Maßnahmen ergriffen.

Vor diesem Hintergrund empfinde ich es als eine Verantwortung der Wissenschaft, die ich auch gern übernehme, sich in die Beratung der Politik einzubringen und sich mit Ergebnissen zu Wort zu melden, um Politikberatung evidenzbasiert zu machen.

- **I:**

Werden Bildung und Betreuung junger Kinder auch in 20 Jahren noch Wahlkampfthema sein können?

- **CKS:**

Das hoffe ich. Ich denke, dass das vor allem davon abhängt, welche Veränderungen es in diesem Bereich in den nächsten Jahren geben wird und wie die unterschiedlichen gesellschaftlichen Akteure mit diesem – heute ziemlich ideologisch und normativ diskutierten – Thema umgehen werden. An ihrer Bedeutung gemessen ist die frühkindliche Bildung allemal ein Wahlkampfthema.

Selbst in den USA, die nicht für ihre Familienpolitik berühmt sind, taucht das Thema immer wieder auf, seit es in den 1960er-Jahren einmal sehr groß war. Dabei mag der amerikanische Fokus stark auf dem Humankapital liegen, doch über die immer wieder gestellte Frage, was zur Erhöhung der Produktivität unternommen werden kann, erreicht die frühe Kindheit auch den Wahlkampf.

- **I:**

Wenn Sie einen Wunsch bezüglich der Gestalt frühkindlicher Bildung in Deutschland in 20 Jahren frei hätten, welcher wäre das?

- **CKS:**

Dass wir eine exzellente frühkindliche Bildungsqualität für alle Kinder schaffen, die diese in Anspruch nehmen wollen. Ich glaube, dann haben wir volkswirtschaftlich betrachtet langfristig viel gespart.

- **I:**

Vielen Dank für das Interview!

Video des Interviews (siehe ◘ Abb. 8.3)

◘ Abb. 8.3 Video 8.3
(▶ https://doi.org/10.1007/000-79w)

Zitierte und weiterführende Literatur

Akerlof, G. A. (1970). The market for „Lemons": Quality uncertainty and the market mechanism. *The Quarterly Journal of Economics, 84*, 488–500.

Becker, G. S. (1964). *Human capital: A theoretical and empirical analysis, with special reference to education national bureau of economic research*. Columbia University Press.

Blau, D., & Currie, J. (2006). Pre-school care, day care, and after-school care: Who's minding the kids? In E. A. Hanushek & W. Finis (Hrsg.), *Handbook of the economics of education* (Bd. 2, S. 1163–1278). Elsevier.

Blau, D. M. (2001). *The child care problem: An economic analysis*. Russell Sage Foundation.

Cunha, F., Heckman, J. J., Lochner, L., & Masterov, D. V. (2006). Interpreting the evidence on life cycle skill formation. *Handbook of the Economics of Education, 1*, 697–812.

Mincer, J. (1974). *Schooling, experience and earnings*. Columbia University Press.

OECD. (2012). *Education at a glance 2012: OECD indicators*. OECD Publishing.

Reynolds, A. J., Temple, J. A., White, B. A. B., Ou, S.-R., & Robertson, D. L. (2011). Age 26 cost-benefit analysis of the Child-Parent Center Early Education Program. *Child Development, 82*, 379–404.

Schober, P., & Spieß, C. K. (2012). Early childhood education activities and care arrangements of disadvantaged children in Germany. *Child Indicators Research, 6*(1).

Schweinhart, L. J., Montie, J., Xiang, W. Z., Barnett, S., Belfield, C. R., & Nores, M. (2005). *Lifetime effects: The highlscope perry preschool study through age 40*. High Scope Press.

Referenzen

Schober, P., & Spieß, C. K. (2012). Frühe Förderung und Betreuung von Kindern: Bedeutende Unterschiede bei der Inanspruchnahme besonders in den ersten Lebensjahren. *DIW Wochenbericht, 43*, 17–31.

Spieß, C. K. (2008). Early childhood education and care in Germany: The status quo and reform proposals. *Zeitschrift für Betriebswirtschaftslehre, 67*, 1–20.

Spieß, C. K. (2009). Achillesferse „frühkindliche Bildung". *Wirtschaftsdienst. Zeitschrift für Wirtschaftspolitik, 89*, 376–379.

Spieß, C. K. (2010). Sieben Ansatzpunkte für ein effektiveres und effizienteres System der frühkindlichen Bildung in Deutschland. In T. Apolte & U. Vollmer (Hrsg.), *Bildungsökonomik und Soziale Marktwirtschaft* (S. 3–18). Lucius & Lucius.

Spieß, C. K. (2013). Effizienzanalysen frühkindlicher Bildungs- und Betreuungsprogramme: Das Beispiel von Kosten-Nutzen-Analysen. *Zeitschrift für Erziehungswissenschaft, 16*, 333–354.

Spieß, C. K., & Büchner, C. (2009). Children who attend formal day care do better in school – even many years later in secondary school. *DIW Weekly Report, 5*, 31–34.

Tietze, W., Becker-Stoll, F., Bensel, J., Eckhardt, A., Haug-Schnabel, G., Kalicki, B., Keller, H., & Leyendecker, B. (2012). NUBBEK. Nationale Untersuchung zur Bildung, Betreuung und Erziehung in der frühen Kindheit. Fragestellungen und Ergebnisse im Überblick. http://www.nubbek.de/media/pdf/NUBBEK%20Broschuere.pdf. Zugegriffen am 27.05.2012.

Qualität hochschulischer Bildung inklusive Lehrerbildung

Inhaltsverzeichnis

Kapitel 9 — Nach der Bologna-Reform: Was bedeuten die neuen Studiengänge für die Qualität der Hochschullehre? – 137
Ulrich Teichler

Kapitel 10 — Entscheiden sich die Richtigen für ein Lehramtsstudium – und wer sind die Richtigen? – 157
Ewald Terhart

Nach der Bologna-Reform: Was bedeuten die neuen Studiengänge für die Qualität der Hochschullehre?

Ulrich Teichler

Inhaltsverzeichnis

9.1 Einleitung – 138

9.2 Interview mit Prof. Ulrich Teichler, Professor für Berufs- und Hochschulforschung am International Centre for Higher Education Research (INCHER) der Universität Kassel – 138

Zitierte und weiterführende Literatur – 155

Ergänzende Information Die elektronische Version dieses Kapitels enthält Zusatzmaterial, auf das über folgenden Link zugegriffen werden kann [https://doi.org/10.1007/978-3-662-65631-0_9]. Die Videos lassen sich durch Anklicken des DOI Links in der Legende einer entsprechenden Abbildung abspielen, oder indem Sie diesen Link mit der SN More Media App scannen.

© Der/die Autor(en), exklusiv lizenziert an Springer-Verlag GmbH, DE, ein Teil von Springer Nature 2023
B. Spinath (Hrsg.), *Empirische Bildungsforschung*, Meet the Expert: Wissen aus erster Hand, https://doi.org/10.1007/978-3-662-65631-0_9

9.1 Einleitung

Birgit Spinath

Die Bologna-Erklärung aus dem Jahre 1999 hat zu großen Veränderungen an den Hochschulen geführt. Kaum jemand weiß jedoch genau, wie es zu der Bologna-Erklärung kam und was diese besagt. Was waren die Ziele der Erklärung, und inwiefern wurde diese erreicht? Hat die Reform die Studienbedingungen verschlechtert, wie vielfach zu hören ist? Sind Studierende heute durch ihr Studium belasteter und lernen schlechter als zu Zeiten von Diplomstudiengängen? Sind Bachelorabsolventen/innen billige Arbeitskräfte? Welche Auswirkungen haben die neuen Studiengänge auf Hochschullehrende und die Art, wie gelehrt wird? Hat sich die Qualität der Hochschullehre durch die Bologna-Reform verschlechtert statt verbessert? Diese und weitere Fragen werden im folgenden Interview beantwortet.

Prof. Ulrich Teichler ist Soziologe und hat eine Professur für Berufs- und Hochschulforschung inne. Seine Forschungsschwerpunkte liegen in den Bereichen Hochschule und Beruf, Strukturentwicklungen des Hochschulwesens sowie internationale Kooperation und Mobilität. Im hier vorliegenden Kontext sind insbesondere seine Arbeiten zu Veränderungen an den Hochschulen nach der Bologna-Reform von Interesse (z. B. Kehm et al., 2012; Schomburg & Teichler, 2011; Teichler & Bürger, 2008). Prof. Teichler war langjähriger Direktor des Internationalen Zentrums für Hochschulforschung (Centre for Higher Education Research, INCHER) in Kassel. INCHER ist eine interdisziplinäre Forschungseinrichtung, die sich mit Fragen von Hochschule und Studium sowie Themen an den Schnittstellen zwischen Hochschule und anderen gesellschaftlichen Teilbereichen beschäftigt.

9.2 Interview mit Prof. Ulrich Teichler, Professor für Berufs- und Hochschulforschung am International Centre for Higher Education Research (INCHER) der Universität Kassel

Das Interview führten Matthias Beringer, Laura Bertram und Barbara Zanger im Januar 2013.

- **Interviewer/in:**

Herr Prof. Dr. Teichler, Sie haben in den 1960er-Jahren ihr Studium der Soziologie aufgenommen. Würden Sie sich heute noch einmal für das Studieren entscheiden, sowohl von den Inhalten her als auch unter Bachelor- und Masterbedingungen?

- **Prof. Ulrich Teichler:**

Als ich anfing zu studieren, haben, wie ich inzwischen weiß, nur etwa 10 % eines Jahrgangs oder sogar weniger studiert. Heutzutage fängt fast die Hälfte eines Jahrgangs ein Studium an. Man könnte sagen, dass früher die Chancen viel größer waren, etwas anderes Interessantes zu machen, wenn man nicht studierte. Heute gibt es außerhalb des Studiums weniger interessante Optionen. Insofern – so würde ich sagen – ist es heute selbstverständlicher zu studieren.

Bei mir war es so: Meine Eltern hatten studiert, und es wurde unausgesprochen erwartet, dass ich studiere. Es stellte sich mehr die Frage, was ich studieren sollte. Dazu entwickelte ich etwas eigenwillige Vorstellungen. Ich wollte unbedingt ein Fach studieren, bei dem man nicht weiß, was man später wird. Und ich wollte auch ganz bestimmt kein Fach studieren, mit dem ich später in der Schule landen würde, da ich die Schule schrecklich fand. Schließlich wollte ich gerne in einer interessanten Stadt studieren. Eine Lösung zu finden, auf die diese Bedingungen zutreffen, erwies sich als schwierig. Die Berufsberater konnten mir nichts sagen, die Lehrer konnten mir nichts sagen. Da hat mein älterer Bruder mir gesagt: „Studier doch Soziologie, da passt das!" Und er hat mir ein Einführungsbuch in die Soziologie geschenkt. Und ich habe gesagt: „Ja, das ist es."

Ich weiß nicht genau, ob ich heute wieder Soziologie studieren würde, aber ich würde weiterhin sagen, dass ich es interessant finde, ein Fach zu studieren, mit dem man ein gewisses Risiko eingeht für das eigene Leben, anstatt ein Fach zu wählen, das in ein „gemachtes Bett" führt. Insofern denke ich, dass ich es heute wieder so machen würde.

Heute ist sicher das Studium viel strukturierter, aber dennoch sind die Auswahlmöglichkeiten im Studium viel größer als an der Schule. Ich habe die Schule gehasst: Ich sah die Lehrer und zum Teil auch die Stoffe als Zwang. Ich empfand deswegen die Universität als große Freiheit. Es war für mich toll, dass in der Universität fast nichts geregelt war. Ich habe zu Studienbeginn drei Seiten beschriebenes Papier bekommen, was ich in meinem Studium zu bedenken hätte, und darin war weniger als ein Fünftel des Studiums verpflichtend geregelt. Heute bekommen die Studierenden ein bisschen mehr Papier, aber diese zusätzlichen Regelungen können die Studierenden schon verkraften und trotzdem Freiräume wahrnehmen.

- **I:**

Denken Sie, Sie würden heute als der gleiche Mensch aus dem Studium hervorgehen?

- **UT:**

Das so einfach zu sagen, ist sehr schwer, zumal als Soziologe. Wir lernen in unserem Fach, dass wir durch unsere Umstände ja durchaus beeinflusst werden. So ganz kann man also nicht konstruieren, was denn heute unter anderen Lebensumständen der Fall wäre. Ich glaube, dass die Schulen in der Regel besser geworden sind. Vielleicht würde ich heutzutage die Schule nicht so hassen, und dann hätte ich weniger das Bedürfnis, im Studium alles anders zu machen als vorher in meinem Leben. Vielleicht könnte ich mich mit den gegebenen Bedingungen in irgendeiner Form besser arrangieren. In meiner Generation entwickelten viele die Überzeugung, dass wir etwas tun müssten, um nicht nur den „Muff unter den Talaren der Professoren", sondern auch den Muff im normalen Leben der Gesellschaft ein wenig attackieren und etwas Neues machen müssten. Solche Vorstellungen sind unter den heutigen Studienanfängerinnen und -anfängern offenkundig ein bisschen weniger ausgeprägt als damals bei uns. Aber das sind Generationsfragen, bei denen es schwer ist zu sagen, wie wir die Dinge heute sehen würden.

- **I:**

Wie sind Sie zur Hochschulforschung gekommen?

- **UT:**

Das war durch einen Professor ausgelöst. Gegen Ende meines dritten Semesters rief mich ein Professor am Ende der Veranstaltung zu sich und fragte, ob ich Lust hätte, bei einem Forschungsprojekt mitzumachen und Absolventen zu interviewen. Ich hatte, das muss ich noch ergänzen, am Ende meiner Schulzeit meinen Eltern mitgeteilt, dass ich mein Leben selbst finanzieren wollte. Daher habe ich zu Beginn des Studiums in den Semesterferien vollzeitig als Postbote gearbeitet. Durch das genannte Angebot konnte ich vom Ende meines dritten Hochschulsemesters an mein Geld mit Hochschulforschung verdienen. Somit kann ich in diesem Jahr ein 50-jähriges Jubiläum feiern – so lange lebe ich von Hochschulforschung. Danach ist alles fast automatisch weitergelaufen: Ich bin schon als Student Berater für Methodenfragen in einem Forschungsinstitut geworden. Beim Studienabschluss wurde ich fest angestellt, ohne dass noch eine Bewerbung nötig gewesen wäre.

- **I:**

Die sogenannte Bologna-Erklärung aus dem Jahre 1999 hat zu großen Veränderungen an den Hochschulen geführt. Was genau ist die Bologna-Erklärung, und wie kam es dazu?

- **UT:**

Es ist ganz erstaunlich, wie viele Erklärungen kursieren, was denn die Bologna-Erklärung oder was denn der Bologna-Prozess sei. Man kann wohl sagen, dass immer, wenn irgendetwas hinreichend an- oder aufregt, tausend Erklärungen existieren, was dieses „Biest" nun genau sei, das da so an- und aufregt.

Ganz genau lässt sich jedenfalls mit Blick auf das Operative sagen, dass sich im Jahre 1998 an der Sorbonne-Universität in Frankreich anlässlich einer Jubiläumsfeier die für die Hochschule zuständigen Minister von vier Ländern getroffen haben. Sie brachten ihre Überzeugung zum Ausdruck, dass Europa – Kontinentaleuropa genau genommen – nur dann weltweit als Ziel von mobilen Studierenden akzeptiert werde, wenn es eine Aufgliederung in eine Bachelor- und eine Masterstufe gäbe und nicht nur universitäre Langstudien.

Die Forderung in der Sorbonne-Erklärung, in Europa ein „harmonisiertes" Hochschulsystem mit einer gestuften Studienstruktur zu schaffen, hat eine ziemliche Aufregung verursacht, und zwar aus zwei Gründen: Vorher hatten die nationalen Minister der Europäischen Kommission grundsätzlich „verboten", irgendwelche Reformen oder Aktivitäten durchzusetzen, bei denen die Logik und die Vielfalt der alten nationalen Hochschulsysteme infrage gestellt würden. Nun setzten sich auf einmal ein paar Minister von ein paar Ländern hin und stellten diese Vielfalt selbst infrage. Das war die erste Aufregung.

Die zweite Aufregung war, dass hier vier Länder grundlegende Veränderungen für ganz Europa vorschlugen. Das wurde von den anderen als ein Schritt in die Richtung „Europa der zwei Geschwindigkeiten" interpretiert. Einige Länder entscheiden, wie die Hochschulzukunft aussehen soll, und teilen den anderen Ländern mit: „Wenn ihr wollt, dürft ihr hinterherhinken." Um die Aufregung ein bisschen abzumildern, hieß es dann: „Na ja, wir machen im nächsten Jahr noch einmal eine Konferenz zum gleichen Thema mit mehr Teilnehmern." Und so fand dann im Sommer 1999 die zweite Konferenz in Bologna statt. Dort kamen Ministerinnen oder Minister, die für Hochschulangelegenheiten zuständig waren, aus ungefähr 30 Ländern zusammen.

Wenn wir heute die – nicht in jeder Hinsicht klare – Bologna-Erklärung lesen, die damals herauskam, dann können wir grob unterscheiden zwischen Aussagen über operative Ziele und größere strategische Ziele. Als operatives Ziel stand ganz klar der Vorschlag im Mittelpunkt, überall in Europa gestufte Studiengänge einzuführen. Das, was wir vorher in Deutschland an den Universitäten als lange universitäre Studiengänge hatten, sollte aufgegliedert werden in eine erste und eine zweite Stufe, für die man im Englischen gewöhnlich die Begriffe „Bachelor" und „Master" verwendet. Diese Begriffe wurden allerdings in der Bologna-Erklärung nicht explizit genannt, und natürlich stand es europäischen Ländern frei, andere Termini zu wählen. Aber die Idee dieser zwei Stufen war das zentrale operative Ziel.

Es wurden auch ein paar weitere operative Ziele als „begleitende Maßnahmen" genannt. Am einflussreichsten war davon der Vorschlag, überall auch ein Credit System einzuführen, also ein studienbegleitendes Prüfungssystem statt der großen Endprüfung. Als ich studierte, stand zwei Monate vor dem Studienende noch 0 % meiner Schlussbenotung fest. Und jetzt – mit dem Credit System – wissen die Studierenden nach zwei Dritteln des Studiums schon, wie zwei Drittel ihrer Studienleistungen bewertet sind.

Zu den „begleitenden Maßnahmen" gehört auch das sogenannte Diploma Supplement. Das freut mich besonders, weil ich ein Jahrzehnt zuvor einer der beiden Erfinder eines solchen Dokuments gewesen war: Alle Studierenden sollen am Ende ihres Studiums nicht nur ihre offizielle, oft verschlungen klingende nationale Diplomurkunde erhalten, sondern auch ein international lesbares Dokument, das besser informiert, was wirklich studiert wurde.

Als wichtigstes strategisches Ziel – also Antwort auf die Frage „Warum wollen wir denn gestufte Studiengänge und -abschlüsse?" – wurde in der Bologna-Erklärung formuliert: „Wir wollen damit die internationale Mobilität der Studierenden erleichtern." Das war sicherlich nicht das einzige Motiv, aber dasjenige, das am meisten mit Beifall von allen Seiten rechnen konnte.

- **I:**

Als Hauptziele der Bologna-Reform werden oft die Verbesserung von Kompatibilität und Komparabilität und die Erhöhung der Qualität europäischer Hochschulbildung genannt sowie die Verbesserung der Flexibilität von Zugänglichkeit einer Hochschulbildung, die offen für alle ist und lebenslanges Lernen unterstützt. Halten Sie diese Ziele für sinnvoll?

- **UT:**

Ich habe große Probleme damit, überhaupt eindeutig zu sagen, was denn nun die Ziele von Bologna seien. Das Dokument ist in mancher Hinsicht „mit heißer Nadel gestrickt", und es sollte so gestaltet sein, dass sich keiner der 30 Minister der unterschiedlichen Länder und Parteien über irgendetwas ärgert. Man kann wirklich nicht sagen, dass die Bologna-Erklärung ein in sich konsistentes Papier ist, aus dem eindeutig eine übersichtliche Liste von Hauptabsichten herausgelesen werden kann.

Dazu kommt, dass man von Anfang an annahm, dass die Umsetzung bestimmt zehn Jahre dauern würde. Weil Bologna an- und aufregte, trafen sich die Minister alle zwei Jahre und gaben jeweils ein neues Kommuniqué heraus. Das waren nicht nur Fortschreibungen, sondern es wurde immer wieder etwas zusätzlich nachgeschoben. Die Liste der Ziele des Bologna-Prozesses ist immer länger geworden.

Gut, Kompatibilität und Komparabilität; es gibt auch noch die Termini „Harmonisierung" und „Konvergenz" – also „ähnlich", aber nicht unbedingt „identisch". In der Tat ging man mit der Bologna-Erklärung davon aus, dass es gut ist, wenn wir eine gewisse Ähnlichkeit der Grobstrukturen von Studiengängen haben; so würde man in unterschiedlichen Ländern genauer wissen, was gemeint ist mit einem Abschluss, der in einem anderen Land vergeben worden ist. In Europa gab es vorher universitäre Studiengänge mit einer Länge zwischen drei und sechs Jahren und an anderen Hochschulen Studiengänge mit einer Dauer zwischen ein und vier Jahren. Ende der 1990er-Jahre hatten aber etwa 80 % der Länder der Welt eine Bachelor-Master-Struktur. Auf ein deutsches Diplom z. B. wurde oft reagiert mit der Frage, was denn nun ein Diplom signalisiere; das war gerade auch deshalb unsicher, weil das Wort „Diploma" im Englischen für Studienabschlüsse benutzt wird, die weniger als ein Bachelor zählen, wenn es im internationalen Vergleich als äquivalent zu einem Master zählen sollte. Für uns bedeutet es aber, dass man mehr als einen Bachelor kriegt. Es gab Verwirrungen jeder Art. Daher hat man sich dazu entschlossen, eine im Prinzip einheitliche Stufung einzuführen.

Eigentlich hätte man erwarten sollen, dass man sich in Europa auf eine weitgehend einheitliche Länge der erforderlichen Studiendauern für die Bachelor- und Masterabschlüsse geeinigt hätte. Das hat nicht geklappt. Weder in der Bologna-Erklärung noch in den ministeriellen Kommuniqués ist eine bestimmte Dauer empfohlen. Am stärksten verbreitet sind dreijährige Bachelorstudiengänge und zweijährige Masterstudiengänge, aber es gibt auch erstere mit bis zu vierjähriger Dauer und letztere mit nur einjähriger Dauer.

Die Einführung einer Bachelor-Master-Stufung ist im Hinblick auf studentische Mobilität interessant für Studierende, die von außerhalb Europas nach Europa kommen wollen. Viele Studierende aus Entwicklungs- und Schwellenländern sagen: Wir machen den Bachelor zu Hause und den Master im Ausland. Warum soll man dann nach Deutschland kommen wollen, wo man nicht weiß, wie man sich in einen z. B. fünfjährigen Diplomstudiengang einfädeln soll?

Wir haben auch statistisch den Nachweis, dass die Anzahl der Studierenden, die von außerhalb Europas nach Europa gekommen sind, wesentlich zugenommen hat und dabei besonders auf der Masterstufe. In den europäischen Ländern haben wir in den letzten zehn Jahren mehr als eine Verdopplung der Studierendenzahl von außerhalb Europas bekommen. Dabei ist die Gesamtzahl der Studierenden ungefähr um nur 50 % gewachsen. Die zusätzlichen mehr als 50 % sind also – so können wir sagen – vor allem aufgrund der Einführung der Bachelor- und Masterstruktur und vor allem nach Kontinentaleuropa gekommen.

Dagegen haben wir innerhalb von Europa keinerlei Anzeichen, dass die Mobilität größer geworden ist aufgrund des Bologna-Prozesses. Allerdings sind die statistischen Daten über temporäre Mobilität, die ja innerhalb Europas überwiegt, so schlecht, dass wir zu keinen genauen Aussagen kommen. Ich war überhaupt nicht überrascht zu sehen, dass innereuropäische Mobilität durch den Bologna-Prozess nicht sichtbar beflügelt worden ist. Ich war involviert in mehrere Forschungsprojekte zu studentischer Mobilität, beispielsweise zum ERASMUS-Austausch. Da funktionierte der Austausch nicht schlecht, wenn das Studienjahr als „Währung" betrachtet wurde. Die Unterschiedlichkeit zwischen den Systemen der einzelnen Länder war bekannt, und ein Student konnte beispielsweise im vierten Jahr von einer Universität in Deutschland nach Dänemark gehen – egal, wie dort der Titel des Studiums heißt und ob dort die Länge des ersten Studiengangs drei, vier oder fünf Jahre betrug. Insofern sollten wir auch gar nicht überrascht sein, dass sich die innereuropäische Mobilität durch Bologna kaum verändert hat.

Die Frage der Erhöhung der Qualität: Das halte ich für eine Mogelpackung. Natürlich, es stimmt, dass im Rahmen des Bologna-Prozesses Schritte zur Kooperation der Agenturen und Einrichtungen unternommen worden sind, die die Qualität von Studiengängen beobachten, evaluieren und möglicherweise Verbesserungen vorschlagen. Aber „Verbesserung von Qualität" ist schon deshalb irreführend, weil das zweitgrößte Ziel oder vielleicht in Wirklichkeit sogar das größte Ziel der Bologna-Reform darin liegt, dass man im Zuge der Hochschulexpansion den Abschluss des Studiums auf der Basis eines kurzen Studiums attraktiver macht.

Unser System in Deutschland, eine Differenzierung vor allem durch Unterteilung in Universitäten und Fachhochschulen vorzunehmen, ist erfunden worden, als noch nur etwa 20 % eines Jahrgangs studierten. Damals sagte man, diese Differenzierung nach Hochschultypen sei erforderlich, weil man nicht mehr einfach so weitermachen könne wie zu der Zeit, als nur 5 % studierten. Jetzt reden wir darüber, was wir verändern müssen, wenn 50 % anstatt nur 20 % studieren. Dabei überwiegt die Vorstellung, dass die Zahl der üblichen Akademiker-Berufspositionen nicht so stark anwächst wie die Hochschulabsolventenquote. Und damit ist zu erwarten, dass immer mehr Absolventen Tätigkeiten übernehmen, bei denen früher ein Hochschulabschluss selten war, z. B. bei Autoverkäufern. Für die Gesellschaft und für die Studierenden gilt es unter diesen Umständen als angemessen, dass mehr Personen nach einem nicht sehr langen Studium in den Beruf übergehen. Und international konnte man sich nicht auf eine Differenzierung nach Hochschultypen – wie Universität und Fachhochschule – einigen, wohl aber auf eine nach Stufen von Studiengängen und -abschlüssen: also mehr Bachelor in den Beruf.

In Deutschland wurde fälschlich das Gerücht verbreitet, man wolle mit der Bologna-Reform die Zahl der Absolventen auf Masterstufe absenken. Das hat niemand gesagt und gewollt. Sondern es sollte der Anteil eines Jahrgangs mit einem Langstudienabschluss nur gering, dagegen der mit einem Kurzstudienabschluss deutlich steigen.

Was heißt nun Qualitätsverbesserung? Wir können es makrostrukturell als eine Qualitätsverbesserung ansehen, wenn die Qualität der Studiengänge mehr oder weniger gleich bleibt, der Anteil der Absolventen mit einem masteräquivalenten Studium an der entsprechenden Altersgruppe kaum steigt, aber deutlich mehr ein Kurzstudium abschließen, denn von den Letzteren hätten vor dieser Reform viele überhaupt keinen Studienabschluss gehabt. Vor der Bologna-Erklärung schlossen in Deutschland etwa 11 % eines Jahrgangs ein universitäres Studium ab und etwa 6 % ein Fachhochschulstudium. Zu dieser Zeit schlossen in den USA etwa 30 % ein Studium mit einem Bachelor ab, und 12 % studierten weiter bis zu einem Master oder einem ähnlichen Abschluss. Aber natürlich ist nirgends beabsichtigt, dass der Bachelorabschluss ein ähnliches Qualifikationsniveau erreichen soll wie ein Masterabschluss.

Schwer zu sagen ist, was die Bologna-Reformen für Offenheit der Hochschulbildung, Flexibilität und lebenslanges Lernen bedeuten soll. Sicherlich sollte damit die Idee gefördert werden, dass mehr Schulabgänger studieren. Aber das Thema der sogenannten „sozialen Dimension", bei dem oft Offenheit, Flexibilität, Studierbarkeit und Ähnliches angesprochen werden, war nicht von Anfang an Teil des Bologna-Prozesses. Es wurde erst später von den Studierenden in den Bologna-Prozess hineingetragen. Davon steht nichts in der Bologna-Erklärung und in den ersten ministeriellen Erklärungen zu Beginn des 21. Jahrhunderts. Auch haben sich die beteiligten Länder bis heute in dieser Hinsicht nicht auf gemeinsame Schritte geeinigt.

- **I:**

Welche Änderungen hat das Hochschulstudium in Deutschland erfahren, um diese Ziele zu erreichen?

- **UT:**

Zunächst muss ich anmerken, dass wir in Deutschland schon früher angefangen haben, gestufte Studiengänge einzuführen. Erstmals gab es in den 1970er-Jahren eine kleine Welle der Gründung von Gesamthochschulen, die aber nicht besonders populär wurden. Zum Beispiel hier in Kassel sind wir an einer Hochschule, die seit 1975 gestufte Studiengänge hat. Aber das war damals eine Ausnahme, und heute ist es eben bei etwa drei Vierteln der Studiengänge erreicht. Das ist schon eine dramatische Veränderung.

Dann stand in Deutschland gleichzeitig die Frage nach der Einführung eines Credit System im Raum. Nun muss man feststellen, dass die Mehrheit der europäischen Länder schon vorher bereits ein Credit System hatte. Und es gab schon zehn Jahre lang – seit 1989 – im Rahmen des ERASMUS-Programms den Vorschlag, zur Unterstützung der studentischen Mobilität Credits einzuführen. Das haben auch eine Reihe deutscher Hochschulen erprobt und zum Teil fest eingeführt. Die Idee, Credits im Rahmen des Bologna-Prozesses mehr oder weniger flächendeckend einzuführen, stieß nicht durchgängig auf Begeisterung.

In Deutschland – auch in einigen anderen Ländern – kam noch hinzu, dass man „in einem Abwasch" auch das System der Anerkennung von Studiengängen ändern wollte. Anstelle der staatlichen Genehmigung auf der Basis von Rahmenprüfungsordnungen wurde ein Akkreditierungssystem von Studiengängen eingeführt. Wenn man ein solches System ändern wollte, machte es schon Sinn, dies gleichzeitig mit der Bologna-Reform zu tun, weil ja ohnehin die Studiengänge und das Prüfungssystem neu zu gestalten waren.

Deutschland gehört zu den Ländern, in denen die Umstrukturierung der Studiengänge im Bologna-Prozess einerseits besonders früh begann, andererseits sich besonders lange hinzog. Niemand hat Vorgaben gemacht, dass alles schnell erledigt sein müsste. Die Einführung der neuen Studiengänge hat sogar schon vor Bologna begonnen. Das Hochschulrahmengesetz wurde bereits 1998 in Richtung gestufter Studiengänge transformiert – also fast zeitgleich zur Sorbonne-Erklärung. Aber man hat es in Deutschland nicht gemacht wie z. B. in Italien, Norwegen und den Niederlanden, wo ein Zeitrahmen von zwei oder drei Jahren zur Umstellung vorgegeben wurde. Damit war in Deutschland anfangs viel Freiraum für Initiative und auch für Zähneknirschen und hinhaltenden Widerstand gegeben; es lief zu Anfang alles sehr langsam und ungleichmäßig.

Das Miteinander von gestufter Studienstruktur, Einführung von Credits und Einführung eines Akkreditierungssystems in Deutschland führte letztlich dazu, dass zu Beginn zumeist hoch regulierte Bachelorstudiengänge und zum Teil auch Masterstudiengänge etabliert wurden: viele Pflicht-Kurse und viele Prüfungen – meistens in Verbindung mit jeder Lehrveranstaltung. Das wurde dann als Bologna-notwendig „verkauft", obwohl es in einem System von Bachelorstudiengängen ebenso viele Wahlmöglichkeiten wie früher geben kann und obwohl sich eine einzelne Prüfung in einem Credit System auf mehrere Lehrveranstaltungen beziehen kann.

Aber in Deutschland haben sowohl viele Befürworter als auch viele Gegner des neuen Modells gedacht, Höchstregulation sei von Bologna aus notwendig. Als dann im Jahre 2007 die Europäische Kommission eine europaweite Umfrage unter Lehrenden an Hochschulen in Auftrag gab, zeigte sich, dass nur in Deutschland die Mehrzahl der Lehrenden, wenn noch einmal von vorn angefangen werden würde, die gestufte Studiengangsstruktur wieder abschaffen würde. Im europäischen Durchschnitt lehnte nur ein Drittel das neue Modell ab. Insofern kann ich sagen, dass der Bologna-Prozess in Deutschland ein bisschen anders als im Europäischen Durchschnitt gelaufen ist.

- **I:**

Bologna betrifft viele. Im Folgenden möchten wir gerne auf die Folgen für verschiedene Personengruppen eingehen und die Auswirkungen auf verschiedenen Ebenen betrachten. Beginnen wir mit den Studierenden. Seit der Einführung des Bachelor-Master-Systems ist von Seiten der Studierenden zunehmend die Klage über einen zu hohen Workload im Studium laut geworden. Was sagen empirische Studien zu der Veränderung des Workload durch die Bologna-Reform?

- **UT:**

Zunächst können wir feststellen: Workload ist eine gesetzte Norm. Wie viele Stunden sollen Studierende im Jahr mit dem Studium verbringen? Wenn wir heute eine Umfrage unter deutschen Studenten machen würden, so würden wohl 99 % der Studenten – da bin ich sicher – keine Antwort auf die Frage wissen, wie viele Stunden sie eigentlich mit Studieren verbringen sollen. Aber das ist seit Jahrzehnten von der Kultusministerkonferenz vereinbart und kann irgendwo nachgelesen werden: Ein richtiges Studium umfasst ungefähr 1800 Stunden im Jahr – genau genommen also ungefähr so viele, wie eine voll werktätige Person zur Sicherung des Lebensunterhalts aufbringt.

Vor Bologna haben über Jahrzehnte repräsentative Befragungen von Studierenden in Deutschland gezeigt, dass sie im Durchschnitt – nach eigener Schätzung – etwas über 1400 Stunden für das Studium aufbringen. Daneben arbeiten sie im Durchschnitt etwas über 300 Stunden, um Geld zu verdienen. Das Selbstbild der Studierenden ist also im Durchschnitt: Die Zeit für Studium und Gelderwerb während des Studiums ist vergleichbar mit der Arbeitszeit deutscher Erwerbstätiger.

Wenn nun im alten Modell eines achtsemestrigen Studiengangs die Hochschullehrer einen Aufwand von 7200 Stunden erwartet hätten und die Studierenden 5600 Stunden im Durchschnitt in acht Semestern für das Studium aufgebracht hätten, dann wäre es normal gewesen, dass die Studierenden im Durchschnitt zehn bis elf Semester bis zum Studienabschluss gebraucht hätten. Wenn wir auf die damaligen Statistiken sehen und den Fachwechsel unberücksichtigt lassen, so war die tatsächliche Studiendauer auch nur etwas länger. Wir können also sagen: Der Aufwand von 1800 Stunden je Studienjahr in der Regelzeit war allseits internalisiert.

In dem Augenblick aber, in dem Dreijahresstudiengänge und ein Credit System, bei denen die Studierenden mitrechnen können, eingeführt wird, setzt die große Aufregung ein. Vorher war die Beschwerde verbreitet, die Professoren könnten beliebig „schummeln" und den erforderlichen Aufwand für die eigenen Lehrveranstaltungen in die Höhe treiben. So gab es sozusagen ein Kampfspiel, bei dem viele Professoren die Norm erhöhten, viele Studierende die Norm kollektiv „drückten", und der Kompromiss war dann die De-facto-Norm. Jetzt wird auf einmal der Zeitaufwand für jede Lehrveranstaltung berechenbar und mit Credit Points ausgewiesen.

Früher gab es die Klage, dass alles so unberechenbar und intransparent sei. Jetzt wird es auf einmal transparent. Damit wird den einzelnen Studierenden vorgerechnet, dass sie selbst entscheiden sollen, ob sie mit einem jährlichen Zeitaufwand von 1800 Stunden in drei Jahren ein Bachelorstudium abschließen oder ob sie bei einem geringeren Aufwand ein bis drei Semester länger studieren. Behauptet wurde allerdings, dass die Studierenden sich stärker auf das Durchkommen innerhalb der Regelstudienzeit konzentrieren müssten, weil die „Module" oft nur jährlich angeboten würden und dann immer sofort eine Verlängerung um ein Jahr drohe.

Das jetzige Bild ist ambivalent: Auf der einen Seite wird in der öffentlichen Diskussion immer wieder behauptet, die Studierenden litten unter dem höheren Zeit- und Aufwanddruck des neuen Systems. Auf der anderen Seite zeigen aber repräsentative Studien, dass die Studierenden in der Woche nicht mehr Zeit für das Studium aufbringen als zuvor und dass die durchschnittlichen Studienzeitverlängerungen und Abbruchquoten sich verringert haben. Was ist passiert? Haben das „In-Scheibchen-Schneiden" des Credit System und die höhere Regeldichte zunächst ein Gefühl von mehr Druck erzeugt, das dann im alltäglichen Aushandeln sich verflüchtigt? Jedenfalls ist die große Klage nicht ganz kompatibel mit dem Endresultat.

- **I:**

Und wie genau lässt sich diese Kluft zwischen subjektivem Erleben und objektiven Anforderungen erklären?

- **UT:**

Als ich Student war und ein Fach studierte, in dem die Regeldichte besonders gering war, konnte ich mich über jede der wenigen Regeln aufregen. Über Regeln klagt man eben erst einmal – das scheint ein normales psychologisches Phänomen zu sein. Da damals bei uns die entscheidende Benotung erst ganz am Ende des Studiums stattfand, verlängerten die Studierenden ohne klare Rechnerei so lange, bis sie sich reif zum Endspurt fühlten. Jetzt wird das Studium in kleine Happen von jeweils wenigen Prozent von Lernen und Geprüftwerden aufgeteilt. Jetzt kann jeder Studierende durchrechnen, wie Studienverhalten und Studienerfolg im Normalfall zusammenhängen. Dafür ist es nicht die Hauptsache, ob innerhalb eines dreijährigen Bachelorstudiengangs nun 15 oder 40 Prüfungen stattfinden, denn der erwartete Aufwand für eine Prüfung soll ja entsprechend unterschiedlich sein. Sind die gegenwärtigen Klagen temporäres Unbehagen, bis man sich an die neue Balance von Stärken und Schwächen gewöhnt hat? Oder schreckt der Gedanke, dass mit der größeren Transparenz auch die Möglichkeit zu eigenen strategischen Optionen wächst?

- **I:**

Würden Sie sagen, dass die objektive Stressbelastung vor allem von der Klausurendichte abhängt?

- **UT:**

Im ersten Augenblick scheint jeder zu denken, dass mehr Prüfungen zu mehr Belastung führen. Das wäre aber nicht der Fall, wenn wirklich der Aufwand nach der Logik des Credit System berechnet würde. Dann wäre der Aufwand für die einzelnen Prüfungen jeweils kleiner, wenn es viele Prüfungen gibt. Ein Credit System verlangt eine solche rechnerische Auseinandersetzung von den Lehrenden und den Lernenden. Eine solche Berechenbarkeit und Transparenz scheinen den meisten jedoch nicht vor die Füße zu fallen.

- **I:**

Inwiefern hat sich dadurch gegebenenfalls der „prototypische" Student verändert?

- **UT:**

Bisher habe ich die Studiensituation von vor etwa 50 Jahren der Studiensituation jetzt im Bologna-Prozess gegenübergestellt. Aber in den 1970er-Jahren ist das gesamte Studiensystem ähnlich stark verändert worden wie in jüngster Zeit. Damals ist die Zahl der zu erwerbenden „Scheine" in den Fächern, in denen zuvor das Studium sehr offen war, erheblich erhöht worden; der Anteil der Pflichtveranstaltungen wuchs, und studienbegleitende Prüfungen nahmen zu. Das Maß an Vorgaben hat zugenommen. Allerdings zählten vor der Einführung des Credit System in der Regel die Noten bis zum Vordiplom nicht für die Abschlussbenotung. Bei einem Credit System zählen jedoch die Benotungen von Anfang an bei der Abschlussnote mit.

Das neue System ist aber eine Erfolgsgeschichte, wenn sich bei weiteren Untersuchungen der Befund bestätigt, dass die Studienabbrecherquoten runtergegangen sind. In dem alten System, das ich noch erlebt habe, konnte nämlich im Laufe des Studiums die diffuse Angst wachsen, dass da irgend so was ganz Großes auf einen zukommt, bei dem wir gar nicht wissen, ob wir das bewältigen können. Jetzt drängt alles auf frühe realistische Einschätzung.

- **I:**

Glauben Sie, dass die Studierenden durch die höhere Regeldichte eher linearisiert und homogenisiert werden? Eigentlich steht Universität für Diversität und Vielfalt – gleichen sich jetzt die Studierenden nach dem Studium vielleicht mehr als früher?

- **UT:**

Nein. In diesem Zusammenhang können wir nicht allein auf Gestaltungsmöglichkeiten beim zeitlichen Aufwand und auf die Verteilung der Prüfungen im Studiengang achten. Viel wichtiger ist, was denn mit den Studienangeboten in der Substanz passiert, und wichtig ist natürlich auch, welche Variantenbreite die Studierenden für den Umgang mit den Studienangeboten haben.

Es gibt keinerlei Hinweis darauf, dass eine deutschlandweite Standardisierung der Studiengänge in den jeweiligen Disziplinen im Bologna-Prozess zugenommen hätte. Es ist nicht anzunehmen, dass durch die Akkreditierung stärker auf Einheitslösungen gedrängt würde als früher durch die Rahmenprüfungsordnungen und die staatlichen

Genehmigungen. Die früher in Deutschland hoch gelobte Chance zum Wechsel der Hochschule im Laufe des Studiums war in vielen Fächern ja mit der Forderung erkauft wurden, im Grundstudium eine weitgehende Standardisierung vorzunehmen und erst in der Hauptdiplomphase eine große Variantenfreiheit zu akzeptieren. Möglicherweise haben wir jetzt im Bachelorstudium und vermehrt im Masterstudium eine größere Variantenvielfalt.

Auch die Studierenden haben wohl eine größere Optionsvielfalt. Heute ist z. B. der Wechsel der Hochschule zwischen einem Bachelorstudium und einem Masterstudium viel häufiger als früher der Wechsel innerhalb eines universitären Langstudiums. Auch kann es sein, dass sich bei der beabsichtigten stärkeren Betonung der zu erreichenden Kompetenzen zum Abschluss des Studiums als der Betonung der Beherrschung von Wissensstoffen die Variantenvielfalt für die Studierenden erhöht. Schließlich erhalten sich die meisten Studierenden auch dadurch eine große Variantenvielfalt, dass sie zumeist nicht nach dem Bachelorabschluss in den Beruf einsteigen, sondern das weniger geregelte Masterstudium noch „mitnehmen".

- I:

Stichwort „Studierbarkeit": Durch die viele Kritik an den neuen Studiengängen wird der Eindruck vermittelt, Studieren nach Bologna stelle keine selbst gewählte Aufgabe und Zukunftschance mehr dar, sondern eine von außen gesetzte Lebenshürde und ein notwendiges Übel. Befragungen von Studierenden im Rahmen des CHE-Hochschulrankings und des Studienqualitätsmonitors des HIS-Instituts ergeben aber folgendes Bild: An den Universitäten werden die neuen Studiengänge sogar etwas besser bewertet als die alten (z. B. Christoph & Roessler, 2010). Wie studierbar sind Studiengänge heute?

- UT:

Wir haben von Kassel aus ein großes Netzwerk auf den Weg gebracht, in dem über 70 Hochschulen in Deutschland ähnliche Hochschulabsolventenstudien durchführen. Bei der zusammenfassenden Auswertung der Aussagen von Studierenden an allen beteiligten Hochschulen des KOAB-Netzwerks kommen wir zu ähnlichen Ergebnissen wie die von Ihnen genannten Studien. Die Bewertung der neuen Studiengänge ist im Durchschnitt positiver als die Bewertung der traditionellen Studiengänge.

Allerdings bewerten die Studierenden die neuen Masterstudiengänge deutlich besser als die Bachelorstudiengänge. Das haben wir aber im Grunde immer gehabt: Je mehr Wahl es gibt, desto besser fällt die Bewertung aus.

Ob insgesamt die Studierbarkeit wächst oder sich verringert, hängt mehr von anderen Faktoren ab als von den Unterschieden zwischen dem alten und dem neuen Studiengangsystem. Wichtiger ist, was seitens der Hochschulen für die „Studierbarkeit" getan wird – etwa durch die Unterstützung durch Studienberater und die wachsende Zahl anderer Hochschulprofessioneller (z. B. International Officers, Quality Managers und Studiengangkoordinatoren), durch Konzepte wie „Kompetenzorientierung" oder durch Anreize oder Pflichten für Lehrende, sich professionell für Lehre und Studium zu qualifizieren. Allerdings steckt in den vielen Umstellungen im Rahmen des Bologna-Prozesses eine Provokation, sich um solche Dinge mehr zu kümmern

Für eine Verbesserung der Situation spricht, dass trotz gegenteiliger Behauptung die quantitative Studierenden-Wissenschaftler-Relation nicht gestiegen und dass gleichzeitig die Zahl der Hochschulprofessionellen, die Lehre und Studium gestaltend unterstützen, deutlich gestiegen ist. Dagegen spricht allerdings, dass die Bemühungen an den Universitäten, in „Exzellenzinitiativen" und internationalen „Rankings" zu glänzen, eher die Aufmerksamkeit auf die Forschung erhöht haben. Nach dem Vergleich von zwei Befragungen in den Jahren 1992 und 2007, die wir durchgeführt haben, haben die Universitätsprofessorinnen und -professoren ihren zeitlichen Aufwand für die Lehre in diesem Zeitraum im Durchschnitt eindeutig gesenkt.

- **I:**

Gibt es Unterschiede zwischen den verschiedenen Studienfächern, die vor der Reform noch nicht existiert haben?

- **UT:**

Vieles spricht dafür, dass mit dem Bologna-Prozess die Unterschiede in der formalen Gestalt zwischen den Fächern geringer geworden sind. Zum Beispiel sind die Fächer, die früher eine geringe Regeldichte hatten, denen ähnlicher geworden, die traditionell eine hohe Regeldichte hatten.

Eine ganz andere Frage ist, ob der Abstand zwischen den Studiengängen wächst, die eine Bachelor-Master-Struktur eingeführt haben, zu denen, die an einstufigen Studiengängen festhalten. Das Letztere ist am ehesten in Fächern der Fall, die – ganz oder überwiegend – an einem Staatsexamen festhalten. Dass der Staat in einigen Fächern so stark in das universitäre System von Studienangeboten und Prüfungen hineinregiert, ist eine spezifische deutsche „Macke", die auch darin zum Tragen kommt, dass sich die Ressortministerien und Wissenschaftsministerien ja „kaum grüßen".

- **I:**

Die nächste Gruppe, die von der Reform in besonderem Maße betroffen ist, sind die Lehrenden: Durch die Bologna-Reform werden neue Ansprüche an die Lehre gestellt, wie eine größere Praxisnähe des Studiums und eine studierendenzentrierte, aktivierende und kompetenzorientierte Lehre. Es wird von einem didaktischen Paradigmenwechsel gesprochen. Haben sich die Ansprüche an Dozierende durch Bologna geändert? – Falls ja, werden die jetzigen Dozierenden den Ansprüchen gerecht?

- **UT:**

Wir sind in einer merkwürdigen Gesamtgemengelage, Bologna hin, Bologna her. Wir können sagen, es hat sich ergeben, dass wir von den Hochschullehrern mehr erwarten. Das hängt eher damit zusammen, dass der Anteil der Studierenden an der entsprechenden Altersstufe wächst bzw. dass von den Hochschulen stärker erwartet wird, ihre Nützlichkeit und Effektivität sichtbar unter Beweis zu stellen.

Die Erwartungen an die Hochschullehrer sind gewachsen. Es reicht nicht mehr zu sagen: „Spuck dein disziplinäres Wissen aus!", und damit ist es getan. Vielmehr haben wir an den Universitäten so etwas wie einen dreifachen Professionalisierungstrend. Das Management ist nicht mehr nur symbolisch da, sondern die Manager müssen zugleich Wissen über Management und Wissen über das Wissenschaftssystem haben, um mit einer Universität zurechtzukommen. Von den Hochschullehrern wird erwartet, dass sie nicht nur Spezialisten ihrer Disziplin sind, sondern auch Forschungsmanager, Personalmanager, Didaktiker usw. Und wir haben die steigende Zahl der Hochschulprofessionellen, die Serviceaufgaben bzw. Management unterstützende Funktionen haben. In allen drei Richtungen rüsten wir bei den Hochschulen professionell auf.

Wie bereits erwähnt, stellen wir aber bei Befragungen fest, dass der Aufwand der Universitätsprofessorinnen und -professoren für die Lehre zurückgegangen ist. Von 2 ½ Stunden lehrbezogener Zeit (Vorbereitung, Beratung, Prüfungen usw.) je Lehrveranstaltungsstunde im Jahre 1992 auf weniger als zwei Stunden im Jahre 2007.

Der Druck auf die Lehrenden wächst. Sie denken, dass sie mehr Zeit für Forschung und für verschiedene weitere Aufgaben (Evaluation, Dienstleistungen usw.) aufwenden sollten, und zugleich sollten sie in der Lehre professioneller werden und sich mehr um die Studierenden kümmern. Da kann es nicht überraschen, dass über die Lehrsituation mehr geklagt wird – und der Bologna-Prozess dient offensichtlich als Blitzableiter.

- **I:**

Welche Auswirkungen hat die Bologna-Reform auf die Qualität von Lehre, und wie zeigt sich das in empirischer Forschung?

- **UT:**

Meine These ist: Wir haben keinen Hinweis darauf, dass die gestuften Studiengänge bzw. die Einführung eines Credit System das Niveau der Kompetenzen nach drei Studienjahren, nach vier Studienjahren oder nach fünf Studienjahren deutlich geändert haben. Sollte sich die Qualität durch wachsende Studienanfängerquoten verändert haben, so kann das nicht als durch den Bologna-Prozess verursacht angesehen werden. Auch die quantitative Studierenden-Lehrenden-Relation, die als wichtig für die Qualität gilt, wird nicht durch den Bologna-Prozess bestimmt; hier hat sich übrigens von 2000 bis 2010 – im Gegensatz zu weitverbreiteten Behauptungen – an Hochschulen ein stärkeres Anwachsen an wissenschaftlichem Personal als an der Zahl der Studierenden ergeben. Das sind nur ein paar Befunde. Aber Behauptungen wie „Wir haben eindeutige Hinweise, dass es da also irgendwo mit der Qualität hoch- oder runtergegangen ist" erweisen sich bei näherem Hinsehen eher als ein Stochern im Nebel.

Für die Qualität der Lehre ist sicherlich wichtig, welche Akzente in Lehre und Studium vorherrschen. Hier haben in den letzten Jahren „Kompetenzorientierung" und „Beschäftigungsorientierung" (*employability*) große semantische und vielleicht auch etwas reale Aufmerksamkeit gefunden. Dies wird auch in neueren Dokumenten zur Bologna-Reform hervorgehoben. Aber im Augenblick wird ja jede studienbezogene Reformidee als „Bologna" behandelt. Mir erscheint das als ein inflationärer Gebrauch von „Bologna".

- **I:**

Sind die an Hochschulen üblichen Prüfungsformate geeignet, um die geforderten Kompetenzen festzustellen? Und falls nein, wie müssen sich die Prüfungsformate ändern?

- **UT:**

In den USA gibt es zwei riesige Testinstitute, die ihr Haupteinkommen mit den Eignungstests zum Hochschulzugang machen. Es wurden viel Zeit und Geld investiert, um Kompetenztests oder berufliche Qualifikationstests an die Stelle der üblichen hochschulischen Prüfungen treten zu lassen.

Ich habe dort z. B. ein Pilotprogramm für einen Qualifikationstest im Bereich „Nursing" gesehen: Da lief der Prüfer einen Tag beim Berufsstart der Absolventen nebenher und fragte immer: „Was machst du da?", „Warum machst du das?", usw. Das nur als Beispiel dafür, dass wir uns total andere Prüfungsformate vorstellen könnten. Spannend wäre es, wenn wir durch entsprechende Formate die Frage beantworten könnten: Inwieweit können die Absolventinnen und Absolventen beweisen, dass sie durch den Erwerb ihres Wissens kreative Ideen zu Problemlösungen haben?

Ich glaube nicht, dass die Prüfungsformate in absehbarer Zukunft wesentlich besser werden. Durch die Vermehrung von Prüfungen mit der Einführung eines Credit System ist ja eher der Rationalisierungsdruck gestiegen: Die Prüfungen sind vielleicht simpler geworden. Jetzt wird im internationalen AHELO-Projekt daran gebastelt, eine Art Hochschul-PISA zu entwickeln. Das hilft aber für die Prüfungen an den einzelnen Lehrveranstaltungen wenig, und wenn solche Tests tatsächlich zur Messung von Leistungsfortschritten der Studierenden genutzt würden, dann entstünde den Hochschulen ein Vereinheitlichungsdruck, der für kreative Vielfalt nur schädlich sein könnte.

- **I:**

Werden denn die Ergebnisse Ihrer Hochschulforschung und der Hochschulforschung im Allgemeinen von den Dozierenden zur Kenntnis genommen, und gibt es so etwas wie eine systematische Anpassung?

- **U:**

Vor einigen Jahrzehnten war es im Hochschulsystem üblich, dass sich die Verantwortlichen auf ihren „gesunden Menschenverstand", einzelne Eindrücke und allenfalls Hochschulstatistiken verließen. Heute haben wir bei den innerhalb der Hochschulen Verantwortlichen ein viel größeres Interesse an Ergebnissen von systematischen Analysen. Allerdings hat das Interesse an „Evaluationen", an Berichten von „Consultants" und an der Bereitstellung von „süffigen" Indikatoren – z. B. „Rankings" – stärker zugenommen als die Aufmerksamkeit für fundierte Hochschulforschung.

Ich habe viele Beispiele, wie unsere Forschung in das Denken von Politikern und Praktikern eingegangen ist. Vor Jahrzehnten ist es uns gelungen, den Begriff „akademisches Proletariat" in Deutschland aus dem Felde zu schlagen, weil die „überzähligen" Absolventen in der Regel nicht ins Elend stürzen, sondern Berufe in der Mitte der beruflichen Statushierarchie übernehmen. Verstanden worden ist, dass die innerhalb Europas mobilen Studierenden nicht getrennt wissenschaftliche, kulturelle und berufliche Erträge haben, sondern vor allem „aus dem Kontrast" lernen: „Es führen mehr Wege nach Rom, als uns daheim erklärt wird." Viele andere Beispiele lassen sich nennen.

Wir haben auch dazu beigetragen, dass mehr Hochschulen Hochschulabsolventenstudien zur Kenntnis nehmen: Sie nehmen besser wahr, was aus ihren Studierenden später wird und wie sie das Studium im Rückblick betrachten. Aber solche Kommunikation klappt nur, wenn die Vertreter der Hochschulpraxis einerseits gründlich zuhören und andererseits keine Patentrezepte von der Forschung nach Art „So müsst ihr es machen" erwarten. Oft hilft die Forschung, Irrglauben zu entmythologisieren; seltener gelingt es ihr, die Überlegenheit bestimmter Lösungen eindeutig zu bestätigen. Aber gerade am Beispiel des Bologna-Prozesses habe ich oft erlebt, dass die Hochschulforschung auch schon viel leistet, wenn sie zum besseren Sortieren der Gedanken und Befunde beitragen kann.

- **I:**

Abschließend noch eine Betrachtung auf globaler Ebene. Was meinen Sie: Sind die Hochschulabschlüsse jetzt oder in naher Zukunft international vergleichbar?

- **UT:**

Nein, würde ich sagen, und das erwartet auch fast niemand. Formale Abschlüsse sind Anhaltspunkte: Masterabsolventen sind in der Regel mit den Ergebnissen der Forschung in ihrer Disziplin eingehender vertraut als Bachelorabsolventen. Aber insgesamt wächst mit den wachsenden Studierendenzahlen und der wachsenden Bedeutung der Wissenschaft in der Gesellschaft die horizontale Vielfalt (z. B. „Profile" von Studiengängen) und die vertikale Vielfalt („Ranking").

Deswegen ist z. B. überhaupt nicht zu erwarten, dass die Ergebnisse von einer Studienphase im Ausland bei der Rückkehr automatisch anerkannt werden und dass jeder Bachelor aus einem Land in einem anderen wie jeder dortige Bachelor auf dem Arbeitsmarkt behandelt wird. Bei den Bemühungen um Anerkennung geht es nicht um automatische Anerkennung, sondern um die Vermeidung künstlicher bzw. bürokratisch verursachter Ungleichbehandlung. Und Abschlüsse wie der Bachelor können allenfalls eine Mindestqualifikation für eine bestimmte Ebene zum Ausdruck bringen, aber nicht eine mehr oder weniger einheitliche Qualifikationsebene beschreiben.

Im Bologna-Prozess steckt aber implizit die Forderung, Unterschiede in den Studienangeboten und in den Kompetenzen der Studierenden nicht kleinlich herauszustreichen. Mehr Mobilität von Studierenden kann nur klappen, wenn etwas „anderes" als gleichwertig akzeptiert wird und wenn gewisse Unterschiede in dem Niveau und dem Profil akzeptiert werden.

Mir hat die Leiterin eines Auslandsamts gesagt: „Wir sind im internationalen Ranking Nummer soundso, und mein Präsident hat gesagt, wir sollen keine Kooperationsverträge mit Universitäten abschließen, die im Ranking niedriger sind als wir." Darauf habe ich gesagt: „Dann werden Sie aber einsam, weil jede ein wenig höherrangige Universität sich weigern wird, mit Ihnen zu kooperieren." Kooperation ist angesichts feiner „Rankings" nur möglich, wenn es größere *zones of mutual trust* gibt.

ERASMUS ist ein erfolgreiches Massensystem. Bei ERASMUS hat man entschieden: „Ihr wählt die Partner aus, zu denen Ihr Vertrauen habt. Aber wenn Ihr den Partner ausgewählt habt und wenn Ihr erfolgreich Abklärungen getroffen habt, was für die einzelnen Studierenden das angemessene Studienprogramm an der Partnerhochschule ist, dann müsst Ihr auch den erreichten Studienerfolg anerkennen." Das ist die Logik von ERASMUS, nicht: „Alle Hochschulen in Europa sind in der Qualität gleich."

- **I:**

Stimmt es, dass Bachelorabsolventinnen oder -absolventen billige Arbeitskräfte sind?

- **UT:**

Nein, das ist nicht der Fall. Die vorliegenden Hochschulabsolventenstudien lassen den Schluss zu, dass Bachelorabsolventen, die berufstätig werden, ein bis zwei Jahre nach dem Studienabschluss etwa 15 % weniger verdienen als Masterabsolventen der gleichen Fachrichtungsgruppe. Das ist ein etwas geringerer Unterschied als zwischen den Absolventen, die im öffentlichen Sektor im gehobenen Dienst (früher Fachhochschulabsolventen) bzw. im höheren Dienst (früher Universitätsabsolventen) tätig werden. Natürlich gibt es eine Reihe von Masterabsolventen, die keine dem höheren Dienst vergleichbare Position erreichen, und eine Reihe von Bachelorabsolventen, die keine dem gehobenen Dienst vergleichbare Position erreichen. Dennoch mögen sie große Teile ihrer Kompetenzen erfolgreich in ihre Berufstätigkeit einbringen. In keinem Falle erhöht sich dadurch der Abstand zwischen den Positionen und den Einkommen der beiden Qualifikationsebenen. Wer behauptet, dass die Bachelorabsolventen billige Arbeitskräfte sind, hat die Verschiebungen des beruflichen Einsatzes von Hochschulabsolventen im Zuge der Hochschulexpansion nicht verstanden. Das muss ich so hart sagen.

- **I:**

Was sagen Sie zu der Aussage des Präsidenten der Hochschulrektoren, Horst Hippler, „Die Unternehmen brauchen Persönlichkeiten, nicht nur Absolventen"?

- **UT:**

Wir wissen aus allen Analysen zu Beziehung von Hochschule und Beruf, dass die beschäftigenden Organisationen sowohl auf Merkmale Wert legen, die oft als fachliche Qualifikationen bezeichnet werden, als auch auf solche Merkmale, die nicht so direkt durch Bildungsprozesse geprägt und gerne mit „Persönlichkeit" bezeichnet werden. Die von Ihnen zitierte Formulierung ordnet die Ebene „Persönlichkeit" höher ein als die Ebene „Absolventen", mit der wohl eher Fachqualifikationen gemeint sind. Unterstellt wird damit: Die Unternehmen wollen im Hinblick auf Persönlichkeit „Weltmeister", aber im Hinblick auf Fachqualifikationen „Normalverbraucher".

Interessant ist natürlich die Frage: Warum wirft in einer Bachelor-Masterskeptischen Diskussion in Deutschland der Präsident einer Rektorenkonferenz eine solche Aussage auf den Tisch? Wird damit suggeriert, dass ein Bachelorstudium zwar Fachwissen fördern kann, aber Bachelorabsolventen in der Entwicklung ihrer fachübergreifenden Kompetenzen auf einer niedrigen Ebene stehen bleiben, die nicht den Begriff „Persönlichkeit" verdient?

Der Präsident der Hochschulrektorenkonferenz kommt aus dem Bereich der Ingenieur- und Naturwissenschaften, in dem es immer gang und gäbe war, dass man verschiedene Hierarchieebenen – z. B. zwischen Universitätsabsolventen, Fachhochschulabsolventen und Technikern – hatte und die Arbeitgeber diese jeweils als funktional schätzten. Das war ganz normal, man hatte nicht nur Häuptlinge. Und alle sollten auch Persönlichkeiten – jeweils auf ihre Weise – sein. Warum sollten jetzt auf einmal die Bachelorabsolventen Versager im Hinblick auf „Persönlichkeit" sein?

Natürlich hat es immer elitäre Vorstellungen gegeben, dass der „richtige Mensch" erst mit einem universitären Langstudium und heute mit einem universitären Masterabschluss erreicht wird. Im Zuge der Hochschulexpansion wird jedoch weniger elitistische Arroganz gebraucht und mehr Aufmerksamkeit für die Studierenden, die vielleicht nur Durchschnittsverdiener sein werden: Wie können sie wertvolle Kompetenzen entwickeln und im Beruf zur Geltung bringen?

- **I:**

Wenn Sie drei Wünsche für die Verbesserung der Lehrqualität an deutschen Universitäten frei hätten, was würden Sie sich wünschen?

- **UT:**

Gut, eine Sache würde ich mir schon wünschen: Dass die Wissenschaftlerinnen und Wissenschaftler, die an den Hochschulen verantwortlich sind, sich insgesamt ein bisschen mehr Zeit, Ruhe und Reflexion nehmen, um zu schauen, was aus ihren Absolventen wird. Da geht es nicht nur darum, ob Fach und Berufskategorie passen und das Einkommen beträchtlich ist. Wenn z. B. alle Lehrenden wüssten, dass die Mehrzahl der Absolventen für ihre Berufstätigkeit mehr als ein einziges Studienfach für eine angemessene Vorbereitung halten und dass etwa ein Viertel der Absolventen sich nicht in einer typischen Absolventenposition sieht, aber das Studium trotzdem als wertvolle Berufsvorbereitung betrachtet, dann würde über die Beziehungen von Studium und Beruf wohl ganz anders nachgedacht.

Zweitens würde ich sagen, dass es für viele Studierende gut ist, wenn sie während ihres Studiums zeitweise international mobil sind. Da lernt man aus den Kontrasten. Die Selbstverständlichkeiten zu Hause werden infrage gestellt, und der Blick öffnet sich für vielfältige Lösungen. Auch wäre es gut, wenn die internationale Mobilität von Wissenschaftlerinnen und Wissenschaftlern nicht so stark auf die Forschungsdimension bezogen wäre. Zwar gibt es bei ERASMUS auch Dozentenmobilität für eine oder zwei Wochen. Spannend wäre es, wenn durch lehrbezogene Mobilität die Verschiedenheit der Lehr- und Lernstile anderer Länder besser verstanden würde. Wir haben z. B. festgestellt, dass Hochschullehrerinnen und -lehrer in Deutschland überwiegend ein enges Repertoire von Methoden der Lehre und des Studiums haben.

Drittens wäre es gut, wenn sich die Lehrenden an deutschen Hochschulen daran gewöhnen würden, mit Hochschulprofessionellen ohne Standesdünkel umzugehen. Bisher berichten die Hochschulprofessionellen häufig, dass sie mit ihren Kompetenzen für Dienstleistung und Unterstützung von Management nicht voll zur Geltung kommen, weil viele Lehrenden auf sie herabschauen, statt eine fruchtbare Kooperation voranzutreiben.

- **I:**

Vielen Dank für das Interview!
   Video des Interviews (siehe ◘ Abb. 9.1)

◘ **Abb. 9.1** Video 9.1 (▶ https://doi.org/10.1007/000-79x)

Zitierte und weiterführende Literatur

Christoph, G., & Roessler, I. (2010). *Bachelor auf Erfolgskurs. Eine Überprüfung einzelner Reformziele anhand von Daten aus dem CHE-Hochschul-Ranking*. CHE.

Engel, C., Janson, K., Schomburg, H., & Teichler, U. (2009). *Der berufliche Ertrag der ERASMUS-Mobilität*. Bundesministerium für Bildung und Forschung.

Jacob, A. K., & Teichler, U. (2011). *Der Wandel des Hochschullehrberufs im internationalen Vergleich*. Bundesministerium für Bildung und Forschung.

Kehm, B. M., Schomburg, H., & Teichler, U. (Hrsg.). (2012). *Funktionswandel der Universitäten. Differenzierung, Relevanzsteigerung, Internationalisierung*. Campus.

Schomburg, H., & Teichler, U. (Hrsg.). (2011). *Employability and mobility of bachelor graduates in Europe. Key results of the Bologna process*. Sense.

Teichler, U., & Bürger, S. (2008). Student enrolments and graduation trends in the OECD area: What can we learn from international statistics? In OECD (Hrsg.), *Higher Education 2030* (Bd. 1, S. 151–172). OECD.

Referenzen

Kehm, B. M., Schomburg, H., & Teichler, U. (Hrsg.) (2012). *Funktionswandel der Universitäten. Differenzierung, Relevanzsteigerung, Internationalisierung*. Campus.

Schomburg, H., & Teichler, U. (Hrsg.) (2011). *Employability and mobility of bachelor graduates in Europe. Key results of the Bologna process*. Sense.

Teichler, U. (2014). *Hochschulsysteme und quantitativ-strukturelle Hochschulpolitik. Differenzierung, Bologna-Prozess und die Folgen*. Waxmann.

Teichler, U., & Bürger, S. (2008). Student enrolments and graduation trends in the OECD area: What can we learn from international statistics? In OECD (Hrsg.), *Higher education 2030* (Bd. 1, S. 151–172). OECD.

Entscheiden sich die Richtigen für ein Lehramtsstudium – und wer sind die Richtigen?

Ewald Terhart

Inhaltsverzeichnis

10.1 Einleitung – 158

10.2 Interview mit Prof. Ewald Terhart, Professor für Schulpädagogik und Allgemeine Didaktik an der Universität Münster – 158

Zitierte und weiterführende Literatur – 174

Ergänzende Information Die elektronische Version dieses Kapitels enthält Zusatzmaterial, auf das über folgenden Link zugegriffen werden kann [https://doi.org/10.1007/978-3-662-65631-0_10]. Die Videos lassen sich durch Anklicken des DOI Links in der Legende einer entsprechenden Abbildung abspielen, oder indem Sie diesen Link mit der SN More Media App scannen.

© Der/die Autor(en), exklusiv lizenziert an Springer-Verlag GmbH, DE, ein Teil von Springer Nature 2023
B. Spinath (Hrsg.), *Empirische Bildungsforschung*, Meet the Expert: Wissen aus erster Hand,
https://doi.org/10.1007/978-3-662-65631-0_10

10.1 Einleitung

Birgit Spinath

„Auf die Lehrer kommt es an" ist ein Credo, das auch durch die empirische Bildungsforschung gut gestützt wird. Genauso verbreitet ist die Wahrnehmung, dass sich in Deutschland nicht immer die Richtigen für ein Lehramtsstudium entscheiden und somit viele Lehrerinnen und Lehrer für ihren Beruf nicht oder nicht optimal geeignet sind. Ist das tatsächlich so? Wer entscheidet sich für ein Lehramtsstudium und warum? Sollte es eine stärkere Auswahl zu Studienbeginn geben und wenn ja, wie könnte diese aussehen? Kann zu diesem frühen Zeitpunkt – das Abitur wird nach der Verkürzung der Schulzeit heute schon im Alter von 17 Jahren erworben – bereits festgestellt werden, wer die Eignung zum Lehrerberuf besitzt und wer nicht? Wie muss die Lehrerbildung reformiert werden, um Studierende auf die zukünftigen Anforderungen vorzubereiten? Warum ist die Lehrerbildung eine Dauerbaustelle? Diese und weitere Fragen werden im folgenden Interview beantwortet.

Prof. Ewald Terhart ist Erziehungswissenschaftler und hat eine Professur für Schulpädagogik und Allgemeine Didaktik inne. Seine Forschungsschwerpunkte innerhalb der Bildungsforschung liegen auf Fragen der Lehrerbildung und des Lehrerberufs. Prof. Terhart hat zahlreiche viel beachtete Publikationen vorgelegt, insbesondere zum Stand der empirischen Forschung im Bereich der Lehrerbildung und des Lehrerberufs (z. B. Terhart, 2011; Terhart, Bennewitz und Rothland, 2011) und zu Fragen der Reform der Lehrerbildung (z. B. Terhart, 2012, 2013). Als einer der führenden Experten für die Lehrerbildung stellt er seine Expertise häufig der Bildungspolitik zur Verfügung (z. B. als Vorsitzender der KMK-Kommission zu den „Perspektiven der Lehrerbildung in Deutschland" 2000, als Autor einer Expertise zu den „Standards für die Lehrerbildung" 2004, sowie in einer Stellungnahme zur Weiterentwicklung der Lehrerbildung für den deutschen Bundestag 2012).

10.2 Interview mit Prof. Ewald Terhart, Professor für Schulpädagogik und Allgemeine Didaktik an der Universität Münster

Das Interview führten Desiree Dehoust, Viola Kämmer und Maria Stoica-Florea im Juni 2012.

- **Interviewerin:**

Entscheiden sich die Richtigen für ein Lehramtsstudium? Das ist die Frage, die wir heute mit Ihnen, Herr Professor Terhart, erörtern möchten. Sie sind Professor für Schulpädagogik und Allgemeine Didaktik an der Universität Münster und setzen sich intensiv mit Fragen der Lehrerbildung auseinander. Wie sind Sie dazu gekommen, sich mit diesem Bereich so intensiv zu beschäftigen?

- **Prof. Ewald Terhart:**

In meinem Studium der Erziehungswissenschaft gab es die Möglichkeit, innerhalb des Diplomstudiengangs die Studienrichtung „Schule" zu wählen. Hier konnte man sich mit den Bereichen Schule, Lehrerberuf und Unterricht beschäftigen, ohne selbst Lehrer werden zu wollen. Es gab im Diplomstudiengang Erziehungswissenschaft eine sehr kleine Gruppe, die sich für Schule und Lehrerberuf interessierte, ohne selbst Lehrer werden zu wollen, und zu dieser Gruppe gehörte ich. Was meine persönliche Motivation war, ist schwer zu sagen, da man sich ja selbst nicht so genau kennt. Wenn ich es richtig sehe, bin ich in meinem Lebenslauf über die Familie hinaus sehr stark von der Schule und der schulischen Bildung geprägt worden und hatte, wie wir alle, gute und schlechte Lehrer. Deshalb habe ich mich sehr für die Schule und die Tätigkeit der Lehrer, die ja für jeden Heranwachsenden von großer Bedeutung sind, interessiert. Ich glaube, ich bin sehr stark ein Produkt der Schule und lege mir das heute so zurecht, dass dies der Hintergrund ist, warum ich mich so intensiv mit der Schule beschäftige.

- **I:**

Kommen wir nun zu Ihrer aktuellen Arbeit. Im Zusammenhang mit Fragen der Lehrerausbildung haben Sie den Begriff der „Dauerbaustelle" verwendet. Inwiefern ist die Lehrerausbildung eine Dauerbaustelle?

- **ET:**

Weil dauernd daran gebaut wird. Das ist das Kennzeichen von Dauerbaustellen. Warum das so ist, bleibt eine spannende Frage. Seit es die organisierte Vorbereitung der Lehrer auf ihren Beruf gibt, wird über diese Ausbildung, die permanent in der Kritik steht, diskutiert. Das hängt damit zusammen, dass man auf den Lehrerberuf sehr große Hoffnungen richtet und das edelste Menschentum und die wunderbarsten Qualifikationen vom Lehrerberuf verlangt. Faktisch wird das wohl nie ganz eingelöst. Die dauernde Diskussion über Lehrerbildung und die daraus sich ergebende „Dauerbaustelle" Lehrerbildung sind Ausdruck der ständigen Hoffnung, dass dort alles zum Guten gewendet werden könnte. Doch zugleich ist sie auch Ausdruck der Enttäuschung, dass dies nicht gelingt. Deshalb treibt sich das immer wieder an, deshalb wird dauernd an der Lehrerbildung gebaut.

- **I:**

Sie beschäftigen sich insgesamt viel mit der Forschung zur Lehrerbildung, aber auch mit der Frage, wer Lehrer wird und aus welchen Motiven. Wie lässt sich der Stand der Forschung dazu zusammenfassen? *(vgl. hierzu auch das Interview mit Dr. Martin Neugebauer in ▶ Kap. 3)*

- **ET:**

Das ist ein wichtiges Thema. In der Öffentlichkeit, in der populären Meinung und in der Politik zirkulieren Vorurteile gegenüber dem Lehrerberuf: Es seien zum einen die unmotivierten Studenten mit den niedrigen Abiturdurchschnitten, die das Lehramt ergriffen, und zum anderen Frauen, die diesen Beruf gut mit der Familie verbinden könnten. Zudem herrscht die Meinung vor, dass die motivationalen und kognitiven Voraussetzungen in unserer Lehrerschaft insgesamt nicht stimmen würden und es irgendwie die „Falschen" seien. Es kann jedoch aufgrund der Befunde der empirischen Forschung gesagt werden, dass diese Behauptungen heute so nicht mehr haltbar sind (◘ Abb. 10.1). Die kognitiven Voraussetzungen sind bei den Lehramtsstudenten durchweg vergleichbar mit denjenigen ihrer Studienkollegen, die im glei-

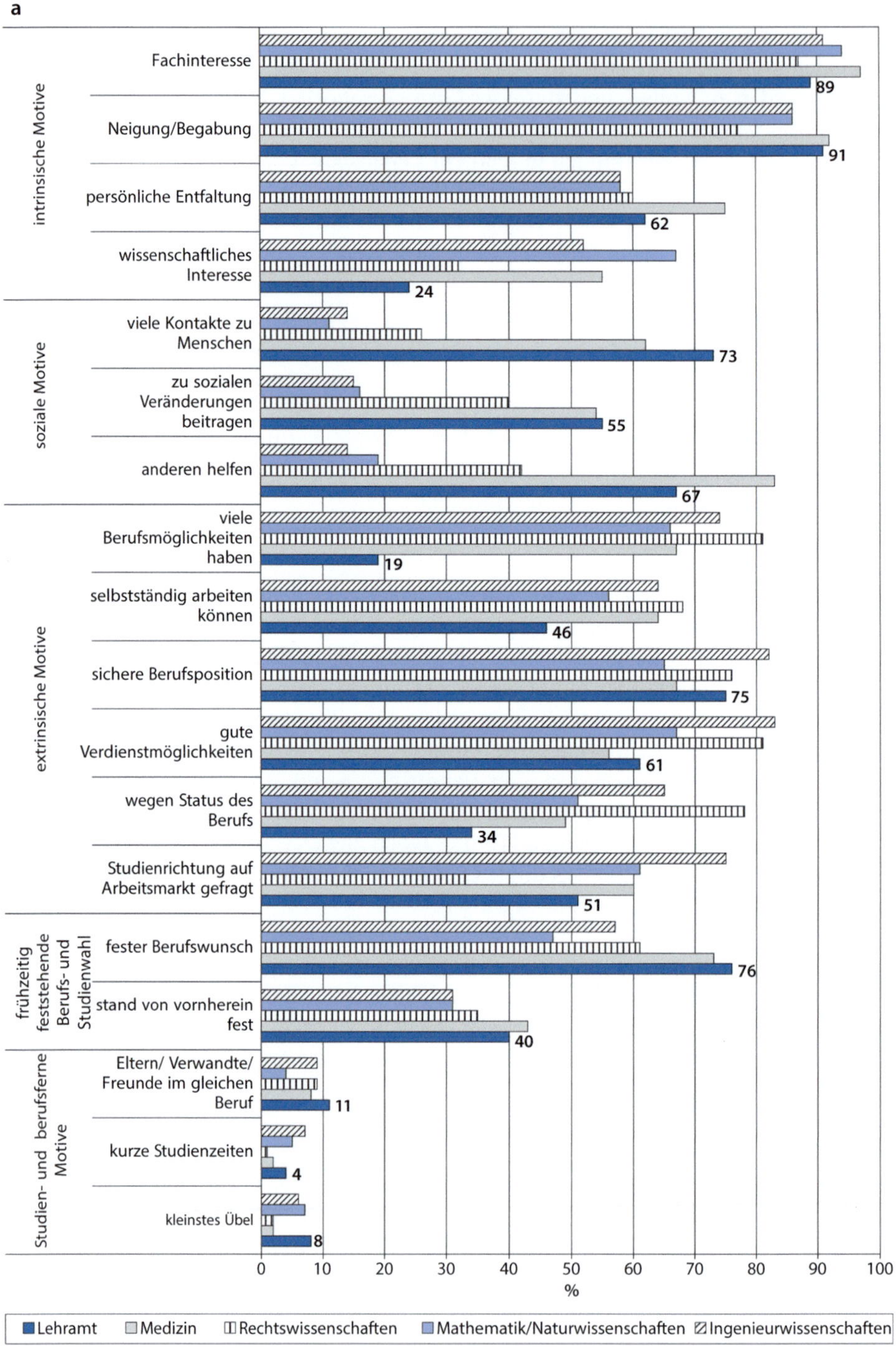

Abb. 10.1 a Studienwahlmotive von Studienanfängern (N = 8342); ausgewählte Studienfächer zum Vergleich. b Vergleich der Berufs- und Lebensziele von Studienanfängern (N = 4800) ausgewählter Fächergruppen; Zustimmung in Prozent (Rothland, 2011, S. 280 f.)

Entscheiden sich die Richtigen für ein Lehramtsstudium – und wer sind die…

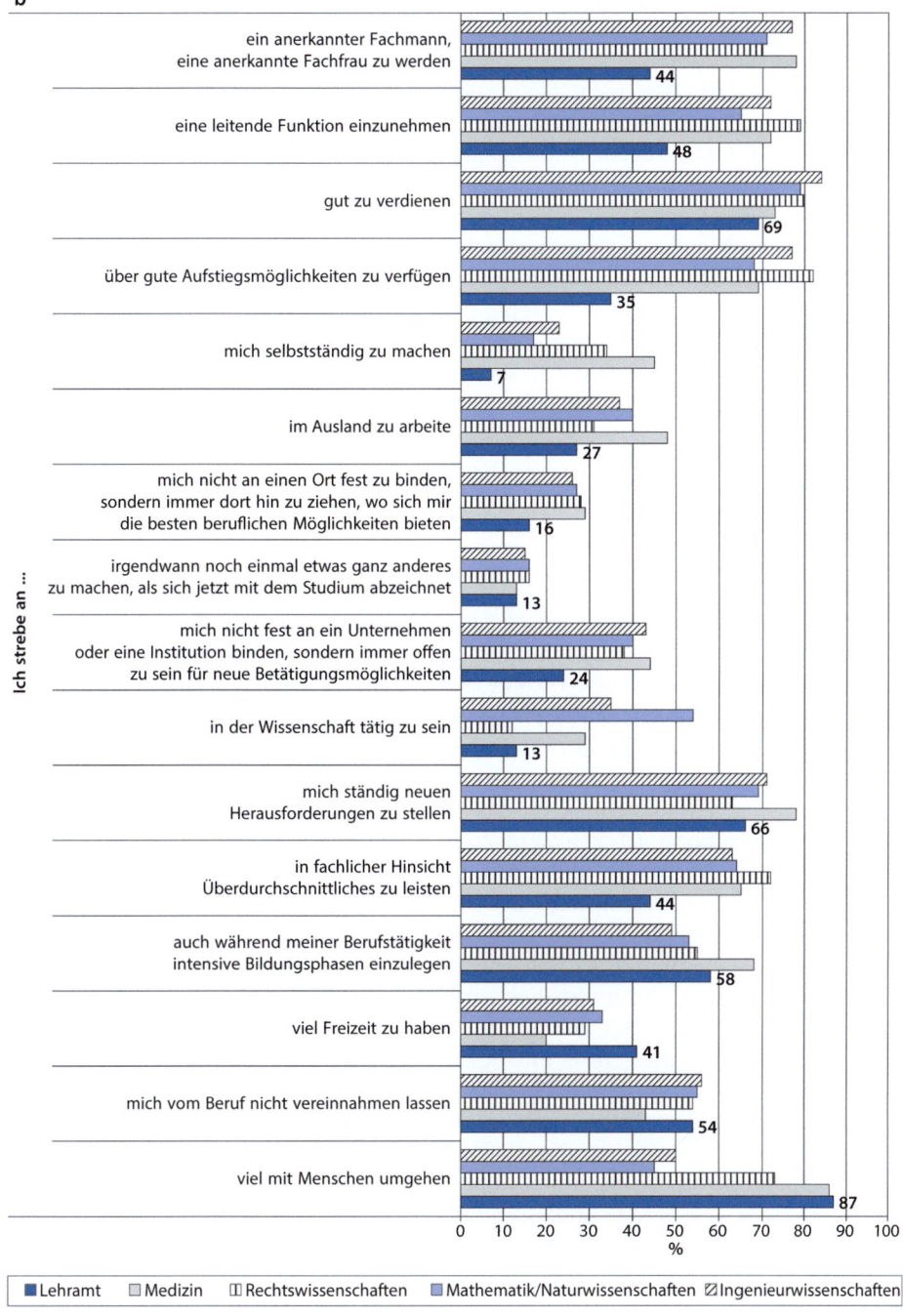

Abb. 10.1 (Fortsetzung)

chen Fach studieren, aber nicht das Lehramt wählen. Es gibt lediglich bei den Studierenden der Sekundarstufe I diesbezüglich eine kleine, aber nicht allzu dramatische Abweichung nach unten.

Außerdem darf man nicht allein auf die kognitiven Voraussetzungen setzen, sondern muss zudem auf den Effekt der Ausbildung bauen. Auch in anderen akademisch hoch angesehenen Studiengängen finden sich unterschiedliche kognitive Voraussetzungen der Studierenden. Es ist nicht richtig, sich dabei immer nur auf den Lehrerberuf zu konzentrieren. Diese selektive Betrachtungsweise entspricht lediglich dem populären Muster, es seien immer die „Falschen", die sich für den Lehrerberuf entscheiden. In den anderen Studiengängen gibt es ebenso die „Falschen", aber auch natürlich die „Richtigen". Heute wissen wir z. B., dass sich die klare Berufsorientierung der Lehramtsstudierenden positiv von vielen Studierenden in anderen akademischen Studiengängen unterscheidet. Die Lehramtsstudenten wissen genau, was sie wollen, und haben zudem eine hohe Berufsmotivation.

- I

Auf der Suche nach den Richtigen gibt es zwei komplementäre Ansätze: die Selektion und die Ausbildung. Wie gewichten Sie diese beiden Elemente?

- ET

Für mich spielt die Ausbildung eine viel wichtigere Rolle als die Selektion. Man muss auf eine gut strukturierte und inhaltlich gut komponierte Ausbildung setzen. Denn wenn man auf Selektion bauen wollte, hätte das zur Voraussetzung, dass man bei 19-, 20- oder 23-Jährigen schon erkennen könnte, ob sie für den Lehrerberuf geeignet sind. Dies ist – sagen mir die Experten aus der Arbeitspsychologie und Testdiagnostik – prognostisch valide nicht möglich. Zudem wäre dies auch nicht gerichtsfest, da denjenigen Studierenden, die das Lehramt unbedingt ergreifen möchten, diese Möglichkeit zumindest geboten werden muss. Ansonsten käme es zu einem Verstoß gegen das Recht der Berufswahlfreiheit. Das ist ein weiterer Grund, warum ich auf die Ausbildung setze. Derzeit werden nirgendwo in der Bundesrepublik selektive Systeme eingesetzt. Allerdings gibt es freiwillige Selbstbefragungen (Self-Assessments), denen man sich als zukünftiger Lehramtsstudierender zu unterziehen hat: Man muss nachweisen, dass man im Internet eine solche durchgeführt hat. Doch das Ergebnis erfährt nicht die Universität, sondern nur der Befragte selbst, und dieser ist es auch, der dann entscheiden muss, ob er mit diesem Ergebnis das Lehramtsstudium beginnen will oder nicht. Richtig fremdselektiv arbeitet heute kein einziges System, da dieses aus vielerlei Gründen problematisch ist. Wenn man in dieser Richtung etwas machen möchte, bleiben nur eine gute Beratung und Begleitung während des Studiums, vor allem während der ersten Semester, wobei es sich bei diesen Beratungen letztendlich um Aspekte der Ausbildung und nicht der Selektion handelt. Diese Ausbildungsseite ist es eben, die ich und viele weitere Experten auf diesem Feld stark machen möchten.

- I

Noch einmal zu den Self-Assessments. Was können sie leisten?

- ET

Für jeden Studiengang gilt: Es ist gut, wenn derjenige, der diesen ergreifen will, sich vorher selbst befragt, ob er dafür geeignet ist. Das kann weder schlecht sein noch schaden. Aber ich wage es trotzdem zu bezweifeln, dass es „Ungeeignete" dazu bringen wird, den Studiengang zu wechseln. In Münster werden vor dem Lehrermaster solche Self-Assessments durchgeführt, und ich habe in Veranstaltungen mit Studierenden der ersten Mastersemester auch so manches Mal gefragt: „Erinnern Sie sich an das, was Sie zu Beginn machen mussten?" Die meisten Studierenden erinnern sich nur dunkel daran und die, die sich erinnern, sagen: „Das hat man erledigt – und fertig."

■ I
Welche Kriterien sollten für die Auswahl künftiger Lehrer herangezogen werden?

■ ET
Ich glaube, dass eine klare und dezidierte Berufsmotivation, wirklich Lehrer werden zu wollen, ein sehr wichtiges Kriterium ist. Die größten Probleme im Studium haben nämlich diejenigen, für die das Lehramtsstudium nur eine Verlegenheitslösung ist, die erst im Immatrikulationsbüro entscheiden: „Wenn ich nirgendwo reinkomme, werde ich eben Lehrer." Das sind die Problemfälle mit schlechter Prognose. Es konnte in Studien gezeigt werden, dass es sehr wichtig ist, wenn man als Schüler in der Sekundarstufe II schon einmal als Teamer bei Freizeiten oder als Nachhilfelehrer tätig gewesen ist und vor allem Kontakt zu Kindern und Jugendlichen hatte, sei es in der Schule oder auch im außerschulischem Kontext, sei es in der Jugendarbeit, in Gewerkschaften, Kirchen, Verbänden etc. Es ist ungeheuer wichtig, sich selbst schon einmal als verantwortliche Person in der Jugendarbeit erlebt und den Umgang mit Kindern und Heranwachsenden kennen gelernt zu haben – und das nicht nur mit Einzelnen, sondern auch mit Gruppen. Diese Studierenden sind es nämlich, die eine relativ gute Prognose im Lehramtsstudium und im Lehrerberuf haben.

■ I
Welches Gewicht würden Sie jeweils den fachlichen, didaktischen und persönlichen Eignungen bei der Auswahl der Lehramtsstudenten geben?

■ ET
Das ist mit Rückgriff auf wissenschaftliche Forschung nicht eindeutig und bis zum letzten Leistungspunkt zu beantworten. Es gibt Untersuchungen dazu, welche Persönlichkeitseigenschaften erfolgreiche Lehrer kennzeichnen. Doch das sind solche, die auch in anderen Berufen zum Erfolg führen würden, also keine lehrerberufsspezifischen Persönlichkeitseigenschaften. Natürlich sollte man sich nicht für das Lehramt entscheiden, wenn man überhaupt nicht kommunizieren, keinen Kontakt zu Menschen herstellen kann und einem Kinder und Jugendliche widerwärtig sind. Sehr selten kommt es vor, dass solche Extremfälle bei uns in den Seminaren sitzen. Wenn man als Dozent in der Sprechstunde mit diesen Studenten ein ernstes Wort spricht, muss man sehr vorsichtig sein, weil man oft böse Gegenreaktionen hervorrufen kann. Es ist unerfreulich, dass gerade diejenigen, die einer solchen Beratung bedürften, diese rundheraus ablehnen und den Hinweis darauf als Unverschämtheit betrachten. Man kann also sagen, dass es so etwas wie ein „Lehrergen" nicht gibt, dass sich keine Persönlichkeitseigenschaften benennen lassen, die automatisch dazu führen, dass jemand als Lehrer beruflichen Erfolg hat. Es ist durchaus möglich, auf ganz unterschiedliche Weise und mit unterschiedlichen Eigenschaften sowohl

ein guter als auch ein schlechter Lehrer zu werden. Die Idee, dass es irgendwo die Richtigen gäbe, wir sie nur aussuchen müssten und damit alles gelöst wäre, ist ein Kinderglaube.

■ I

Welche Rolle spielt das Image des Lehrerberufs in der Öffentlichkeit für die Frage, wer eigentlich Lehrer wird?

■ ET

Das Image des Lehrerberufs spielt dafür schon eine gewisse Rolle. Manche Lehrer sind durch das Image betrübt oder fühlen sich irgendwie beleidigt, andere sind längst darüber hinaus: Sie haben dies Jahrzehnte lang ertragen und ertragen das auch weiterhin. Wir kennen das ja im Rahmen von Karikaturen oder dem Kabarett: Jeder Kabarettist hat eine „Lehrernummer", und alle lachen darüber – die Lehrer am lautesten. Manche scheinen diesbezüglich sogar einen ziemlichen Selbsthass zu haben und suhlen sich geradezu darin, „veräppelt" zu werden.

In der Öffentlichkeit scheint das Image jedoch gespalten. Prestigeskalen zeigen immer wieder, dass die Lehrerberufe sehr hoch oben angesiedelt werden (◘ Abb. 10.2). Auf der einen Seite denkt die Bevölkerung: „Lehrer haben einen schweren Job, den ich nie machen möchte", auf der anderen Seite werden sie doch oft durch den Kakao gezogen und immer wieder lächerlich und verächtlich gemacht – mittlerweile sogar Lehrerkinder. Es existiert in der Öffentlichkeit also ein sehr ambivalentes Bild. Doch was bedeutet das? Ich glaube, dass von allen verantwortlichen Kräften die Bedeutung der Lehrerarbeit ständig unterstrichen und die Bedeutung des Lehrerberufs betont werden müsste. Erfreulicherweise wird zunehmend von den

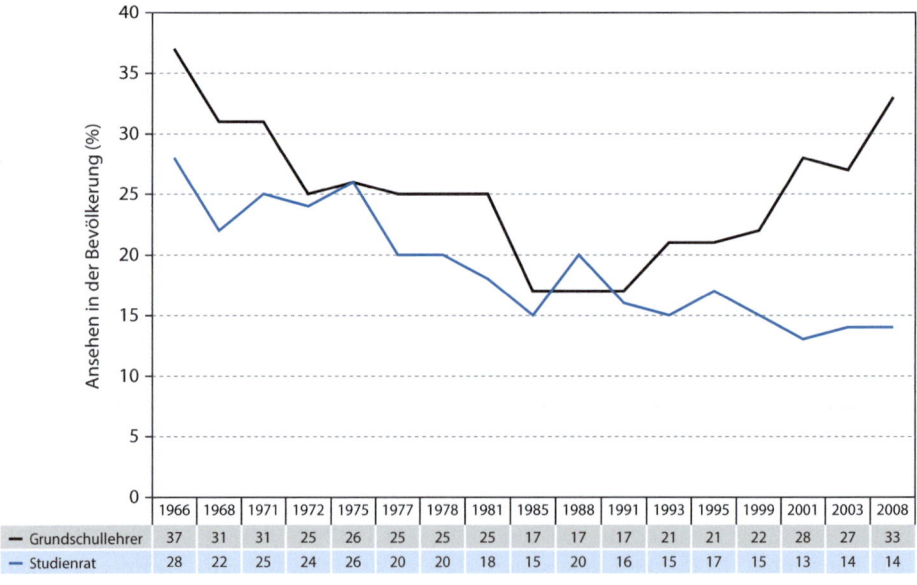

◘ **Abb. 10.2** Wandel des Ansehens des Grundschul- und Gymnasiallehrerberufs in Westdeutschland von 1966 bis 2003. Angegeben sind Prozentzahlen, die anzeigen, wie groß der Anteil der Bevölkerung ist, der diesen Beruf besonders schätzt. (Rothland, 2007, S. 179)

höchsten kulturellen Ämtern und von der politischen Seite herausgestellt, wie wichtig der Lehrerberuf ist und wie schwierig seine Aufgaben sind.

- I

Wie ließe sich das Image des Lehrerberufs verbessern? Sollte man Lehrerinnen und Lehrer also nicht mehr durch den Kakao ziehen?

- ET

Auch andere Berufe werden im Kabarett zum Gegenstand gemacht. Ich glaube, dass es unabhängig von diesen kabarettistischen Sachen wichtig wäre, dass alle Verantwortlichen in Politik und Gesellschaft die Bedeutung des Lehrerberufs unterstreichen und die Herausforderungen, die in diesem Beruf stecken, herausstellen. Man müsste gewissermaßen ständig das „Lob des Lehrerberufs" singen und dessen Bedeutung betonen. Als Sozialwissenschafter weiß ich, dass es sehr schwer ist, durch gezielte Maßnahmen das öffentliche Bild eines Berufs im technokratischen Sinne irgendwie zu beeinflussen, da es sich hierbei um eine sehr verfestigte Kultur handelt. Man muss also ständig am Image des Lehrerberufs arbeiten. Dafür gibt es auch durchaus schon Anschlusspunkte, da der Lehrberuf, wie gesagt, auch ein relativ hohes Ansehen auf den Prestigeskalen genießt.

- I

Sie selbst schlagen neben der Selektion und der Ausbildung noch einen „dritten Weg" vor: die „Richtigen" durch strukturelle Veränderungen im Berufsbild anzuziehen und weniger durch eine Vorselektion. An welche strukturellen Veränderungen denken Sie in erster Linie?

- ET

Jetzt geht's ans Innere des Lehrerberufs: Faktisch ist es doch so, dass man im Gegensatz zu anderen Berufen im Lehrerberuf nicht unbedingt Karriere machen kann und muss. Es ist im Großen und Ganzen ein Beruf ohne Karriere. Gerade im Grundschulbereich kommt es oft vor, dass man sein gesamtes Berufsleben auf der gleichen Ebene verweilt. Die Frage ist natürlich, ob es immer gut ist, dass ein Beruf so konstruiert ist. Zudem ist es auch fraglich, ob er nicht dadurch Personen, die man im Lehrerberuf auch brauchen würde, „abstößt" (wobei „abstoßend" hier neutral gemeint ist: abstoßende Faktoren im Gegensatz zu attrahierenden Faktoren). Es kann sein, dass das Element „Beruf ohne Karriere" auch gut geeignete Leute für diesen Beruf abstößt. Das würde umgekehrt bedeuten, dass man so etwas wie ein Karriereprinzip in den Lehrerberuf einbauen sollte, sodass man nur dort Fortschritte in der Gehaltseinstufung macht, wenn man auch nachweislich erfolgreiches Engagement zeigt. Das bedeutet: Es muss sich lohnen, ein guter Lehrer zu sein!

Das ist eine sehr unangenehme Diskussion, weil es dafür notwendig wäre festzustellen, was eigentlich ein guter Lehrer ist. Doch wie könnte man das feststellen? Woran könnte man das identifizieren? Wer sollte aufsteigen dürfen und wer nicht? Und wäre man überhaupt bereit, mehr Geld ins System einzubringen? Oder wäre es dann so, dass die einen nur aufsteigen könnten, wenn die anderen dann gleichzeitig weniger verdienen würden? All diese Fragen sind mit dem Karriereprinzip verbunden und führen zu einer sehr schwierigen und heiklen Diskussion, die übrigens nicht nur für den Lehrerberuf als Beamtenberuf, sondern auch für andere Beamtenberufe ansteht. Ich habe das schon öfter vorgeschlagen oder darüber in verschiedenen Kontexten diskutiert. Doch ist das Thema so heikel, dass kaum jemand es aufnehmen will, weil es einem nur Ärger bringt …

- I

Haben Sie eine Idee, wie man das umsetzen könnte?

- ET

Es gibt dazu einige Überlegungen und Diskussionen. Eine frühere Bundesregierung hatte mit den Gewerkschaften und dem Beamtenbund einen Plan entwickelt, um diese Ideen im gesamten Beamtenbereich umzusetzen. Diese Bundesregierung gibt es jedoch schon lange nicht mehr.

- I

Jetzt haben wir viel über die „Richtigen" geredet, aber es stellt sich doch eigentlich die Frage: Wer sind denn überhaupt die „Richtigen"? Gibt es ein Leitbild für einen guten Lehrer/eine gute Lehrerin? *(vgl. hierzu auch das Interview mit Prof. Mareike Kunter in* ▶ *Kap. 4)*

- ET

Es gibt viele wissenschaftliche Modelle, die Lehrerkompetenzen beschreiben und verschiedene Facetten andeuten. Ich will das jetzt nicht referieren. Ich glaube, dass es entscheidend ist, dass man eine Kontaktfähigkeit zu Kindern und Jugendlichen aufbauen kann und eine feste Verankerung in den Inhalten und Aufgaben seines Berufs hat, sowohl in fachlich-didaktischer als auch pädagogisch-didaktischer Hinsicht. Man hat es als Lehrer dann leicht, wenn es einem gelingt, die Schüler für die Sache zu faszinieren. Das ist eine Doppelaufgabe: Man muss sich zum einen in die Welt der Schüler hineinversetzen können und sich zum anderen seiner Sache völlig sicher sein. Nur dann, wenn beides da ist – die Sicherheit in der Sache und das Sich-hineinversetzen-Können in die Vorstellungs-, Lebens- und Lernwelt der Kinder und Jugendlichen –, kann ein Kontakt zwischen den Schülern und der Sache hergestellt werden. Das ist die Aufgabe eines guten Lehrers. Da dies in der Gruppen- bzw. Klassenraumsituation stattfindet, muss die Fähigkeit zu einer entsprechenden Klassenführung dazukommen – das ist eigentlich selbstverständlich (Kasten 10.1 und ◘ Tab. 10.1).

- I

Muss es ein solches Leitbild geben, bevor die Suche nach den „Richtigen" beginnen kann?

- ET

Die von den Berufsverbänden und sonstigen politischen Einrichtungen formulierten Leitbilder für den Lehrerberuf können dazu beitragen, das Leitbild des Lehrerberufs zu klären und die Anforderungsstruktur zu beschreiben. Ich bin allerdings – wie schon gesagt – der Meinung, dass es zu früh ist, die Suche nach den „Richtigen" schon vor Studienbeginn anzusetzen. Es ist nahezu unmöglich, die „Richtigen" schon in diesem frühen Stadium zu identifizieren. Im Laufe der Ausbildung kann z. B. mithilfe von Beratungssystemen zunehmend festgestellt werden, wer die Fähigkeiten eines guten Lehrers besitzt und wer nicht. Wir müssen uns aber auch von der Vorstellung verabschieden,

Entscheiden sich die Richtigen für ein Lehramtsstudium – und wer sind die…

Tab. 10.1 Zusammenhänge zwischen Personenmerkmalen und der Bewährung im Lehramtsstudium und im Lehrerberuf. (Mayr, 2011, S. 134)

Prädiktoren Kriterien	Lernstrategien im Studium	akademische Leistungen (Noten, umgepolt)	Praxisleistungen (Noten, umgepolt)	pädagogische Handlungskompetenz im Praktikum	Belastung im Praktikum	Zufriedenheit im Studium	pädagogische Handlungskompetenz im Beruf	Belastung im Beruf	Zufriedenheit im Beruf
allgemeine Personenmerkmale									
Neurotizismus				?	—	—	++	—	+++
Extraversion				?	0	++	—	++	—
Offenheit				++	+	0	0	++	?
Verträglichkeit				+	+	0	0	0	?
Gewissenhaftigkeit				+++	++	++	—	+++	?
allgemeine Interessen									
praktisch-technische Interessen				+	0	0	—	+	—
intellektuell-forschende Interessen				++	0	0	0	+	0
künstlerisch-sprachliche Interessen				++	+	0	0	+	0
soziale Interessen				++	+	+	—	++	0
unternehmerische Interessen				++	0	0	—	++	—
konventionale Interessen				+	0	0	—	+	—

(Fortsetzung)

☐ Tab. 10.1 (Fortsetzung)

Prädiktoren Kriterien	Lernstrategien im Studium	akademische Leistungen (Noten, umgepolt)	Praxisleistungen (Noten, umgepolt)	pädagogische Handlungskompetenz im Praktikum	Belastung im Praktikum	Zufriedenheit im Studium	pädagogische Handlungskompetenz im Beruf	Belastung im Beruf	Zufriedenheit im Beruf
spezielle Personenmerkmale	Selbstwirksamkeit								−−	+++
	proaktive Einstellungen								−−	+++
	effizientes Coping								++	−
	Ungewissheitstoleranz								++	−
	Humor								++	−
	Enthusiasmus							−	++	−
	berufsspezifische Interessen	++			+	+++	+	+++	++

−, −−, −−− bzw. +, ++, +++ = negativer bzw. positiver Zusammenhang von geringer (Varianzaufklärung bis 1 %), mittlerer oder großer praktischer Bedeutsamkeit (Varianzaufklärung ab 14 %, Klassifikation nach Astleitner, 2003); ~ = widersprüchliche Befundlage bezüglich der Richtung des Zusammenhangs; 0 = kein Zusammenhang; leeres Feld = keine Studien bekannt (Tabelle adaptiert und aktualisiert nach Hanfstingl und Mayr 2007, S. 53) dass es jemals ein System gäbe, durch das nur die Edelsten und Geeignetsten Lehrer werden. So etwas wird bei keinem Beruf gelingen, da die Welt nicht so einzurichten ist. Deshalb muss man übrigens auch darüber nachdenken, was man mit den „schlechten" Lehrern macht. Das Hauptproblem besteht nicht nur darin, gute Lehrer auszubilden, sondern auch die wirklich schlechten zu identifizieren und zu verhindern, dass sie den Beruf weiter ausüben. Das ist ein wichtiger Punkt! Die Ausschließung der tatsächlich und nachweislich Unfähigen wird insgesamt womöglich größere positive Effekte auf die Qualität des Unterrichts und des Schulsystems haben als das illusorische Streben danach, aus allen Lehramtsstudenten Edelmenschen zu machen.

- I

Eine wichtige Debatte betrifft die Professionalisierung von Lehrkräften. Könnten Sie kurz erläutern, worum es dabei geht?

- ET

Kurz nicht! Die Professionalisierungsdiskussion in der Wissenschaft ist überbordend und die Literatur dazu zu umfangreich, als dass sie in diesen Raum passen würde. Es gibt diesbezüglich viele unterschiedliche Ansätze. Ich setze sehr stark darauf, Professionalität als ein berufsbiografisches Entwicklungsproblem zu sehen. Wenn es um Professionalität geht, muss man den gesamten Prozess des Lehrerwerdens betrachten. Schon als Schüler erfährt man, wie Schule funktioniert. Anschließend wird man in der Ausbildung durch Fachinhalte sowie Erziehungswissenschaft, Psychologie usw. geprägt, der Vorbereitungsdienst schließt sich an, und zum Schluss erfolgt dann schließlich der Berufseinstieg.

Ich glaube, dass sich das entscheidende Element von Professionalität erst im Lehrerberuf selbst wirklich zeigt, nämlich wenn man es schafft, über das sogenannte „Erledigen der notwendigen Dinge" hinaus sich selbst als Lehrer zu beobachten und über sich nachzudenken, wenn es also gelingt, aus Rückmeldung zum eigenen Verhalten als Lehrer zu lernen und es gegebenenfalls zu ändern. Der springende Punkt im Beruf ist es, reflektieren und lernen zu können und zudem auch offen dafür zu sein, dass man als Lehrer niemals fertig ist, dass man sich auch als Lehrer noch weiterzuentwickeln hat, und zwar durch äußere Anstöße (z. B. Kollegen oder Weiterbildung), durch Selbstreflexion und durch eine Kombination aus beidem. Wenn man es individuell betrachtet, dann ist Lehrerwerden ein Dauerproblem. Man muss versuchen, in diesem Beruf in Bewegung zu bleiben. Leider unterstützt die äußere Struktur des Berufs, wie ich schon sagte, dieses „In-Bewegung-Bleiben" nicht unbedingt.

> **Kasten 10.1: Welche Merkmale hängen mit Lehrkompetenz zusammen?**
> Merkmale wie Extraversion, Offenheit und Gewissenhaftigkeit, soziale Interessen, effizientes Coping, Ungewissheitstoleranz, Enthusiasmus und berufsspezifische Interessen korrelieren am höchsten mit der pädagogischen Handlungskompetenz im Beruf. Nicht förderlich ist eine Tendenz zu Neurotizismus, was im Umkehrschluss bedeutet, dass vor allem emotionale Stabilität positiv mit dem späteren Erleben von Erfolgen in der Unterrichtsarbeit zusammenhängt. Johannes Mayr konnte zeigen, dass sich der prognostische Wert dieser Merkmale innerhalb einer Spanne der Berufstätigkeit von zehn Jahren nicht verringert, sondern tendenziell sogar verbessert.
> (Mayr, 2010, S. 77, 2011, S. 134)

■ I

Es besteht ein Spannungsverhältnis zwischen einem autonomie- und einem wirkungszentrierten Professionalitätsverständnis. Können Sie uns erläutern, was damit gemeint ist?

■ ET

Diese Gegenüberstellung ist im Moment in der Diskussion. Es gibt auf der einen Seite dieses eher klassische Professionalitätsverständnis: Die Profession ist als Stand autonom, und der Einzelne in ihr ist es auch. Er ist hoch ausgebildet, er allein weiß, was zu tun ist. Er ist nicht in Organisationen und Hierarchien einzubinden, er ist der Professionelle und eben autonom. Das klingt gut, nur kann dieses Maß an professioneller Autonomie natürlich auch immer dazu benutzt werden, sich gegen Kritik zu immunisieren, sich uneinsehbar zu machen und kritische Fragen von außen – von Laien oder von politisch Verantwortlichen – abzuwehren, indem man immer auf seine Autonomie setzt. Deshalb glaube ich, dass es auf der anderen Seite wichtig ist, darüber nachzudenken, eine Profession in ihrem Wirkungsgrad zu kontrollieren. Das klingt jetzt nach Kontrolle und Druck von außen, aber um es kurz zu sagen: Man hat gelernt, den Professionen alles zuzutrauen, weil ihnen eben auch tatsächlich alles zuzutrauen ist – dies gilt auch im negativen Sinne! Deshalb muss von außen, von der Administration oder von einem demokratischen Gemeinwesen, ein gewisses Maß an Wirkungskontrolle her: „Schafft die Profession das, was sie zu schaffen behauptet?" Zumindest kann sich heute keine Profession mehr hinter einem absoluten Autonomieanspruch verstecken. Es ist eben auch ein Ausdruck von Professionalität, sich für Kritik von außen zu öffnen und sich Wirkungsnachweisen gegenüber aufgeschlossen zu zeigen.

■ I

Noch einmal zurück zur Ausbildung: Was muss sich in der Lehrerausbildung ändern, damit die Lehrer besser auf ihre Aufgaben vorbereitet werden?

■ ET

Insgesamt ist die deutsche Lehrerbildung im internationalen Vergleich sehr aufwendig. Sie enthält alle Elemente, die man für eine gute Lehrerbildung braucht, nur sind diese nicht immer gut aufeinander abgestimmt. Das Problem ist, dass die beteiligten Institutionen vielfach nebeneinander her arbeiten. Man müsste für eine bessere Koordination der beteiligten Phasen, Institutionen, Inhalte und Strukturen sorgen. Für die Universitäten bedeutet das z. B., dass sie die Lehr- und Studienpläne für die angehenden Lehrer in den Fächern, aber auch in den Bildungswissenschaften, etwas stärker am Berufsfeld orientieren, ohne dabei den Wissenschaftsbezug aufzugeben. Diese zwei Punkte müssen sich nämlich nicht zwingend widersprechen. Mehr Wissenschaftlichkeit bedeutet nicht automatisch auch weniger Berufsfeldbezug. Man kann durchaus sagen, dass für die Bildungswissenschaften die schulnahe Forschung sehr zugenommen hat und dort sowohl Wissenschaftlichkeit als auch Berufsbezug forschungsgestützt in den Universitäten praktiziert werden können. Auch sollten andere, stärker kompetenzorientierte Formen des Prüfens sowie eine engere Zusammenarbeit mit der zweiten Phase in Betracht gezogen werden.

■ I
Wenn sich die Lehrerbildung in die gewünschte Richtung entwickelt, wie sieht dann der Lehrertypus der Zukunft aus?

■ ET
Es ist schon seit Langem bekannt, wie man die Dauerbaustelle Lehrerbildung reformieren kann, nur ist es unglaublich schwer, dieses träge, große und segmentierte System in Bewegung zu bringen. Es gibt niemanden, der von einer Stelle aus die „Kommandogewalt" über das ganze System hat. Natürlich ist das einerseits gut, aber andererseits führt es auch dazu, dass sich Innovationen nur sehr langsam umsetzen lassen. Wenn sich das Ganze in Zukunft positiv entwickeln soll, dann wird man im Lehrerberuf mehr Zeit für Weiterbildung vorsehen müssen. Auch wird es mehr Möglichkeiten einer verpflichtenden Lehrerweiterbildung geben. Das würde bedeuten, dass Lehrer an solchen Weiterbildungen teilnehmen müssten, die aber auch gleichzeitig Teil ihrer Berufsarbeitszeit wären.

Ich glaube zweitens, dass die Wege zum Lehrerberuf vielfältiger werden. Der Anteil der Seiteneinsteiger steigt, und auch die Vielfalt der Lehrerbildungssysteme in Deutschland ist gewachsen. Ich glaube, dass das auf Dauer auch so bleiben, wenn nicht sogar noch zunehmen wird. Denn ich denke nicht, dass es nur eine einzige klare Struktur gibt, die dann allein zum Erfolg führt. Man muss mit der Vielfalt der Wege zum Lehrerberuf leben.

Und drittens: Wenn ich mir etwas wünschen dürfte, würde ich es als Ideal betrachten, dass man auch für diejenigen im Lehrerberuf eine vernünftige Lösung findet, die mit diesem Beruf nicht zurechtkommen. Ich habe eben schon das Problem der „schlechten" Lehrer erwähnt. Für diese müssten Möglichkeiten für andere Beschäftigungen geschaffen werden. Denn es kann nicht sein, dass die wirklich identifizierbaren schlechten Lehrer und Lehrerinnen immer nur im jeweiligen Schul- oder Regierungsbezirk herumgereicht werden. Das klingt jetzt insgesamt etwas deprimierend, wenn ich mich bei unserem Gespräch über die Lehrerbildung gleich mehrfach mit dem „schlechten" Lehrer beschäftige, obwohl es doch eigentlich um den „guten" Lehrer gehen sollte. Aber wie ich schon sagte: Es muss aus systemischen Gründen auch für diejenigen eine Lösung gefunden werden, die mit diesem Beruf nicht zurechtkommen und darunter leiden. Denn umgekehrt leidet auch die Schule an diesen Lehrern. Und da müsste man sich geordnet trennen können.

■ I
Welche Rolle spielt die empirische Forschung bei der Verbesserung von Schule und Bildung?

■ ET
Es gab schon immer Forschung zur Schule und zum Lehrerberuf unterschiedlichster Art, Methodik und Qualität. Ich glaube, dass die empirische Forschung dem Lehrerberuf ein besseres Fundament verschaffen kann oder anders ausgedrückt: Sie könnte Dinge, von denen man weiß, dass sie einen guten Lehrer ausmachen, noch einmal mit einem neuen und anderen wissenschaftlichem Fundament ausrüsten. Es ist nicht unbedingt so, dass durch die empirische Forschung ungeahnte, neue Ideen, Methoden oder Aufgaben, von denen man noch nie zuvor gehört hat, ans Tageslicht kommen

würden. Was einen guten Unterricht und einen guten Lehrer ausmacht, das wusste man auch zuvor. Nur kann man jetzt noch einmal eine neue wissenschaftliche Basis dafür schaffen, und zwar eine solche, die das gute Lehrerhandeln erlernbar macht. Und das ist auch der entscheidende Punkt: Man muss nicht auf das Genie warten, sondern man kann versuchen, berufliche Fähigkeiten gestützt durch wissenschaftliche Erkenntnisse aufzubauen.

▪ I

Jüngst haben Sie in einem Interview mit der *ZEIT*, in dem es um eine Bilanz nach zehn Jahren Reform der Lehrerbildung ging, konstatiert, es sei „Besserung in Sicht". Worauf gründet dieser Optimismus?

▪ ET

Er gründet sich darauf, dass seit etwa zehn, zwölf Jahren auf allen Ebenen in der Bundesrepublik Anstrengungen unternommen worden sind, die Dauerbaustelle von der ersten über die zweite bis hin zur dritten Phase besser zu strukturieren. Es ist erfreulich zu sehen, dass schon etliche Verbesserungen eingeführt worden sind: Zentren für Lehrerbildung, Standards für Lehrerbildung, länderübergreifende Fachanforderungen, fachdidaktische Anforderungen, neue Formen der Kooperation zwischen Universität und Studienseminaren etc. Diese Verbesserungen setzen sich natürlich nur mühsam, langsam, zögerlich und in unterschiedlichen Geschwindigkeiten durch. Manches dabei scheitert, anderes wiederum gelingt. Aber trotzdem haben diese Veränderungen gezeigt, dass das System reformierbar ist! Denn wenn das nicht so wäre, wenn die Experten zu dem Schluss kämen, dass das System gar nicht verbessert werden kann, dann hätten wir ein echtes Problem. Aber so weit ist es noch nicht gekommen. Ich meine sagen zu können, dass das System mühsam und schrittweise veränderbar ist und dies auch weitergeführt wird. Natürlich bleibt die Dauerbaustelle eine Dauerbaustelle. Eine der nächsten Aktionen, die von der Bundesregierung und den Ländern koordiniert wird, ist eine größere „Qualitätsoffensive" für den Bereich der Lehrerbildung. Dort wird voraussichtlich für gute Projekte in allen Bereichen der Lehrerbildung viel Geld ausgegeben werden.

▪ I

Wenn Sie einen Moment lang die Frage nach Ressourcen, Strukturen oder sonstigen äußeren Zwängen außer Acht lassen. Was würden Sie als Erstes tun, um die Lehrerbildung in Deutschland zu verbessern?

▪ ET

Das klingt jetzt eher abstrakt und an den Strukturen ansetzend, aber ich glaube, dass es wichtig ist, dass man in den Bundesländern die Lehrerbildung gewissermaßen aus einer Hand heraus betrachtet und organisiert. Die Verantwortung für die Lehrerbildung ist in den Bundesländern zu verteilen, was zu einem Steuerungsproblem führt. Die Organisation müsste gewissermaßen aus einer Hand erfolgen. Zwar wären es in Deutschland dann 16 Hände, aber so ist das nun einmal. Zudem gäbe es da noch einen zweiten Punkt, der der Struktur ähnlich ist: In den Universitäten sollten die Zentren für Lehrerbildung die notwendigen Formal- und Ressourcenkompetenzen bekommen, um die Belange der Lehrerbildung in den Universitäten angemessen vertreten zu können. Ich glaube, dass das sehr viel bringen würde, wenn es in den Universitäten wirklich hinreichend mit Macht ausgerüstete Zentren für Lehrerbildung gäbe. Man könnte diese auch „School of Education" nennen, was eine weiterführende Modellvariante wäre. Natürlich hängt es von der jeweiligen Universität ab, welches Modell angestrebt wird. Dafür gibt es keine *one-fits-all*-Lösung.

- I

Vielen Dank für das Interview!

- ET

Bitte sehr. Das habe ich gern gemacht.
    Video des Interviews (siehe ◘ Abb. 10.3)
    Video des Interviews (siehe ◘ Abb. 10.4)

◘ **Abb. 10.3**   Video 10.3 (▶ https://doi.org/10.1007/000-79z)

◘ **Abb. 10.4**   Video 10.4 (▶ https://doi.org/10.1007/000-79y)

Zitierte und weiterführende Literatur

Abel, J., & Faust, G. (Hrsg.). (2010). *Wirkt Lehrerbildung? Antworten aus der empirischen Forschung*. Waxmann.
Astleitner, H. (2003). Praktische Signifikanz. *Journal für Lehrerinnen-und Lehrerbildung, 3*, 48–53.
Blömeke, S., Reinhold, P., Tulodziecki, G., & Wildt, J. (Hrsg.). (2004). *Handbuch Lehrerbildung*. Klinkhardt.
Hanfstingl, B., & Mayr, J. (2007). Prognose der Bewährung im Lehrerstudium und im Lehrerberuf. *Journal für Lehrerinnen- und Lehrerbildung, 7*, 48–56.
Mayr, J. (2010). Selektieren und/oder qualifizieren? Empirische Befunde zu guten Lehrpersonen. In J. Abel & G. Faust (Hrsg.), *Wirkt Lehrerbildung? Antworten aus der empirischen Forschung* (S. 73–89). Waxmann.
Mayr, J. (2011). Der Persönlichkeitsansatz in der Lehrerforschung. Konzepte, Befunde und Folgerungen. In E. Terhart, H. Bennewitz, & M. Rothland (Hrsg.), *Handbuch der Forschung zum Lehrberuf* (S. 125–148). Waxmann.
Rothland, M. (2007). Sind „faule Säcke" passé? Anmerkungen zur Ambivalenz der öffentlichen Beurteilung von Lehrerberuf, Lehrerhandeln und Lehrpersonen. *Die Deutsche Schule, 99*, 175–191.
Rothland, M. (2011). Warum entscheiden sich Studierende für den Lehrerberuf? Interessen, Orientierungen und Berufswahlmotive angehender Lehrkräfte im Spiegel der empirischen Forschung. In E. Terhart, H. Bennewitz, & M. Rothland (Hrsg.), *Handbuch der Forschung zum Lehrerberuf* (S. 268–295). Waxmann.
Terhart, E., Bennewitz, H., & Rothland, M. (Hrsg.). (2011). *Handbuch der Forschung zum Lehrerberuf*. Waxmann.

Referenzen

Terhart, E. (Hrsg.). (2000). *Perspektiven der Lehrerbildung in Deutschland*. Beltz.
Terhart, E. (2002). Standards für die Lehrerbildung. Eine Expertise für die Kultusministerkonferenz. Universität Münster. (https://www.sowi-online.de/reader/lehrerausbildung_oekonomische_bildung/terhart_ewald_2002_standards_lehrerbildung_eine_expertise_kultusministerkonferenz.html (Zugriff am 20.9.2022))
Terhart, E. (2008). Erstes Staatsexamen oder Master of Education – Welche Abschlüsse für angehende Lehrer? *Recht der Jugend und des Bildungswesens, 56*, 94–104.
Terhart, E. (2011). Has John Hattie really found the Holy Grail of research on teaching? An extended review of Visible Learning. *Journal of Curriculum Studies, 43*, 425–438.
Terhart, E. (2012). Vom „pädagogischen Begleitstudium" zu den „Bildungswissenschaften in der Lehrerbildung": Themen und Trends. *Beiträge zur Lehrerbildung, 30*, 49–61.
Terhart, E. (2013). *Erziehungswissenschaft und Lehrerbildung*. Waxmann.
Terhart, E., Bennewitz, H., & Rothland, M. (Hrsg.) (2011). *Handbuch der Forschung zum Lehrerberuf*. Waxmann.
Zlatin-Troitschanskaia, O., Beck, K., Sembill, D., Nickolaus, R., & Mulder, R. (Hrsg.). (2009). *Lehrprofessionalität. Bedingungen, Genese, Wirkungen und ihre Messung*. Beltz.

If you have any concerns about our products,
you can contact us on
ProductSafety@springernature.com

In case Publisher is established outside the EU,
the EU authorized representative is:
**Springer Nature Customer Service Center GmbH
Europaplatz 3, 69115 Heidelberg, Germany**

Printed by Libri Plureos GmbH
in Hamburg, Germany